Alexander Koblenz

Schachtraining

Der Weg zum Erfolg

Mit 232 Diagrammen

Dritte Auflage

WALTER DE GRUYTER · BERLIN · NEW YORK

1982

CIP-Kurztitelaufnahme der Deutschen Bibliothek

Koblenc, Aleksandr:
Schachtraining : d. Weg zum Erfolg / Alexander Koblenz.
– 3. Aufl. – Berlin ; New York : de Gruyter, 1982.
ISBN 3-11-008818-5

Koblenz, Alexander

Satz, Druck und Bindearbeiten: Franz Spiller, Berlin
Einbandentwurf: Ulrich Hanisch, Berlin

Vorwort zur deutschen Ausgabe

Wie ist dieses Buch entstanden? Anno 1960 war ich zur XIV. Mannschafts-Weltmeisterschaft („Schacholympia“) als Trainer der sowjetischen Olympiamannschaft und persönlicher Betreuer des damaligen Weltmeisters *Michail Tal* in Leipzig. „Wie gern hätten wir eurem Unterricht beigewohnt, wären in die Geheimnisse eurer Schachmethodik eingedrungen!“ äußerten Schachjünger aus vielen Ländern ihren sehnsüchtigen Wunsch.

Das war nicht schlecht gemeint; ich konnte mich sogar geschmeichelt fühlen. Nur das Wort „Geheimnis“ berührte mich eigentümlich, denn jede Geheimniskrämerei liegt uns sowjetischen Trainern fern. Wir halten es für unsere erste Pflicht, das in langjähriger Praxis gewonnene Wissen rückhaltlos unseren Schülern zu vermitteln.

So reifte allmählich die Idee heran, meine Schachstunden, die ich in Riga abhalte, aufzuzeichnen und der Öffentlichkeit vorzulegen.

Wie der Leser sehen wird, bemühe ich mich, die wichtigsten theoretischen Prinzipien zu unterstreichen, die sein selbständiges Handeln und Verständnis fördern sollen. Ich versuche, in den dargebotenen Vorlesungen alle Fragen (abgesehen von konkreten Eröffnungsproblemen) zu berühren, die auf dem Wege zum Gipfel liegen, der die Schachmeisterschaft bedeutet.

Auch an die unmittelbare Vorbereitung auf das ernste Spiel ist gedacht worden. Im „P r a k t i k u m“ soll der Leser versuchen, die behandelten Probleme möglichst unter Zeitkontrolle selbst zu lösen. Es besteht aus zwölf Teilen, die den Vortragsstunden zugeordnet sind, zu denen sie dem besprochenen Gegenstande nach am besten passen.

Im „Praktikum“ kann der Lernende sich nicht nur üben, sondern sich auch mit Fragen der Strategie, der Kombinations- und Endspieltechnik vertraut machen.

Inwieweit es mir gelungen ist, ihnen über die Hürden dieser schweren Strecke hinwegzuhelfen, überlasse ich dem Urteil meiner Leser, nolens volens meiner zukünftigen Schüler. An dieser Stelle möchte ich auch dem Bearbeiter der deutschen Ausgabe, dem Internationalen Meister *Rudolf Teschner* - Berlin, meinen aufrichtigen Dank für die bewältigte Arbeit abstatten.

Riga 1966 *A. K o b l e n z*

Inhaltsübersicht

DIE 1. STUNDE

Die geheimnisvolle Formel ...

Ehe die Schachpartie begonnen hat, stehen sich die Heere unbeholfen und gelangweilt gegenüber. Die Bauernphalanx hindert die Figurenentwicklung. Ganz kleinlaut muß die Dame hinter dem Rücken der Bauern müßig dastehen. Ganz bestimmt keine angemessene Beschäftigung für eine so starke Figur! Nur die Springer lächeln vielleicht schadenfroh — sie können über die Bauern einfach hinwegspringen. Aber mit sei es auch haushohen Sprüngen ist die Partie bei weitem noch nicht gewonnen.

Aber siehe! Schon haben die Gegner die ersten Züge gemacht, und bald sind wir Augenzeugen eines Aufeinanderpralls der Heere, eines hinreißenden Kampfes strategischer und taktischer Ideen, versteckter und geistreicher Einfälle.

Aber welche geheimnisvolle Formel hat dieses Kampfgetöse in Gang gesetzt? Wo ist das Wunderstäbchen zu finden, das es dem Schachmeister erlaubt, gleich einem Magier die schönen Partien am Brett hervorzuzaubern? Schauen wir genau hin, und das Geheimnis ist gelüftet: er versteht es, seinen Figuren „Leben einzuhauchen". Seine Figuren und Bauern entfalten eine auffallende Aktivität, unterstützen sich gegenseitig, wirken harmonisch.

Das ist das Grundprinzip aller unserer Kampfhandlungen, dem alle spezifischen Einzelfälle der Strategie und Taktik untergeordnet sind.

Aber jetzt heißt es für uns, die gesetzmäßigen Geschehnisse auf dem Schachbrett sehen und erkennen zu lernen — bewußt und tief „bis ins Herz hinein".

Dieses Studium lohnt die Mühe! Ist es nicht aufregend, in einen geheimnisvollen Wunderkasten hineinschauen zu dürfen und beobachten zu können, wie die unbelebten Holzfigürchen plötzlich zu leben beginnen, unentwegt im harten Kampf versuchen, die gegnerischen Kräfte niederzuringen und den König zu guter Letzt gefangenzunehmen oder, wie wir im Schach sagen, mattzusetzen?

Also — werfen wir vorerst einen Blick in das schöpferische Laboratorium des Schachmeisters.

Über Strategie und Taktik

Das Endziel jeder Schachpartie: den gegnerischen König mattzusetzen. Die allgemeine Strategie unserer Vorfahren war ziemlich unzweideutig — mit offenem Visier ohne viel Federlesens auf Königsjagd auszugehen. Viel Wagemut und Scharfsinn legten sie an den Tag, und oft gelang ihnen der große Wurf. Hervorragende Siege errang der deutsche Meister Adolf Anderssen (1818—1879); doch im Jahre 1859 wurde er von dem Amerikaner Paul Morphy (1837—1884) in Paris einwandfrei geschlagen.

Auch Morphys Hauptmotto war „der Skalp des Königs". Er verstand es jedoch zielbewußter, seinen kombinationellen Angriffen die positionellen Vorbedingungen zu schaffen.

Untersuchen wir die logische Gesetzmäßigkeit seiner Spielweise und lassen wir dabei auch einige wichtige theoretische Formulierungen zutage treten.

Morphy — Herzog von Braunschweig und Graf Isouard, **Paris 1858**

1. e4 e5, 2. Sf3 d6, 3. d4 Lg4.

Diese Fesselung erweist sich als fiktiv. Die Theorie empfiehlt das passive 3. ... Sd7 oder den Gegenangriff mit 3. ... Sf6.

4. de L:f3. Jetzt erst bemerkt der Nachziehende, daß nach 4. ... de die weiße Dame mit 5. D:d8† sich dem Bereich der Fesselung entziehen könnte, worauf der Springer ruhig den Be5 verspeist.

5. D:f3 de, 6. Lc4 Sf6.

Übersieht die taktische Drohung des Gegners. Es mußte 6. ... Dd7 geschehen.

7. Db3. Eine Doppeldrohung gegen zwei ungeschützte Punkte — b7 und f7. Gewöhnlich gelingt es nur, eine Drohung zu parieren. Selbstverständlich zieht man es vor, die gefährlichere Drohung zu beseitigen. Da 8. L:f7†, gefolgt von 9. De6‡, droht, verteidigt Schwarz den Punkt f7.

7. ... De7, 8. Sc3.

Oft lassen sich Züge nur vom Standpunkte des individuellen Stiles des Schachmeisters erklären. Weiß konnte ruhig den Bauern auf b7 schlagen, aber nach 8. D:b7 Db4†, 9. D:b4 L:b4† wollte der Weiße sich nicht auf langwierige Verwertung des Plusbauern einlassen. Eine so rationelle Lösung war zu Zeiten Morphys nicht angesehen; schnell zum Königsangriff kommen war das Hauptziel!

Weiß zieht es vor, seine restlichen Kräfte zu entwickeln, um hierbei seinen Entwicklungsvorteil auszunutzen. Für Schwarz wird es viel schwieriger sein, die gegnerische Strategie nachzuahmen: die schwarze Dame versperrt dem Läufer f8 den Weg und verhindert mithin die kurze Rochade.

8. ... c6, 9. Lg5. Die Idee dieser Fesselung: eine wichtige Verteidigungsfigur des Gegners lahmzulegen.

9. ... b5. Um 10. ... Sbd7 zu ermöglichen. **10. S:b5!** Weiß hatte Vorsprung in der Entwicklung. Während vier weiße Figuren entwickelt waren und günstige Posten besetzten, waren nur ein Springer und die schwarze Dame und dazu unglücklich entwickelt. Aber derartige Entwicklungsvorteile haben die Eigenart, sich schnell zu verflüchtigen, falls nicht genügend energisch im weiteren Verlauf gehandelt wird. So würde zum Beispiel nach 10. Ld3 Sbd7 vielleicht das Schlimmste für Schwarz überstanden sein.

Mit dem Textzug beginnt Weiß eine genau berechnete Mattkombination. In solchen Fällen geht eine vollständige Umwertung der materiellen Werte vonstatten. Dynamische Faktoren geben den Ausschlag.

10. ... cb, 11. L:b5† Sbd7, 12. 0—0—0 Td8, 13. T:d7! Vernichtet wiederum eine wichtige Verteidigungsfigur.

13. ... T:d7, 14. Td1.

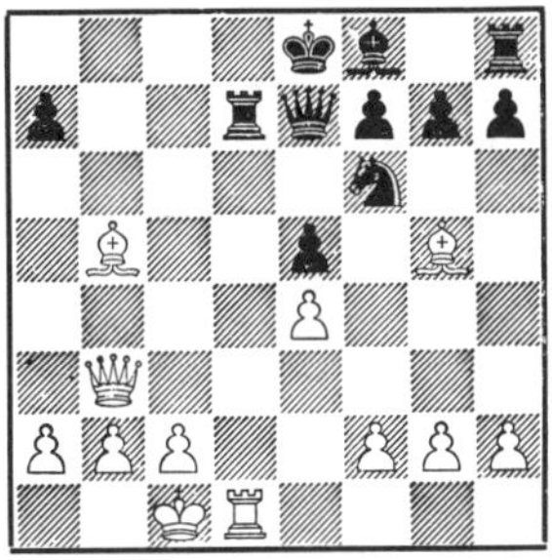

Diese Stellung hatte Weiß im Auge, als er seine Kombination begann. Noch immer sind die schwarzen Kräfte schlecht postiert: der Königsflügel ist unentwickelt, der Turm auf d7 und der Springer auf g5 sind gefesselt und das Schlimmste — der im Zentrum steckengebliebene König schwebt in „Lebensgefahr".

Es ist nicht schwer festzustellen, daß demgegenüber die weißen Figuren wirkungsvoll stehen und, was noch wichtiger ist, Weiß hat im kritischen Sektor des Kampfgefechtes das materielle Übergewicht. Ein allgemeiner strategischer Lehrsatz, die Voraussetzung für jeden erfolgreichen Angriff!

Kein Wunder, daß die folgende schöne Mattkombination die schnelle Entscheidung bringt.

14. ... De6, 15. L:d7† S:d7, 16. Db8†!! S:b8, 17. Td8‡. Damit hat die eingeleitete Kombination ihren Abschluß gefunden.

Was ist das charakteristische Merkmal der Schachkombination?

Wie wir soeben gesehen haben, eine zwangsläufige Variante, die gewöhnlich mit materiellen Opfern verbunden ist, deren Endziel die Erringung gewisser Vorteile für die aktive Partei bedeutet.

Bevor wir eine Kombination ausführen, müssen folgende Faktoren in Betracht gezogen werden:

Wir müssen vor allem die Stellungsmerkmale erkennen, die unseren Kombinationsdrang als berechtigt erscheinen lassen und die auf das M o t i v weisen. Im Falle Morphys: Vorsprung in der Eröffnung, der schwarze König im Zentrum, unglückliche Entwicklung der schwarzen Streitkräfte, das alles sind günstige Umstände, bei denen die Kombination einfach in der Luft schwebte.

N a c h d e m d a s M o t i v e r k a n n t i s t, b e g i n n t d i e S u c h e n a c h d e r k o n k r e t e n k o m b i n a t o r i s c h e n I d e e.

Morphy erspähte die Mattkombination. Bei solchen Kombinationen ist die Abschätzung der Position am Ende der Kombination unnötig; mit dem Matt ist die Partie augenblicklich beendet! Aber bei anderen Arten von Kombinationen ist die Stellungsabschätzung wichtig. Von der Stellungsabschätzung hängt es ab, ob es für die aktive Partei überhaupt ratsam ist, die Kombination ins Leben zu rufen.

Wir haben also soeben gesehen, daß günstige positionelle Vorbedingungen notwendig sind, um Kombinationen zu ermöglichen. Der erste Weltmeister

Wilhelm Steinitz (1836—1900) hat diese Weisheit als erster folgendermaßen formuliert: „Man darf nicht, und es ist unmöglich erfolgreich anzugreifen, wenn die Stellung zum Losschlagen nicht reif ist. Man muß zunächst positionelle Vorteile ansammeln und erst dann energisch zum kombinatorischen Angriff schreiten."

In offenen Stellungen (in denen die Streitkräfte der Widersacher rasch miteinander in Berührung kommen) ist die Spielweise Morphys auch heutzutage aktuell. Es ist das A und O der allgemeinen modernen Strategie:

1. Schnellstens die Entwicklung der Figuren fördern;

2. das Zentrum unter Kontrolle halten, dem Gegner jedes Zentrumsfeld streitig machen. (Es geht hauptsächlich um die Felder e4, d4, e5, d5!).

3. Linien und Diagonalen öffnen, um hiermit die Aktionsfähigkeit der Figuren maximal zu steigern.

In unseren Tagen ist es nicht so leicht, den Gegner zu überrumpeln, wie es Morphy gelang. Betrachten wir, wie die modernen Meister die Voraussetzungen zu ihren Kombinationen schaffen.

Keres — Böök
(Kemeri 1937)

1. Sf3 d5, 2. c4 e6, 3. Sc3 Sf6, 4. d4 Le7, 5. g3 0—0, 6. Lg2 c6, 7. 0—0 Sbd7.

Es ist eine Stellung der geschlossenen Eröffnung entstanden, in der die Streitkräfte noch nicht in Berührung gekommen sind (abgesehen vom Kontakt, der zwischen den c4- und d5-Bauern hergestellt ist). Unter Deckung der Bauernphalanx versuchen die Gegner die Streitkräfte zu entwickeln.

Viele glauben, daß in solchen Eröffnungsstellungen die Schachmeister schon vielzügige Varianten durchrechnen. Das entspricht nicht den Tatsachen. Da dem Gegner eine große Zahl von Antworten zur Verfügung stehen, ist es nicht zweckmäßig, automatisch Varianten zu berechnen. So hat schon seinerzeit Richard Réti nachgewiesen: wollte man in einer ruhigen Stellung, in der es keine scharfe Drohung gibt, drei Züge weit alle Möglichkeiten von Weiß und Schwarz vorausberechnen, so betrüge die Zahl der Varianten bereits 729!

In solchen Stellungen läßt man sich von allgemeinen strategischen Prinzipien leiten, und nur hin und wieder versucht man konkret, elementare taktische Fallen oder Drohungen des Gegners zu durchschauen.

Der erfahrene Schachspieler kennt sie zum größten Teil ganz genau. Nach den Zügen 1. d4 d5, 2. c4 e6, 3. Sc3 Sf6, 4. Lg5 wäre es falsch, automatisch sich zu entwickeln, ohne die positionelle Drohung 5. cd ed, 6. L:f6 gf ins Auge zu fassen, die zu einer Verschlechterung der Bauernstellung führt (der Doppelbauer auf f6 und f7). Darum spielt Schwarz 4. ... Le7. Falls aber Schwarz an Stelle von 4. ... Le7 den Zug 4. ... Sbd7 macht, darf auch Weiß nicht automatisch auf Bauerngewinn ausgehen: 5. cd ed, 6. S:d5? S:d5!, 7. L:d8 Lb4†!, 8. Dd2. Weiß muß die Dame zurückgeben, und nach 8. ... L:d2†, 9. K:d2 K:d8 ist es klar, daß Weiß in eine taktische Falle „hineingeplumpst" ist.

Also, wir wiederholen: kein übersprudelndes Variantenrechnen im Anfangsstadium — aber Ohren und Augen dennoch offenhalten!

8. b3 b6, 9. Lb2.

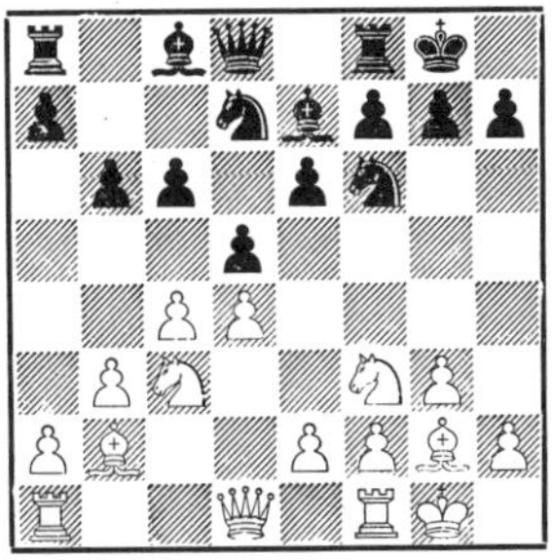

9. … **a5.** Schwarz beginnt zu handeln. Er beabsichtigt, einen strategischen Angriff auf dem Damenflügel einzuleiten. Es ist lehrreich zu verfolgen, wie Keres auf diesen Plan zu reagieren beabsichtigt. Besser war 9. … Lb7 mit nachfolgendem c6—c5.

10. Sd2! La6, 11. e4! dc, 12. e5 Sd5, 13. bc S:c3, 14. L:c3 Tc8, 15. Te1.

Jetzt ist es klar — Weiß hat das Schwergewicht aufs Zentrum verlegt.

Die Praxis hat ein allgemeines Strategem festgesetzt: die beste Reaktion auf einen verfrühten Flügelangriff ist ein Gegenangriff im Zentrum. Wir werden uns im weiteren überzeugen können, daß unsere Stellung im Zentrum gesichert sein muß, ehe wir einen Flügelangriff in Szene setzen.

Böök hat dem Gegner zuviel Spielraum im Zentrum gelassen.

Die statische Bauernformation im Zentrum raunt dem Anziehenden den strategischen Plan geradezu ins Ohr: weil der Springer f6 (eine wichtige Verteidigungsfigur) des Bauernvorpostens e5 wegen gezwungen wurde, den Königsflügel zu verlassen, greift Weiß dort an. Er muß dabei die Gewißheit haben, daß er im entscheidenden Moment mehr Kräfte bereit haben wird.

Aber ehe er zum Angriff schreitet, sichert Weiß vorbeugend sein Zentrum, das Schwarz mit c6—c5 zu schwächen drohte.

15. … b5. Der Nachziehende geht zum Gegenangriff über und scheut sich im weiteren nicht, ein Qualitätsopfer zu bringen. Klüger wäre es, den Königsflügel prophylaktisch mit 15. … Te8 und Sf8 zu sanieren.

16. c5 f6. Es drohte das Manöver Se4—d6. Aber der Zug führt zur Schwächung des Königsflügels. **17. ef L:f6, 18. Se4.** Selbstverständlich wäre schlecht 18. T:e6 wegen S:c5!

18. … b4, 19. Lb2 e5, 20. Sd6 ed, 21. S:c8 S:c5.

Der Kampf hat seinen Höhepunkt erreicht. Es scheint, als ob die Strategie Bööks den Sieg davongetragen hat — der weiße Damenflügel zertrümmert und der Springer auf c8 eingekreist. Nach dessen Eroberung wird Schwarz für die geopferte Qualität zwei Bauern haben. Aber ausgerechnet in diesem kritischen Moment geht Keres zum entscheidenden Angriff über.

22. Dh5! Sa4, 23. Le4 g6, 24. L:g6! Solche Vernichtungsopfer bezwecken die Entblößung des gegnerischen Königsflügels. Sie bilden oft das Vorspiel zu entscheidenden Dolchstößen der angreifenden Figuren.

24. … hg, 25. D:g6† Kh8 (s. Diagr.). **26. Se7!** Zerrt buchstäblich den Läufer auf das kritische Feld e7, um nach 26. … L:e7, 27. T:e7! mit einem Ablenkungsopfer sofort zu siegen. Böök gab auf.

Es hat sich herausgestellt, daß die Dame den Läufer auf e7 und den kritischen Punkt d4 nicht gleichzeitig verteidigen konnte. Die Dame war über-

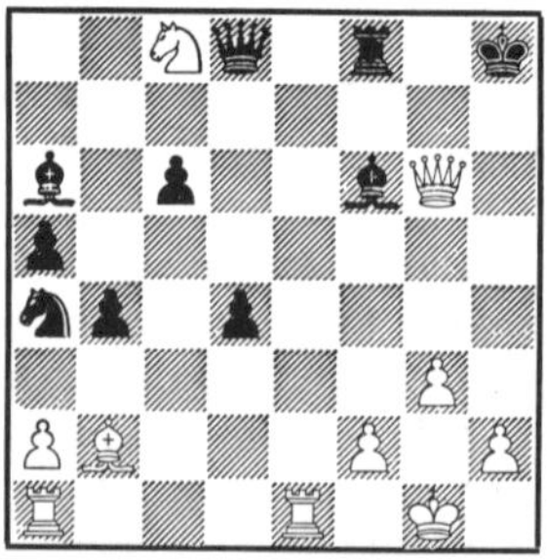

(Nach dem 25. Zuge)

bürdet. Es ist übrigens bei der Verteidigung wichtig zu beachten, daß eine Figur, der wir eine wichtige Verteidigungsfunktion übertragen, nicht so „unmenschlich" überlastet wird.

Mithin haben wir an den zwei Beispielen aus der Praxis beobachten können, welche Prinzipien dem Schachspieler im Eröffnungsstadium als sicherer Kompaß dienen können.

Wir haben uns von dem engen Zusammenhang überzeugen können, der zwischen Strategie (allgemeiner Plan) und Taktik (konkrete Ausführung des gefaßten Planes) besteht.

Die moderne Theorie betrachtet die Eröffnung nicht als alleinstehendes, begrenztes Gebiet, sondern als Übergangsphase zu dem mit ihr eng verbundenen Mittelspiel. Darum muß man schon in der Eröffnung die positionellen Merkmale des Mittelspiels in Betracht ziehen: die Bedeutung der offenen Linien, des aktiven Läufers oder Läuferpaares, der Freibauern, des Königsangriffes und anderer Elemente der Schachstrategie.

Um die charakteristischen Merkmale einer Position zu erkennen, sie richtig einzuschätzen und auf Grund dieser Einschätzung den entsprechenden Plan auszutüfteln, müssen wir die Eigenarten der strategischen und taktischen Gesetzmäßigkeiten aufmerksam und sorgfältig studiert haben.

Das tägliche Training - Eine Einführung in unsere Praktika

Bekanntlich ist die Praxis der beste Lehrmeister. Man kann jedoch versuchen, im Laufe des täglichen häuslichen Trainings das Gehirn an selbständiges Denken zu gewöhnen, im gewissen Sinne der Praxis näherzubringen.

Diese Trainingsmethode besteht darin, daß wir eine Position im Geiste weit und präzise in allen Varianten durchrechnen, ohne dabei die Züge auf dem Brett auszuführen. Man kann auch dabei die Bedenkzeit begrenzen, indem wir die Schachuhr einschalten (Imitation der Turnierpraxis!).

Bei diesem Training ist es wichtig, sehr konzentriert zu denken (auch die eiserne Konzentration stärkt man mit ständigem Training!). Nicht schlaff, gelangweilt den Blick übers Brett gleiten lassen und zu denken: „Wenn ich den Zug nicht sofort finde, schaue ich einfach nach der Lösung!" Nein, stellen Sie sich vor, es sei — na, sagen wir — die Entscheidungspartie um die Weltmeisterschaft!

Um die Fähigkeit zu entwickeln, blitzschnell eine Stellung (wenn auch anfänglich in großen Zügen) zu beurteilen, versuchen Sie, vor dem Lösen die Position abzuschätzen. Bei einer solchen Abschätzung muß man sich folgende Fragen stellen und dabei versuchen, sie zu beantworten:

1. Ist das Kräfteverhältnis gleich? Falls nicht — welche Kompen-

sation liegt für das fehlende Material vor?

2. Wie ist die Bauernstellung? Weist die Stellung schwache Punkte auf?
3. Sind die Figuren aktiv postiert?
4. Ist die Position der Könige sicher?
5. Wer hat räumlichen Vorteil?
6. Wie steht's mit den Tempi? (Das bezieht sich besonders aufs Eröffnungsstadium und auf scharfe Angriffe.)

Wenn Sie die Antworten auf diese Fragen finden, ist es Ihnen schon gelungen, eine statische Abschätzung der Position zu erlangen. Das wiederum erlaubt Ihnen, die Richtschnur für Ihre Handlungen zu finden.

In diesem Falle arbeitet Ihr Gehirn weiter und beginnt konkret, die dynamischen Möglichkeiten der Stellung herauszuschälen. Sie fangen an, im Geiste die Varianten zu berechnen und die entstandene Stellung (wiederum im Kopf) abzuschätzen. Dann erst entschließen Sie sich, ob es sich lohnt, sich auf diese oder jene Variante einzulassen.

Das hört sich vielleicht kompliziert an, ist aber nicht so schlimm, weil der Gedankengang blitzschnell vonstatten geht und oft Merkmale derart schroff herausragen, daß ein weiteres Fragestellen unnütz ist. Bei der Abschätzung fällt z. B. oft die exponierte Stellung des Königs auf, und sofort treten die anderen statischen Eigenarten an den zweiten Platz. Oder Sie bemerken im Lager des Gegners einen schwachen Bauern. Wie Sie sehen werden, soll man den schwachen Punkt im gegnerischen Lager angreifen; darum wendet sich Ihr Augenmerk auf den schwachen Bauern, und die übrigen Positionsmerkmale treten etwas in den Hintergrund.

Es ist eindeutig, daß Sie beim konkreten Variantenrechnen die Antwort herausfinden müssen: „Was droht mir? Welche Drohungen, Angriffe stehen mir selbst zur Verfügung?“ Bei dieser Arbeit muß unser Gehirn trainiert sein, die konkreten Möglichkeiten zu erkennen, die Position (oft sind es mehrere Abzweigungen) im Geiste sich vorzustellen, unentwegt zu analysieren. Die Fähigkeit der Taktik und der Analyse zu fördern, stellen wir uns in unserem Praktikum zur Aufgabe. Ihre Lösungen schreiben Sie sich auf, um sie nachher mit den Buchlösungen zu vergleichen.

Verzweifeln Sie nicht, falls Ihnen das Lösen Schwierigkeiten macht — manche Stellungen sind kompliziert. Viele bringe ich ohne didaktische Erläuterungen. Aber ebenso wie manche Grobiane dem Anfänger das Schwimmen beibringen, indem sie ihn einfach ins Wasser werfen, möchte ich auf diese Art „das Schwimmen“ auf dem Gebiet der Schachtaktik und Analyse lehren. Meine langjährige Trainerarbeit hat mich überzeugt, daß das Nachschlagen nach der Lösung, auch nach erfolglosen Versuchen, tiefen Eindruck hinterläßt und die schöpferische Entwicklung fördert. Also — viel Glück und Vergnügen!

★

Gewöhnlich ist angegeben, wer am Zuge ist. Ob ein Remis oder der Gewinn zu entdecken ist, finden Sie bitte selbst heraus. Während der Partie steht Ihnen kein raunender Weihnachtsmann zur Seite, der vorsagt: „Hier ist nur ein Remis herauszuholen, hier kannst du auf Gewinn spielen!“

Unser Praktikum

1

Schwarz am Zuge

2

Weiß am Zuge

3

Weiß am Zuge

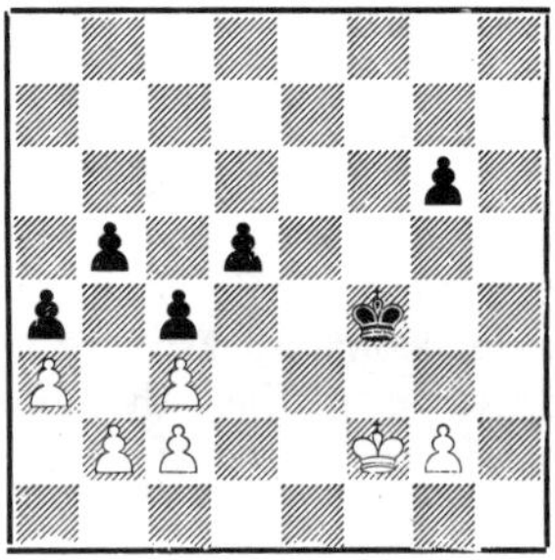

4

Schwarz am Zuge

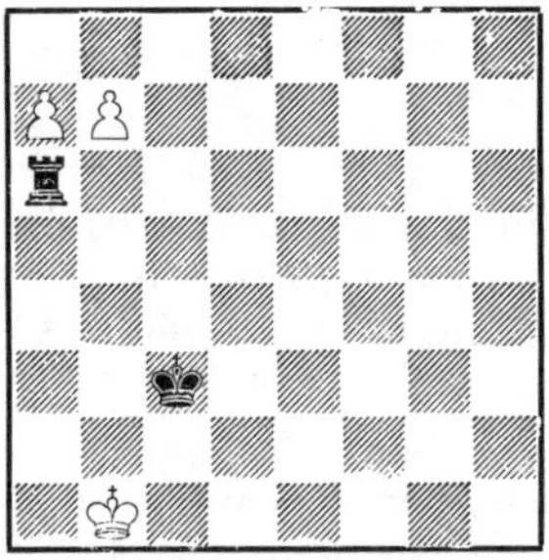

5

Schwarz am Zuge

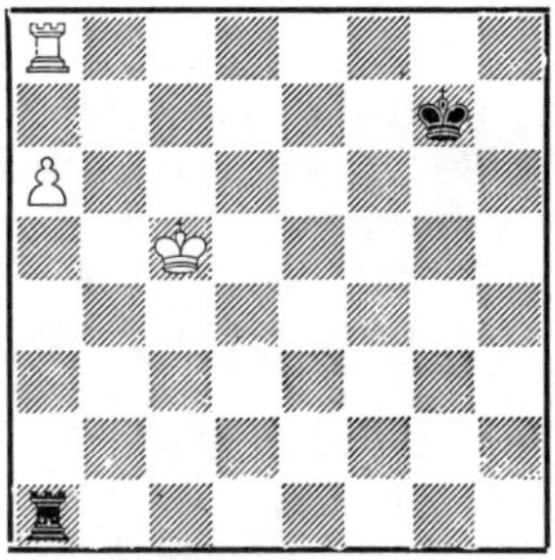

6

Weiß am Zuge

DIE 2. STUNDE

Achtung! Türme!

In der vorigen Stunde haben wir die allgemeine Regel kennengelernt, daß man bestrebt sein soll, die harmonische Aktivität der Figuren zu schüren. Jetzt handelt es sich darum, Ihnen einige greifbare Tips zu geben, wie die Wirksamkeit einzelner Figuren verstärkt werden kann.

Beginnen wir unser Gespräch über Türme. Als *offene* Linie bezeichnet man eine Vertikale, die frei von Bauern, als *halboffene*, wenn noch ein Bauer vorhanden ist.

Der Tummelplatz der Türme ist die offene Linie. Die allgemeine strategische Aufgabe des Angreifers ist: 1. die Kontrolle über die Linie fest in die Hand zu bekommen. Dann: 2. mit dem einen oder beiden Türmen auf die siebente (für Schwarz die zweite) oder achte (für Schwarz die erste) Horizontale (Reihe) des gegnerischen Lagers einzudringen.

Auf diesen Reihen greifen die Türme nicht nur die gegnerische Bauernphalanx an und erobern oft Material, es gelingt auch häufig, gefährliche Mattangriffe zu inzenieren (s. Diagr.)

Der Turm übt Druck auf der halboffenen c-Linie aus. Die Einleitung be-

Botwinnik — Vidmar

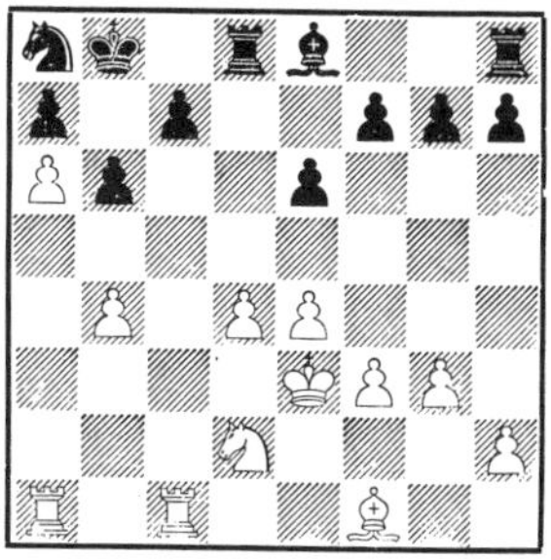

steht im charakteristischen Manöver der Turmverdoppelung:

27. Tc3 c6. Den Springer auf a8 muß man doch etwas Luft schnappen lassen! **28. Tac1 f6.** Schwarz hat ein ziemlich festes Bollwerk geschaffen, das nicht leicht zu zerstören ist. Schwarz bot sogar Remis an . . .

29. Sb1! Ld7, 30. Sa3.

Jetzt wird es klar: Weiß will die Linie mit b4—b5 völlig öffnen, um mit dem Turm in die siebente Reihe einzudringen!

30. ... Sc7. Falls 30. ... b5, so entsteht ein schwacher Punkt auf c5. Hierbei möchten wir sofort formulieren, was wir unter einem „schwachen Punkt" verstehen. Das ist ein Punkt (Feld), der von einer gegnerischen Figur, von Bauern ungestört, besetzt werden kann, die schwer zu vertreiben ist.

Wenn so eine feindliche Figur sich tief in unserem Lager eingenistet hat, wirkt sie besonders störend.

Nach 30. ... b5 beabsichtigte Botwinnik zu spielen: 31. Sb1 Sc7, 32. Ta3 mit folgendem Sb1 — d2 — b3 — c5 und schrecklichem Stellungsdruck.

Falls 30. ... Tc8 (um b4—b5 zu verhindern), so dringt Weiß ins feindliche Lager mit Sc4—d6 ein (Punkt d6 erweist sich als schwach)!

31. b5! Wie Sie im weiteren sehen werden, spielen die Bauern eine wichtige Rolle bei der Beseitigung von Bauernbollwerken. Sie sind es vornehmlich, die den Türmen freie Bahn schaffen.

31. ... S:b5, 32. L:b5 cb, 33. Tc7.

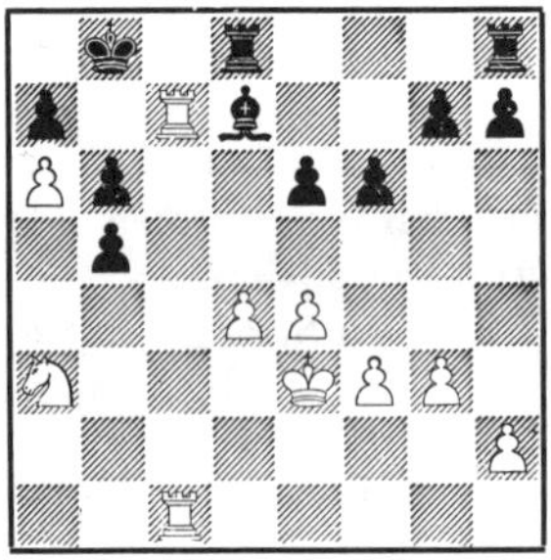

So! Die zweite Aufgabe ist erfüllt — der Turm ist in die siebente Reihe eingedrungen. **33. ... Tc8.**

Falls 33. ... b4, so folgt sehr schön: 34. Tb7† Ka8, 35. Tcc7, und jetzt geht nicht 35. ... ba wegen 36. T:a7† Kb8, 37. Tcb7† Kc8, 38. Ta8‡.

Bitte nicht zu vergessen — zwei Türme auf der siebenten Reihe, die von einem Bauern oder einer Figur auf der sechsten Reihe unterstützt werden, setzen matt! Falls aber 35. ... Lc8 (an Stelle von ba), so 36. T:a7† Kb8, 37. Sb5, und es gibt keine Verteidigung gegen das verderbliche 38. Tcb7†.

In der Stellung nach 37. Sb5 möchte ich Ihre Aufmerksamkeit auf eine allgemeine Regel richten: Warum ist der Angriff des Weißen so verheerend? Dem schwarzen König stehen geeint gegenüber zwei Türme, ein Springer und die nicht zu unterschätzende Wirkung des Bäuerleins auf a6!

Klar, daß Schwarz das Eindringen beider Türme nicht zulassen darf.

33. ... Tc8. Erlaubt dem Gegner eine überraschende Opferwendung. **34. Tb7† Ka8, 35. T:d7!! T:c1, 36. S:b5 Thc8.** Beide Türme sind gezwungen, die c-Linie zu hüten. Es drohte 37. T:a7† Kb8, 38. Tb7† Ka8, 39. Sc7†. Falls 38. ... Kc8, dann 39. Sa7† und Tb8†.

37. T:g7. Beachten Sie bitte, wie der eingedrungene Turm auf der siebenten Reihe verheerend „wütet".

37. ... h6, 38. T:a7† Kb8, 39. Tb7† Ka8, 40. Ta7†.

Solche Zugwiederholungen werden vorgenommen, um beim Nahen der Zeitkontrolle Zeit zu gewinnen.

40. ... Kb8, 41. Tb7† Ka8, 42. g4.

In der Absicht, sich gefährliche Freibauern nach h2 — h4 — h5 zu verschaffen.

Mit seiner Antwort will Schwarz um jeden Preis den Springer vertreiben und das Mattnetz sprengen. Aber dabei erhält Weiß einen starken Freibauern.

42. ... e5, 43. d5 T1c5, 44. Ta7† Kb8, 45. Tb7† Ka8, 46. T:b6 Tb8, 47. T:b8† K:b8.

Damit ist das aufgegriffene Thema erschöpft.

Die „Türmestrategie" hat triumphiert. Es ist jetzt ein Endspiel Turm gegen Springer entstanden, in dem die Freibauern dem Weißen einen technisch ziemlich leichten Sieg einbringen.

48. a7† Kb7! Nach 48. ... Ka8 gewinnt der Königsmarsch: 49. d6 Tc8, 50. Kd3! Kb7, 51. Sc7 K:a7, 52. Kc4. Mit seinem Textzuge stellt Schwarz dem Gegner eine kleine Falle: 49. d6? Tc8, 50. Kd3 Tc1, 51. Sc3 Ta1! usw.

49. Sd6† K:a7, 50. Se8 Kb6, 51. S:f6 Tc3†, 52. Kf2 Tc7, 53. h4 Tf7, 54. Sh5 Kc7, 55. g5! hg, 56. hg Th7, 57. Sf6 Th2†, 58. Kg3 Th1, 59. Kg2 Th8, 60. g6. Aufgegeben. Nach 60. ... Th6, 61. g7 Tg6†, 62. Kf2 T:g7 gewinnt die gefürchtete Springergabel.

Noch gefährdeter wird die Königsstellung, wenn den Türmen der Einbruch in die achte Reihe gelingt. Dieses Endziel erreicht Weiß in der folgenden Partie nach feinem Positionsspiel.

Taimanov — Lissizin

1. d4 d5, 2. c4 e6, 3. Sf3 c6, 4. Dc2 Sbd7. Besser war, die Entwicklung mit Sgf6, Le7 und 0—0 zu beenden.

5. g3 Ld6, 6. Lg2 f5.

Erweist sich als unglückliche Idee. Wiederum war es richtiger, nach 6. ... Sgf6 und 7. ... 0—0 den Vorstoß e6—e5 anzustreben und dem Läufer auf c8 Bewegungsfähigkeit zu verschaffen.

7. 0—0 Sgf6, 8. cd! cd.

Weiß hat in der Eröffnung einen positionellen Vorteil erreicht, die offene c-Linie. Im weiteren nutzt er das sehr lehrreich aus.

9. Sc3 a6, 10. Lf4!

Der schwarze Läufer auf d6 schützte sehr gut auf der c-Linie die Einbruchsfelder c7 und c5. Darum versucht Weiß, den Verteidiger der schwarzen Felder zu vernichten — ein oft wiederkehrendes Strategem — Beseitigung der Schutzfigur durch Abtausch!

10. ... L:f4. 10. ... Le7 ging des plötzlichen taktischen Schlages 11. Sb5! wegen nicht.

11. gf 0—0, 12. Sa4!

Wiederum ausgezeichnet gespielt! Er öffnet die c-Linie, und außerdem wird der Springer nach c5 hinübergespielt, wo er einen wichtigen „Vorposten" einnimmt, der die Bewegungsfreiheit des gegnerischen Lagers hemmt.

12. ... Sb6. Anscheinend die einzige Möglichkeit, die Entwicklung zu vollenden.

13. Sc5 Dd6, 14. Se5. Noch ein Vorposten! **14. ... Tb8.**

Dennoch war es besser, mit 14. ... Sbd7 zu versuchen, den Springer auf c5 zu tauschen. Es ist überhaupt ratsam, wenn es nicht mit zu großer Schwächung der Stellung verbunden ist, stark postierte gegnerische Figuren so früh wie möglich abzutauschen oder zu vertreiben.

15. a4! Sa8. Noch immer sollte er Sbd7 versuchen. Aber Schwarz hat den unglücklichen Plan gefaßt, eine passive, aber feste Abwehrstellung aufzubauen. Keine empfehlenswerte Strategie.

16. a5! Festigt die Position des Springers auf c5. Jetzt ist er mit b7—b6 nicht leicht vertreibbar, weil der Bauer auf a6 sehr schwach werden würde.

16. ... Ld7, 17. Tfc1.

Jetzt endlich, unter Schutz des Vorpostens, beginnt Weiß den Druck auf der c-Linie zu verstärken.

17. ... Lb5, 18. e3 Tfc8, 19. Ta3! Tc7, 20. Tc3. Maximale Verstärkung des Druckes mit Schwerfiguren! 20. ... **De7.**

Oft sind die Schwächen der feindlichen Stellung maskiert. Man muß lernen, sie zu erspähen und dann mit aller Wucht anzugreifen. Wie in der Kriegsstrategie so im Schach — man muß den Gegner angreifen, wo er geschwächt ist, eine verwundbare Blöße aufweist.

Und Taimanov hat, so sonderbar es klingen mag, eine Schwäche des scheinbar gut geschützten Punktes b7 entdeckt. Um sie bloßzustellen, wird mit dem nächsten Zuge der deckende Läufer beseitigt.

21. Lf1! L:f1, 22. K:f1 Tbc8, 23. Db3! Se8.

Scheinbar ist der Druck auf der c-Linie völlig neutralisiert. Schwarz stellt den Springer auf e8, damit nach 24. S:b7

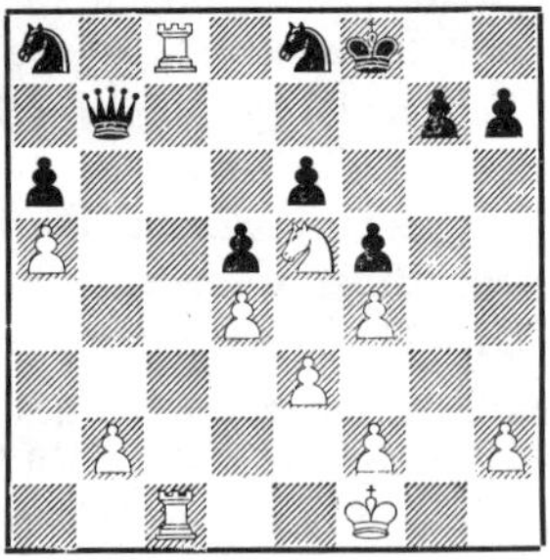

T:b7 der Turm auf c8 nicht mit Schach geschlagen werden kann. Aber wie wir sehen werden, ist die Lage „kombinationsreif".

24. S:b7! T:b7, 25. D:b7!! D:b7, 26. T:c8 Kf8 (siehe Diagr.)

27. Tb8!! Mit Tempo dringt in die achte Reihe der zweite Turm ein — das ist der Anfang vom Ende.

27. ... De7. Es ging nicht 27. ... D:b8 wegen 28. Sd7†, und nach 27. ... Da7 ist die Stellung so stark, daß Weiß auf zwei Arten gewinnen kann: 28. T:e8† K:e8, 29. Tc8† Ke7, 30. Sc6†, oder 28. Tcc8 Sac7, 29. Sc6. Drollige Unbeholfenheit der stolzen Dame!

28. T:a8 g6, 29. Tcc8. Die Zusammenarbeit der Türme auf der achten Reihe ist zustande gekommen — das übrige ist leicht verständlich.

29. ... Kg7, 30. T:e8 Dc7, 31. Tec8 Db7, 32. Tab8 Da7, 33. Th8! De7, 34. Tbg8† Kh6, 35. T:g6† Kh5, 36. Tg3 Kh4, 37. Sf3† Kh5, 38. Thg8.

Aufgegeben.

Es ist klar, daß man dem Gegner ohne Kampf die Kontrolle über die offene Linie nicht einräumen soll. In solchen Fällen versucht der Verteidiger, seine eigenen Schwerfiguren auf der bedrohten Linie entgegenzustemmen. Er strebt den Abtausch an.

Sehr oft erschweren die leichten Figuren das Eindringen der Türme. In solchen Fällen muß man Ausschau nach neuen Einbruchsmöglichkeiten halten. Eine derartige Strategie illustriert vorzüglich das folgende Beispiel.

Weiß hat einigen Raumvorteil. Außerdem beherrscht der Turm die einzige offene Linie. Aber wenn Weiß automatisch die Türme verdoppelt, erwiese sich dieser Weg als ein Schlag ins Was-

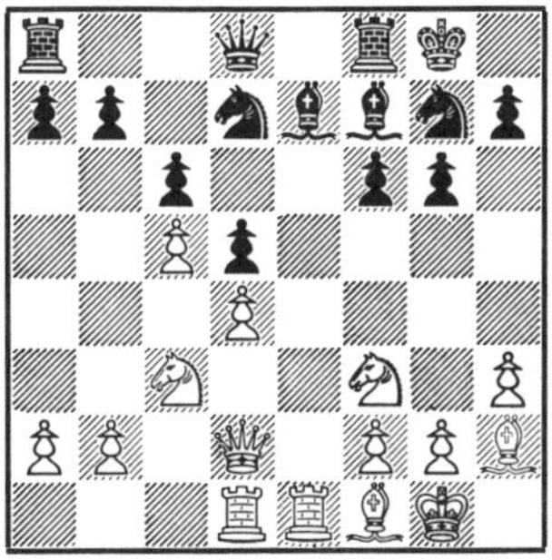

Judowitsch—Klaman

ser: 18. Te2 Te8, 19. Tde1 Lf8!, 20. T:e8 S:e8, und wie leicht ersichtlich, kann Weiß seine Stellung nicht verstärken. Die schematische Einnahme einer offenen Linie ist nicht alles. Man muß sie behaupten können und Einbruchsfelder erhalten.

In unserem Beispiel versucht darum Weiß zunächst, ein neues Angriffsobjekt auf dem Damenflügel zu schaffen.

18. b4! b5. Sonst folgt sehr stark b4—b5! **19. a4! a6, 20. ab.** Manchmal ist es günstiger, die Verdoppelung der Türme vorzunehmen, ohne vorher die Bauern zu tauschen (weil der Verteidiger wegen Raummangels das Manöver oft nicht nachahmen kann).

20. ... ab, 21. Ta1 Te8, 22. Ta2! Dc8, 23. Tea1 Db7.

Es scheint, als ob Schwarz das Gleichgewicht auf der a-Linie aufrechtzuerhalten imstande ist. Aber ...

24. Db2 Se6, 25. Ta3! In der Absicht mit 26. T1a2 und Da1! dennoch die a-Linie zu okkupieren.

25. ... Sc7, 26. Ta5! T:a5, 27. T:a5 Sa6, 28. Da3 Sab8.

28. ... Ta8 geht wegen 29. S:b5! cb, 30. L:b5 nicht. Nach dem Textzuge dringt der Turm in die siebente Reihe ein.

29. Ta7 Dc8, 30. S:b5. Sehr stark war auch 30. Tc7 mit nachfolgendem Da7.

30. ... cb, 31. L:b5 Kg7, 32. L:b8 S:b8, 33. L:e8 D:e8, 34. b5 Lf8, 35. De3! Dc8, 34. Df4. Schwarz gab auf. Gegen Ta8 und Se5 ist kein Kraut gewachsen.

Zuletzt möchten wir eine Spielmethode erläutern, bei der der Turm sich vor seinen Bauern stellt und dort am Königsangriff teilnimmt.

Najdorf—Kotov

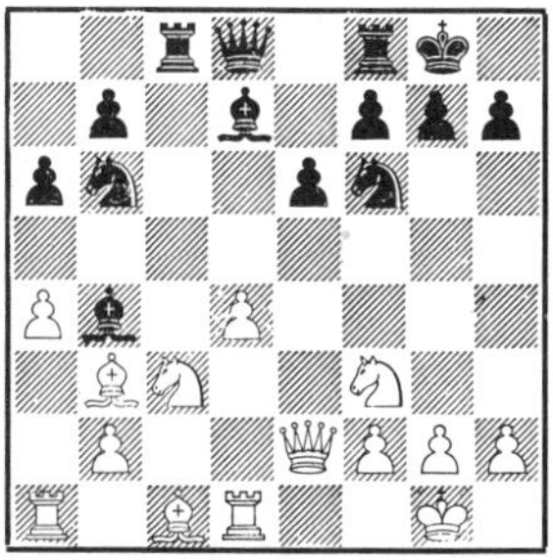

14. Td3! Sbd5, 15. S:d5 S:d5. Verhältnismäßig besser war 15. ... ed, aber Schwarz wollte die Diagonale für den Damenläufer freihalten.

16. De4! Lc6, 17. Se5 Sf6, 18. Dh4 Ld5? Der Nachziehende mußte den Läufer nach e4 zur Sicherung des Königsflügels hinüberführen.

19. Lg5 Le7, 20. Th3! Da haben wir's! Der Turm verstärkt erheblich den Angriff gegen Punkt h7.

20. ... Te8. Ein „Beschwichtigungsopfer". Schwarz willigt in 21. L:f6 L:f6, 22. D:h7† Kf8 ein, um nur ja die Vehemenz des weißen Angriffs zu verlangsamen. Schwach wäre 20. ...

h6 wegen des Vernichtungsopfers auf h6.

21. Ld1! Neue Reserven werden herangezogen. Das Ziel ist — der Punkt f7. Der Angriff des Anziehenden muß durchdringen, er hat ein Übergewicht an Kräften auf dem Königsflügel. Eine besonders starke Stellung nimmt der Springer auf e5 ein!

21. ... Da5, 22. Lh5 Ted8. Es geht nicht 22. ... S:h5, und nach 23. D:h5 sind die Felder h7 und f7 nicht zu verteidigen.

23. L:f7† Kf8, 24. Lh6! Se8. Es drohte 25. L:g7†!

25. Df4! Es entsteht eine neue Mattdrohung: 26. L:gf† S:g7, 27. Sg6†! hg, 28. Th8‡.

25. ... Lf6, 26. L:g7†! Ke7, 27. L:e8 L:g7, 28. T:h7! Der Turm gibt den Gnadenstoß! Schwarz gab auf.

Wie wir gesehen haben, ist die Mobilisierung der etwas schwerfälligen Türme ein sehr wichtiges Mittelspielproblem. Obwohl wir in unserer Stunde unser Augenmerk auf die Leistungssteigerung der Türme gelenkt haben, ist deren Tätigkeit nur in enger Zusammenarbeit mit anderen Figuren denkbar. Das Gesetz der Koordinierung!

Unser Praktikum

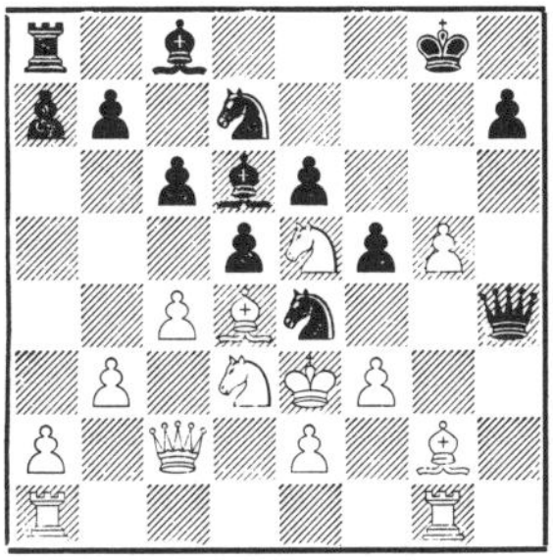

7

Schwarz am Zuge

8

Weiß am Zuge

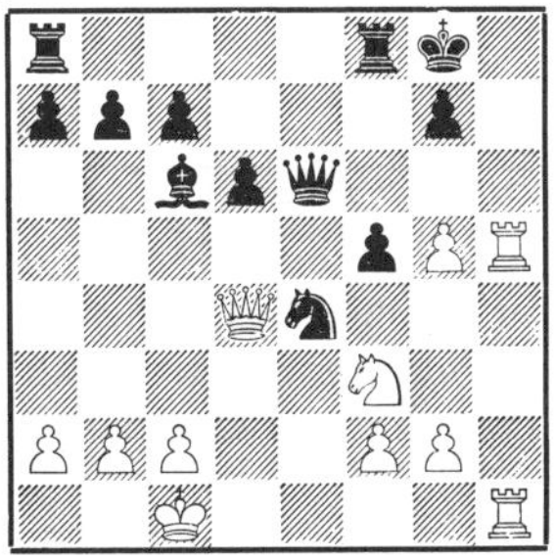

9

Weiß am Zuge

10

Weiß am Zuge

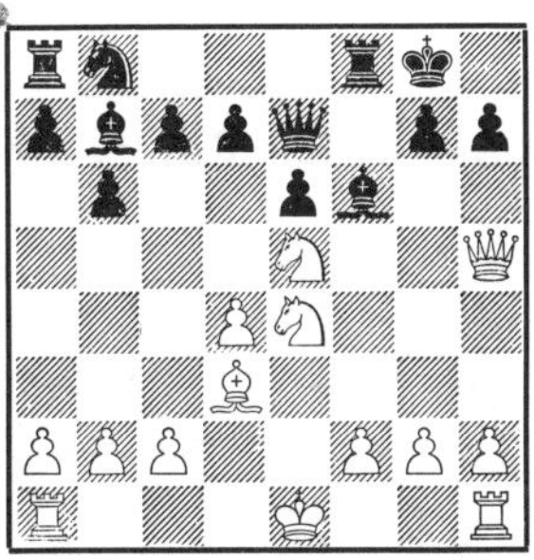

11

Weiß am Zuge

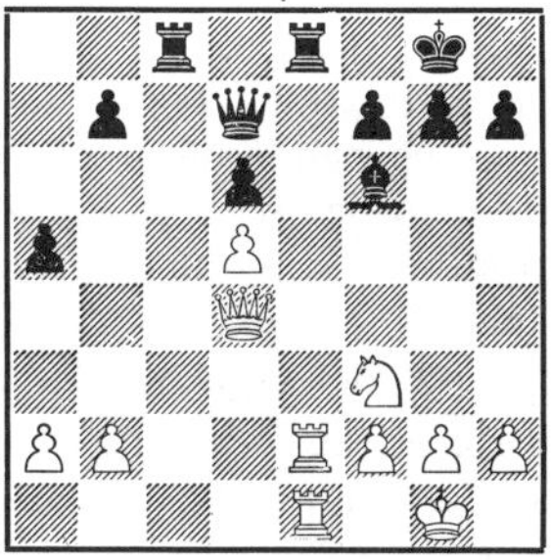

12

Weiß am Zuge

DIE 3. STUNDE

Über „gute" und „schlechte" Läufer

Von der Beweglichkeit des Läufers hängt es ab, ob wir ihn als „gut" oder „schlecht" bezeichnen. Je mehr offene Diagonalen dem Läufer zur Verfügung stehen, um so tätiger ist seine Mitwirkung. Hier ein drastisches Beispiel aus der Turnierpraxis.

Baslavsky—Kondratjev

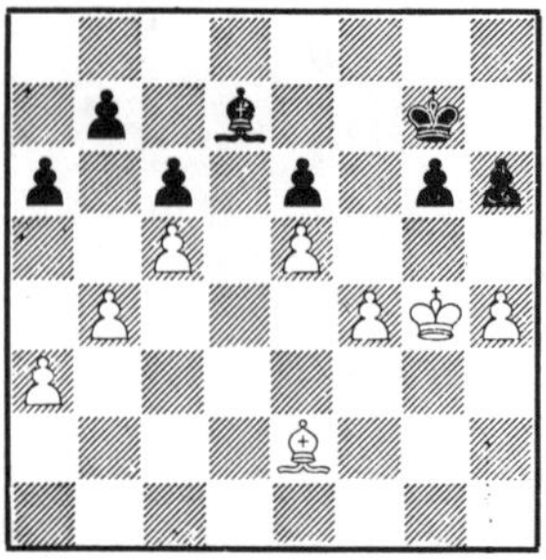

Es ist nicht schwer, die Stellung abzuschätzen: dem schwarzen Läufer rauben seine eigenen Bauern die Bewegungsfreiheit. Selbstverständlich ist er zum passiven Hin- und Herziehen „verdammt".

„Gut" hat's der weiße Läufer — die Bauern stehen auf schwarzen Feldern und der Läufer hat freie Hand zum Manövrieren. Außerdem sind die schwarzen Bauern auf weißen Feldern als günstige Angriffsziele festgelegt (dem schwarzen Läufer fehlen dagegen Angriffsobjekte).

Wir sehen also den engen Zusammenhalt zwischen Bauernkette und Figur. Nicht umsonst sagt man, daß die Bauernformation das Rückgrat der Position bildet.

In der Partie folgte: **1. ... Le8, 2. Ld3 Ld7, 3. Kf3 h5?** Er sollte sich die Befreiungsaktion g6—g5, allerdings in spe, nicht nehmen lassen. Jetzt ist der Nachziehende gezwungen, sich ganz passiv zu verhalten. Aber passive Stellungen ohne Möglichkeit zum Gegenschlag tragen, wie bekannt, den Keim des Verlustes in sich.

4. Ke3 Kf7, 5. Kd4 Le8, 6. Kc3 Ke7.

Die Unbeholfenheit des Nachziehenden wirkt geradezu tragikomisch. Zunächst bringt Weiß die Wirkung seiner Figuren auf ein Höchstmaß.

7. Kb3 Kd8, 8. Ka4 Kc7, 9. Ka5 Lf7, 10. Lc4!

Verweist den schwarzen Läufer auf eine ganz kurze Diagonale (g8—f7!).

10. ... Lg8, 11. a4. Eine Aufrollungsaktion des Bauern, deren Aufgabe es ist, die Wirkung der Figuren zu vergrößern. **11. ... Lf7, 12. b5 ab, 13. ab Lg8.**

Nach 13. ... cb, 14. L:b5 könnte Schwarz das Eindringen des Königs nach b6 oder des Läufers nach e8 nicht verhindern.

14. b6† Kd8, 15. Kb4. Wegen der Drohung La6 ist der schwarze König an die Deckung des Bauern b7 gebunden. Darum hat der weiße König freie Hand am Königsflügel.

15. ... Lf7, 16. Kc3 Kd7, 17. Kd4 g5. Eine Gewaltmaßnahme, um den Läufer „Luft schnappen" zu lassen. Es drohte f4—f5, Ke3—f4 und Königseinbruch.

18. fg Lg6, 19. Ke3 Lc2, 20. g6 L:g6, 21. Kf4 Lf5, 22. Le2 und Weiß gewann schnell.

In der modernen Meisterpraxis treffen wir Eröffnungssysteme an, deren Hauptdevise lautet: Kampf um die große Diagonale (a1—h8 oder h1—a8)! (Katalanische Eröffnung, Altindische und Grünfeld-Verteidigung.) Hier ein Beispiel.

Teschner—Tal
(Wien 1957)

1. e4 c5, 2. Sf3 Sc6, 3. d4 cd, 4. S:d4 Sf6, 5. Sc3 d6, 6. g3 g6, 7. Lg2. Genauer ist es, dem folgenden Abtausch mit 7. Sde2 aus dem Wege zu gehen.

7. ... S:d4, 8. D:d4 Lg7, 9. 0—0 0—0, 10. Dd3 Le6, 11. Sd5 Tc8, 12. c3.

Damit versucht Weiß den Druck des Läufers g7 auszugleichen. Er hofft, daß Schwarz den zentralisierten Springer schlagen wird (früher oder später gehen derartige zentralisierte gegnerische Figuren einfach auf die Nerven!), worauf er Druck auf der offenen e-Linie erhalten würde. Schwarz muß darum energisch handeln.

12. ... Te8. Um die Dame von der Verteidigung des Bauern zu befreien.

13. Le3. Aktiver wäre 13. Lg5. **13. ... Da5, 14. h3.** Gegen 14. ... Sg4 gerichtet. Als unnütze Schwächung des Damenflügels erwiese sich das „aggressive" 14. b4 Da4. Nach Tals Meinung war am besten 14. a4 zu spielen. Darauf beabsichtigte er mit 14. ... L:d5, 15. ed a6 fortzusetzen.

14. ... Da4! Ein ganz unscheinbarer positioneller Zug, der gewöhnlich schwer zu finden ist. Schwarz verstärkt den Druck gegen den Bauern e4 und bereitet den nächsten Bauernzug vor.

15. Tfe1 b5, 16. Lg5.

Erweist sich als Tempoverlust. Weiß konnte den Druck des Läufers g7 mit Abtausch neutralisieren: 16. S:f6† L:f6, 17. Ld4. Aber Weiß will sich mit gleichem Spiel nicht begnügen — er will den Nachziehenden zum Springertausch zwingen, um sofort gegen den Bauern e7 zu drücken. Dabei unterschätzt er den Gegenangriff auf der Diagonalen a1—h8.

16. ... S:d5, 17. ed Lf5, 18. Dd2 b4! Das Bollwerk wird wiederum aufgerollt. **19. c4.** Selbstverständlich nicht 19. cb wegen 19. ... Tc2.

19. ... Dc2! Nach Damentausch wird die Schwäche des Damenflügels noch mehr unterstrichen.

20. D:c2. Die Vereinfachung 20. Te7: D:d2, 21. T:e8† T:e8, 22. L:d2 L:b2, 23. Te1 scheitert an einem kleinen taktischen Witz: 23. ... T:e1†, 24. L:e1 Lc3! und Weiß ist verloren.

20. ... L:c2.

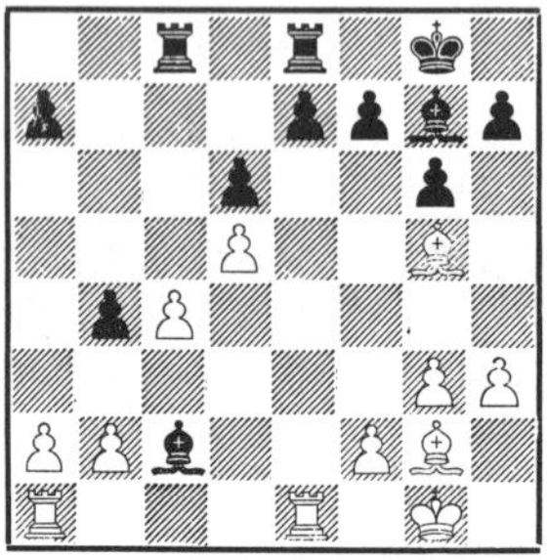

Jetzt ist es nicht schwer festzustellen, daß die schwarzen Läufer viel wirkungsvoller stehen. Den Radius der Tätigkeit des Läufers g2 verkürzt der eigene Bauer auf d5, auch der Läufer auf g5 schießt ins Leere, weil die Variante 21. T:e7 T:e7, 22. L:e7 L:b2, 23. Te1 Le5 zugunsten von Schwarz ausläuft.

21. Tac1 Ld3, 22. Te3.

Weiß ist gezwungen, die folgende Vereinfachungsaktion zuzulassen. Auf 22. b3 beabsichtigte der Nachziehende 22. ... Lb2, 23. Tcd1 Lc2, 24. Td2 Lc3, und auf 22. T:e7 L:b2, 23. Tae1 T:e7, 24. L:e7 folgte 24. ... Lc3 nebst L:c4 und L:a2.

22. ... L:b2!, 23. T:d3 L:c1, 24. L:c1 T:c4, 25. Ld2 Tb8!, 26. Le3 a5. Noch immer will es Weiß nicht gelingen, seine Läufer zu aktivieren, während Schwarz einen neuen Trumpf ausspielt. Er schafft sich einen gefährlichen Freibauern auf dem Damenflügel.

27. Td2 a4, 28. Lf1 Tc1. Der Turm auf der ersten Reihe! **29. Tb2 Ta1, 30. Kg2 a3, 31. Tc2.** Die Einnahme der offenen c-Linie ist nicht von Belang — der Freibauer ist viel gefährlicher.

31. ... b3!, 32. ab a2, 33. Le2 Tg1†, 34. K:g1 a1D†, und nach einigen Zügen gab Weiß auf.

Obwohl in der eben gezeigten Partie die beweglichen Läufer eine wichtige Rolle spielten, vielleicht sogar die „erste Geige“, könnte Schwarz ohne die harmonisch zusammenwirkende Mithilfe zweier Strategeme — offene Linie und Freibauer — den Sieg nicht erzwingen.

Auch in der folgenden komplizierten Positionspartie dreht sich der Kampf lange darum, die Läufer wirken zu lassen, aber im engen Zusammenhang mit anderen, nicht minder wichtigen positionellen Faktoren. Die Partie liefert ein imposantes Beispiel, wie die Pläne des Schachmeisters am Brett geschmiedet und elastisch gehandhabt werden.

Kotov—Szabó

1. d4 Sf6, 2. c4 g6, 3. Sc3 Lg7, 4. e4 d6, 5. f3.

Das gefährliche Sämisch-System, dessen Hauptidee ist, das Bauernzentrum zu blockieren und auf den Flügeln tätig zu werden.

5. ... 0—0, 6. Le3 e5, 7. d5 Sh5, 8. Dd2 f5.

Der charakteristische Bauern-Flankenstoß gegen das weiße Zentrum.

9. 0—0—0 Sd7, 10. Ld3 Sc5.

Der Beginn eines falschen Planes. Hier sollte Schwarz besser 10. ... Sf4!

(Bronsteins Empfehlung) gespielt haben, um nach 11. Lc2 mit 11. ... Sb6! den Zug b2—b3 zu erzwingen.

11. Lc2 f4. Schließt das Spiel völlig ab, und der Läufer auf g7 scheint ganz und gar „begraben" zu sein. Aber Schwarz hat sich einen Plan gemacht. Besser war es, die Spannung im Zentrum mit 11. ... Sf6 aufrechtzuerhalten.

12. Lf2 a6, 13. Sge2 a5. Das Schlimmste im Schach, wenn man beim Durchführen eines Planes gezwungen ist, auf halbem Wege stehen zu bleiben. Schwarz hatte anfänglich die Absicht, mit 13. ... b5 einen Gegenangriff einzuleiten. Jetzt bemerkt er, daß nach dem geplanten Zuge sehr stark 14. b4! und c4—c5 folgen würde. Mit dem Textzug versucht er, wenigstens die Springerstellung auf c5 zu sichern.

14. Kb1. Ein vorbeugender Zug, der nach der langen Rochade oft nützlich ist — den unbeschützten Punkt a2 zeitig zu decken und außerdem zum Zwecke, das Feld c1 für den Springer oder den Turm zu räumen.

14. ... Ld7, 15. Sc1 Tf7, 16. Sd3 b6, 17. Tc1 Lf6, 18. Thf1 Lh4.

Der Nachziehende will sich vom „schlechten" Läufer befreien (besser war 18. ... a4). Vielleicht provozierte Weiß mit seinem letzten Turmmanöver den Gegner zu diesem Zuge? Schwarz erwartete 19. Lg1, und der Läufer auf h4 wirkte etwas störend. Aber es folgte unerwartet:

19. L:c5! Weiß nutzt sofort die Tatsache aus, daß der Läufer sich von der Deckung des e-Bauern entfern hat. Mit dem Tausch schafft er dem Gegner eine neue Schwäche — einen isolierten Bauern auf a5 —, der schnell zum Objekt des Angriffs wird. Allerdings räumt er dem Nachziehenden die offene b-Linie ein — aber wenn man energisch sein will, muß man auch dem Gegner etwas zugestehen und ein Wagnis eingehen. Aber in unserem Falle stellt sich heraus, daß sogar Weiß sich der offenen Linie bemächtigen wird.

19. ... bc.

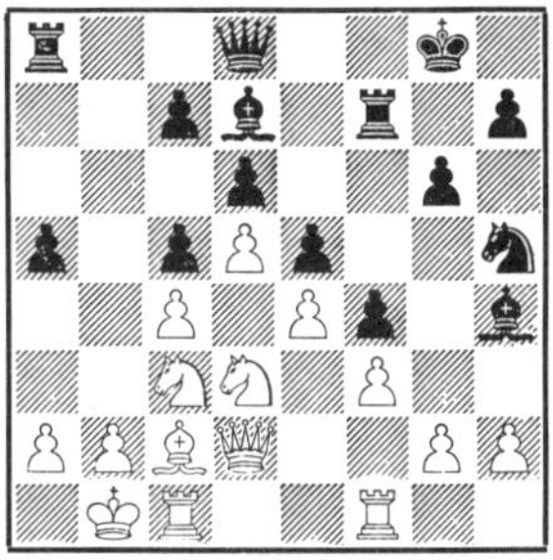

20. La4! Die Rollen sind vertauscht! Jetzt will Weiß sich von seinem schlechten Läufer befreien und Schwarz muß dem Tausch zustimmen. Nach 20. ... Lc8, 21. Lc6 Ta6, 22. Sb5 stünde der weiße Läufer auf c6 allzu stark.

20. ... L:a4, 21. S:a4 Dd7, 22. Sc3 g5. Schwarz spürt die Gefahr und strebt nach Gegenspiel auf dem Königsflügel. Es droht das Manöver Sb5, Tc3—a3.

23. h3 Sf6, 24. Sb5 h5. Ein aufregender Kampf — wer kommt zuerst?

25. Th1. Weiß versteht es, den bedrohten Königsflügel mit ökonomischen Mitteln zu verteidigen. Das Prinzip der Ökonomie ist übrigens bei der Verteidigung sehr wichtig — je weniger Kräfte die Verteidigung in Anspruch nimmt, um so mehr stehen uns zum Angriff zur Verfügung!

25. … Th7, 26. Tc3 g4, 27. hg hg, 28. Ta3 Lg3, 29. T:h7 D:h7.

Schwarz ist es gelungen, den a-Bauern indirekt zu decken; der g2-Bauer ist bedroht.

30. Sc1! Dh1!

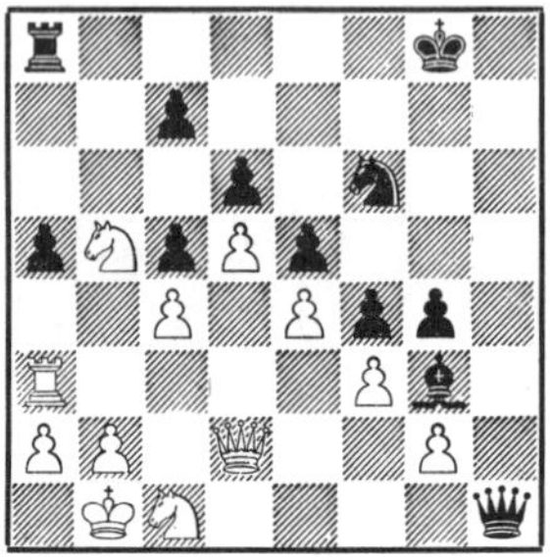

Die schwarze Dame ist ins feindliche Lager eingedrungen; aber dennoch wird aus folgenden Gründen der Angriff des Anziehenden gefährlicher sein: 1. die Stellung des weißen Königs ist weniger gefährdet; 2. der weiße Springer erweist sich als tätiger beim Angriff als sein „Gegenspieler", der Läufer.

Weiter folgte: **31. S:c7 gf, 32. gf Ta7, 33. Se6 Le1, 34. Dd1! Th7, 35. Td3.** Es drohte Th2 und Ld2. **35. … Th2. 36. a3!** Ein Luftloch für den König! **36. … Sd7, 37. Da4 Dg2, 38. Tb3!**

Weiß hat virtuos die Verteidigung mit dem Angriff zu vereinigen verstanden.

38. … Lc3. Die letzte Chance — vielleicht „beißt" Weiß zu? Nach 39. D:d7 D:b2†, 40. T:b2 T:b2†, 41. Ka1 Tb7†, 42. Ka2 T:d7 gewinnt Schwarz mit Hilfe der berühmten Zwickmühle sogar die Partie. Aber es folgte ein elegantes Opfer ...

39. Se2!! und Schwarz gab auf. Falls der Nachziehende den kecken Springer schlägt, folgt nach 39. … D:e2 das schöne Turmopfer 40. Tb8†! S:b8, 41. De8† mit schnellem Matt.

★

Manchmal gelingt es, mit Hilfe eines Bauernopfers die geschlossene Diagonale für den Läufer zu öffnen.

Zschuchowicky—Boleslavsky

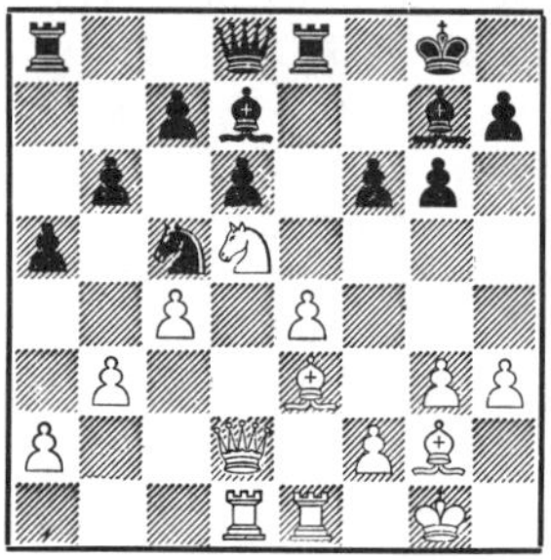

20. e5! T:e5. Falls 20. … de, so 21. L:c5 bc, 22. S:f6†. Auf 20. … fe folgt 21. Lg5 Db8, 22. Sf6† L:f6, 23. L:f6 Ta7, 24. Dh6 Se6, 25. Ld5!, und der „erwachte" Läufer stellt das Pünktchen aufs i.

21. L:c5 bc, 22. S:f6†! L:f6, 23. T:e5 Tb8. Es drohte Dd5†. **24. Tee1** und Weiß gewann.

Viele Meister haben es nicht gern, schon im Eröffnungsstadium sich vom Läuferpaar zu trennen. Man kann ja nicht alles voraussehen — das Läuferpaar des Gegners kann im Mittelspiel oder im entfernten Endspiel viel „Kopfschmerzen" bereiten. Besonders gefährlich ist die Wirkung des Läuferpaars in offenen Stellungen; die Läufer lähmen in solchen Fällen die gegnerischen Streitkräfte. Hierzu ein Beispiel.

Smyslov—Botwinnik

1. e4 c5, 2. Sf3 Sc6, 3. d4 cd, 4. S:d4 Sf6, 5. Sc3 d6, 6. Lg5 e6, 7. Le2 Le7, 8. 0—0 0—0, 9. Sdb5.

Die Bedrohung des Punktes d6 erweist sich als zwecklos. Besser war es, mit 9. Kh1 den Zug f2—f4 vorzubereiten. **9. ... a6, 10. L:f6 gf.** Schwarz konnte auch 10. ... L:f6 spielen, weil nach 11. S:d6 Dc7 der Druck des Läufers auf f6 den Bauernverlust vollauf wert ist. Weiß muß auch mit der Drohung L:c3 rechnen.

11. Sd4 Kh8, 12. Kh1 Tg8, 13. f4 Ld7, 14. Lf3. Hier mußte der Festlegungszug 14. f5! geschehen mit nachfolgendem Lh5 und Se2—f4.

14. ... Tc8, 15. S:c6. Ein Unglück kommt selten allein. Weiß, ganz niedergeschlagen, daß er aus der Eröffnung nichts hat herausholen können, kann keinen bestimmten Plan fassen und spielt auf Vereinfachung. Dabei vergißt er, daß gewöhnlich Abtausche, die das gegnerische Zentrum stärken, nicht ratsam sind.

15. ... bc!, 16. Se2 d5, 17. f5. Hier ist dieses Vorgehen nicht geeignet, dem Nachziehenden Schwierigkeiten zu schaffen. Umgekehrt öffnet sich die Diagonale h2—b8 für den schwarzfeldrigen Läufer. Aber es war schon guter Rat teuer. Wie Keres angibt, erhielte Schwarz auch nach der relativ besseren Antwort 17. Dd3 de, 18. L:e4 f5, 19. Tad1 Tc7, 20. Lf3 Dc8 und c6—c5 das bessere Spiel.

17. ... Dc7, 18. c4 dc, 19. Dd4 c5, 20. D:c4 Ld6. Jetzt beginnen die Läufer zu „fauchen". Man fühlt bald ihren „heißen Atem".

21. g3 Lb5, 22. Dc2 ef! Jetzt öffnet sich nicht nur die Diagonale h1—a8, sondern auch die e-Linie. Dem vereinigten Druck kann Weiß auf die Dauer nicht standhalten.

23. ef Tce8, 24. Tf2 Te3, 25. Lg2 De7. Die uns schon bekannte Verdoppelung. **26. Sg1 Ld3, 27. Dd2 c4, 28. Tf3 Te8.** Dreifach hält besser! **29. Td1 Lc5!, 30. b3.**

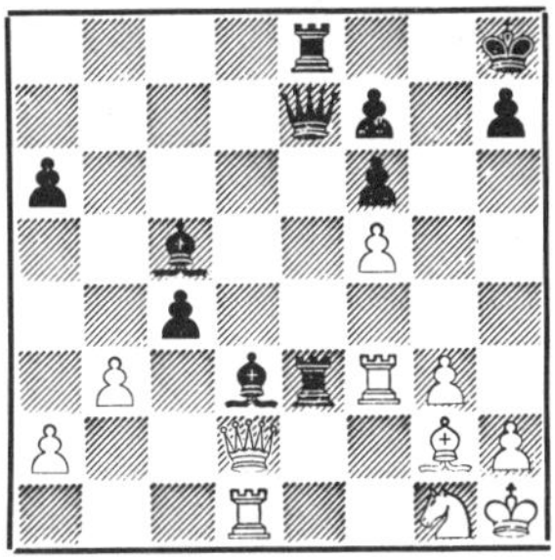

30. ... Te1! Dieses Eindringen auf die erste Linie hat noch gefehlt! Beobachten Sie, wie die Läufer das weiße Spiel lähmen.

31. bc L:c4, 32. Lf1. Es gab keine andere Verteidigung gegen L:g1. Jetzt verliert Weiß die Qualität.

32. ... T:d1, 33. D:d1 Td8, 34. Dc2 Ld5, 35. Dc3 Ld4, 36. Dd3 De3. Das Einfachste. **37. D:e3 L:e3, 38. Lg2 L:f3, 39. L:f3 Td2, 40. Se2 T:a2.** Weiß gab auf.

Botwinnik hat kolossal gespielt, und sein Gegner hatte einen „schwarzen Tag". Das kommt auch bei Großmeistern vor.

Aber man muß nicht glauben, daß das Läuferpaar „automatisch" den Sieg einheimst. Wenn die Stellung blockiert ist und den Läufern die offenen Diagonalen nicht zur Verfügung stehen, triumphieren die Springer.

(1) bis hier kopiert

Unser Praktikum

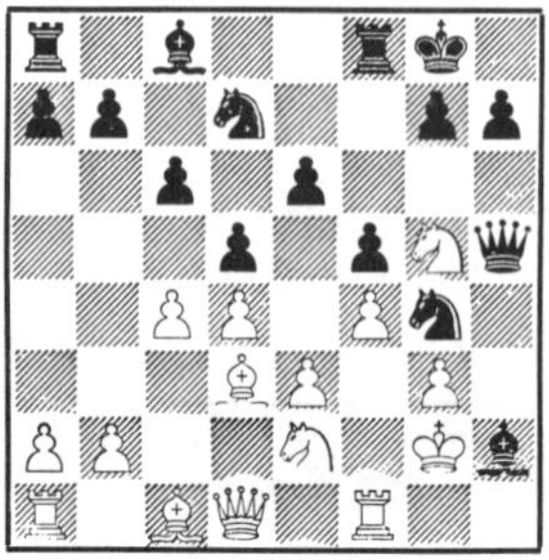

13

Schwarz am Zuge

14

Weiß am Zuge

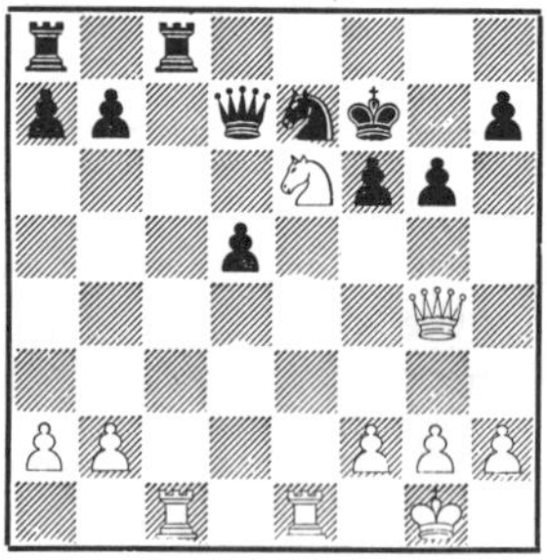

15

Weiß am Zuge

16

Weiß am Zuge

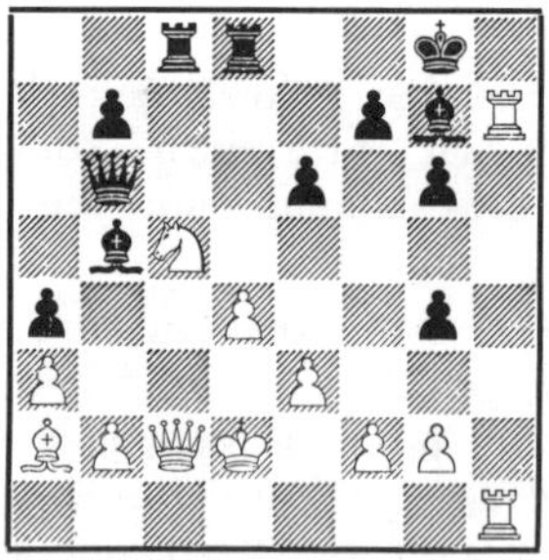

17

Weiß am Zuge

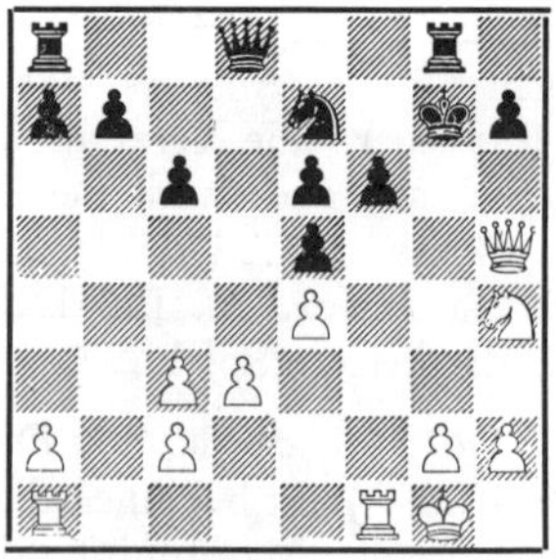

18

Weiß am Zuge

DIE 4. STUNDE

Bauern werden zum Angriffsobjekt!

Wir haben schon „en passant" bemerkt, daß die Bauern das Rückgrat der Position bilden. Von der Stellung der Bauern hängt oft ab, ob in unserem Lager gewisse Punkte geschützt oder ungeschützt oder, sagen wir genauer, schwach oder stark sind.

Besrutschko—Koblenz

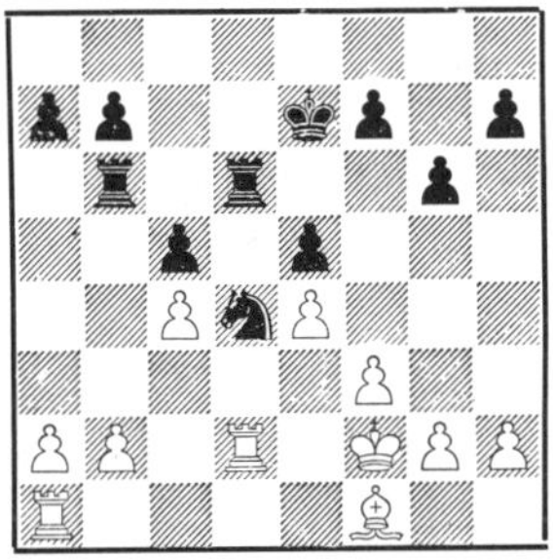

Es ist nicht schwer festzustellen, daß der schwarze Springer eine starke Stellung eingenommen hat, weil er schwer zu vertreiben ist. Das Feld d4 ist andererseits für Weiß, der „wunde", schwache Punkt. Der zentralisierte schwarze Springer ist dem Weißen ein wahrer Dorn im Auge — er wirkt sehr störend. Die weiße Position verschlimmert noch mehr der Umstand, daß der Läufer auf f1 „schlecht" ist. Die Bauern befinden sich auf weißen Feldern.

Mit einem kombinierten Angriff auf beiden Flügeln errang Schwarz den Sieg.

26. Tb1 Ta6!, 27. b4.

Auf 27. b3 könnte folgendes Blokkademanöver folgen: 27. ... Tdb6, Ta3! mit nachfolgendem a7—a5—a4. Falls 27. a3, dann 27. ... Tdb6, Tb3 und Tab6.

27. ... Tdb6, 28. b5 Ta3, 29. Tbb2 Tc3! Verhindert 30. Td3. **30. a4 f5!, 31. ef.**

Kritisch stünde Weiß auch nach 31. Kg1 fe, 32. fe Te3, 33. Ld3 Tf6!, 34. h3 h5 mit folgendem g6—g5—g4—g3. Nach dem Textzug erhält Schwarz einen Freibauern, der schwer aufzuhalten ist.

31. ... gf, 32. a5. Treibt den Turm dort hin, wo er sowieso selbst hinzugehen beabsichtigte. **32. ... Te6.** Der Turm gehört hinter den Freibauern, wo er dessen Vorwärtsbewegung unterstützen soll.

33. Kg1 e4, 34. fe fe, 35. Td1. Er eilt, den Eindringling aufzuhalten, oder, wie wir es im Schach nennen, zu blokkieren.

35. ... e3, 36. Te1 Tc2! Je weniger Figuren dem Freibauern sich entgegenstellen, um so besser für die aktive Partei.

37. T:c2 S:c2, 38. Te2. Der Turm ist ein schlechter Blockeur, weil er den Angriffen der Leichtfiguren weichen muß. **38. ... Sd4, 39. h3.** Falls 39. Te1, so e2. **39. ... S:e2†.** Nach einigen Zügen gab Weiß auf.

Werfen wir noch einen Blick auf die Ausgangsstellung. Stellen wir den c4-Bauern nach c3, und das Bild ändert sich radikal — dem Springer wäre das Feld d4 unzugänglich und der Läufer stünde auf c4 sehr stark. Weiß hätte jedenfalls ein vollwertiges Spiel. Wir sehen also, daß man mit Bauernzügen behutsam sein muß. Das Fußvolk ist unfähig, rückwärts zu gehen, und darum müssen wir jeden Bauernzug behutsam den Forderungen der Position anpassen, unnötige Bauernschwächen vermeiden, das Für und Wider sorgfältig wägen, bevor wir einen Bauern berühren.

Folgendes ist nicht zu vergessen: Bauernschwächen sind im Prinzip konstant; sie werden zu dankbaren Angriffsobjekten für den Gegner. Davon zeugen folgende Beispiele.

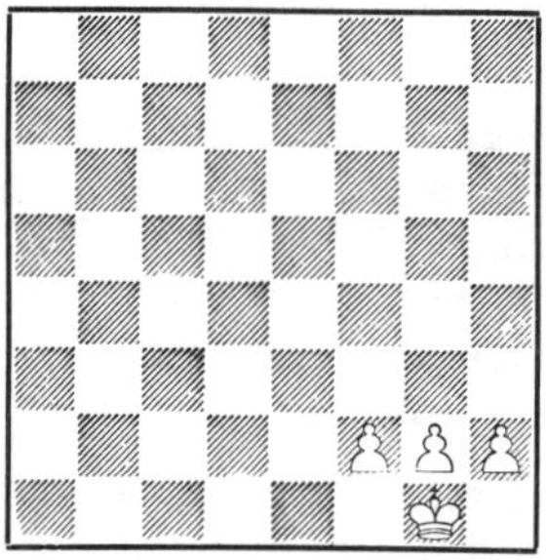

Das ist die stärkste Bauernformation, die sogenannte Bauernphalanx. Auch beim Angriff müssen sich die Bauern in derartigen geschlossenen Reihen vorwärtsbewegen. Solche Bauern sind imstande, geschlossene Felderketten dem Gegner unzugänglich zu machen.

Wenn wir in unserer Stellung den g-Bauern nur ein Feld vorrücken, entstehen sofort Schwächen auf f3 und h3. Sie können besonders für die Königsstellung schwere Folgen haben.

Hier sind mehrere Typen von schwachen Bauern abgebildet.

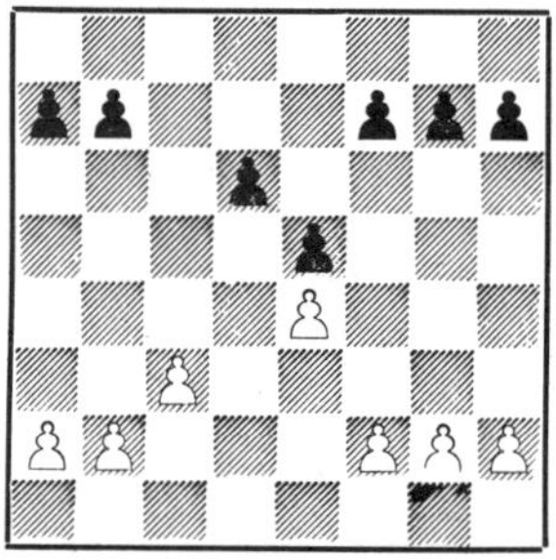

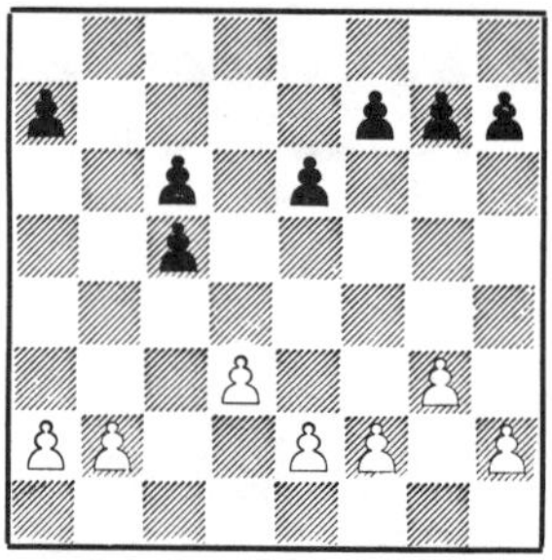

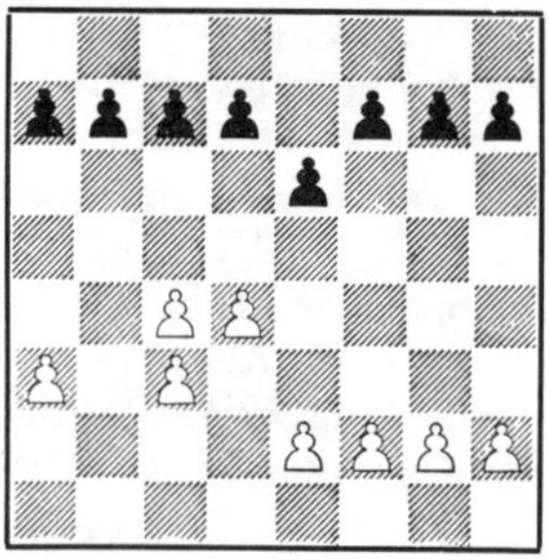

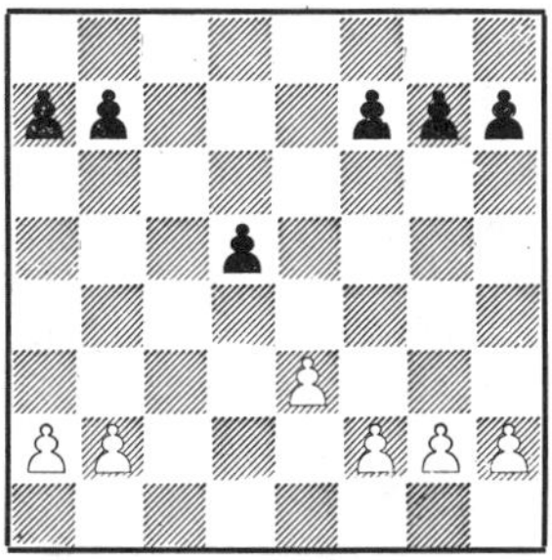

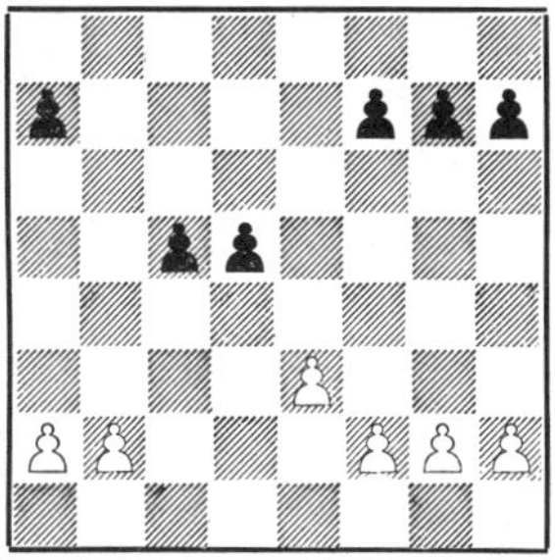

Im folgenden Diagramm ist der d6-Bauer fixiert, er selbst benötigt den Schutz einer Figur und wird darum Angriffsobjekt des Gegners. Wie man eine Schwäche angreift, zeigt uns Exweltmeister Smyslov.

Smyslov—Denker

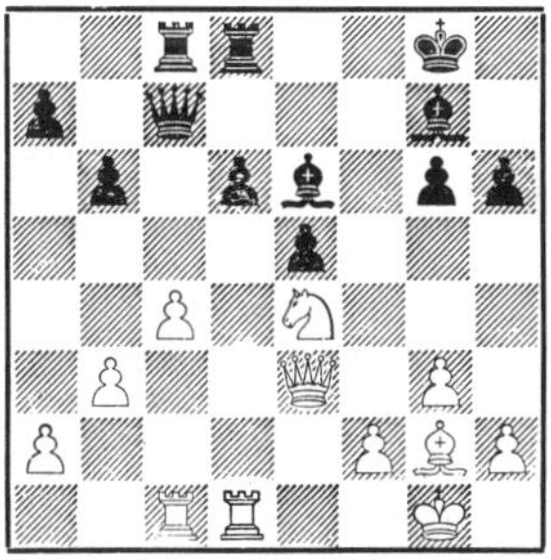

Weil Schwarz bestrebt sein wird, sich mit d6—d5 vom rückständigen Bauern zu befreien, muß Weiß vor allem den Bauern festlegen, an seinen Platz „nageln“. Der zweite Teil des Planes besteht darin, den Bauern mit Figuren anzugreifen und den Druck gegen den Bauern zu verstärken.

24. Sc3! De7, 25. Ld5! Nach Abtausch des Läufers wird der Punkt d5 geschwächt und mithin d6—d5 erschwert.

25. … Kh7, 26. L:e6 D:e6, 27. Td3. Der Druck wird verstärkt. **27. … Tc7, 28. Tcd1 Tf7.**

Schwarz strebt nach Gegenspiel auf der f-Linie.

29. Se4. Verteidigt nicht nur den Punkt f2, sondern greift auch den Bauern d6 an. Sein Widersacher, der Läufer, muß vorläufig eine passive Rolle spielen.

29. … Lf8, 30. Td5 Dg4. Stellt eine kleine Falle. **31. T1d3.**

Verfrüht wäre 31. S:d6 wegen L:d6, 32. T:d6 D:d1†!

31. … Le7. Auf 31. … De6 folgt die Aufrollung c4—c5. **32. S:d6 L:d6, 33. T:d6 Tdf8, 34. D:e5!** Alles ist exakt berechnet: **34. … T:f2, 35. Td7†! T2f7, 36. T:f7† T:f7, 37. Td8! Tg7, 38. De8 g5, 39. Dh8† Kg6, 40. Td6† Kf7, 41. D:h6** und mit seinen zwei Plusbauern errang Weiß den Sieg.

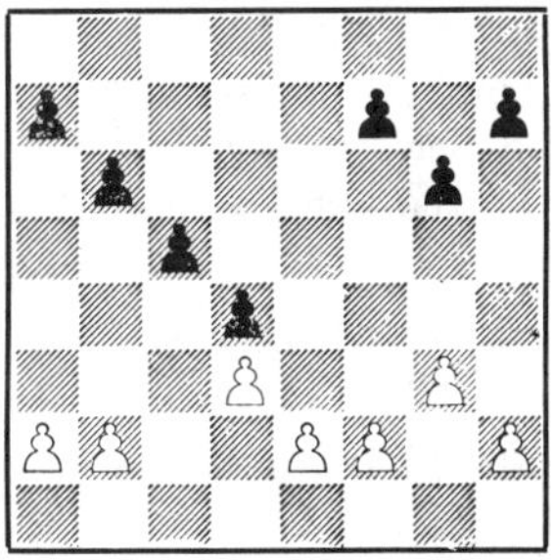

Hier ist der Bauer e2 gewissermaßen rückständig, doch die Situation ist nicht so ungünstig — er kann schlimmstenfalls mit e2—e3 versuchen, einen eventuellen Druck abzuschütteln. Aber im Mittelspiel, wenn noch viele Figuren auf dem Brett stehen, wird nach e2—e3 der Bauer d3 seines besten Schutzes beraubt und kann dabei selbst zum Angriffsobjekt werden.

Schauen Sie sich an, wie Schwarz im folgenden Beispiel verstanden hat, den Bauern e2 zum Angriffsziel zu stempeln. Ich möchte noch auf folgendes aufmerksam machen: die Richtschnur des Nachziehenden war der Angriff gegen den Bauern e2, aber dieses Strategem läßt sich (wir wir schon bei der Behandlung von Turm und Läufer gesehen haben) nicht einzeln aus dem ganzen strategischen „Uhrwerk" des Nachziehenden herausnehmen, es gliedert sich harmonisch in die Handlungen der anderen Figuren ein.

Als Ariadnefaden diente dem Schwarzen jedoch die Erkenntnis des positionellen Merkmals (zurückgebliebener Bauer auf e2) ganz vorzüglich.

Lissizin — Botwinnik

1. Sf3 c5, 2. c4 Sf6, 3. g3 d5, 4. cd S:d5, 5. Lg2 Sc6, 6. 0—0.

Eine „Unterlassungssünde" im frühen Stadium der Eröffnung, die weittragende Folgen hat. Es mußte 6. d4 geschehen.

6. ... e5, 7. d3 Le7, 8. Sbd2 0—0, 9. Sc4 f6, 10. Le3 Le6, 11. a4.

Stärkt die Stellung des Springers auf c4; aber der Zug hat auch seine Schattenseiten — das Feld b4 wird erheblich geschwächt.

11. ... Dd7, 12. Dd2 b6, 13. Tfc1 Tac8, 14. Dd1 Kh8, 15. Ld2 Tfd8, 16. Db3 Sc7, 17. Lc3 Tb8, 18. Dc2 Sd5, 19. S3d2 Tbc8, 20. Sf1 Sd4!

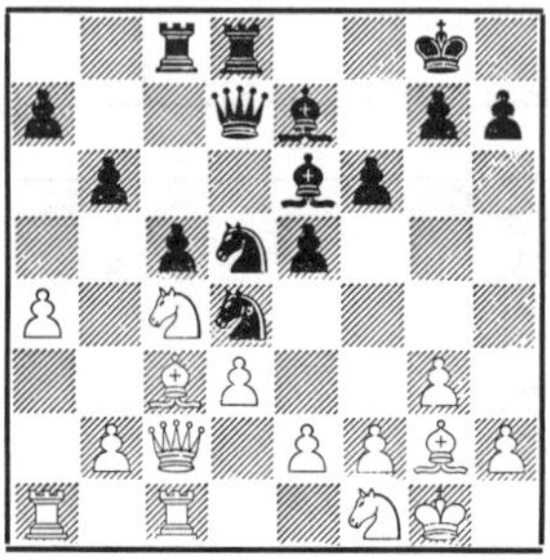

Wie leicht ersichtlich, kann Weiß keinen konkreten Plan schmieden — die starke Position der schwarzen Streitkräfte im Zentrum erstickt jedes Gegenspiel im Keime.

Im Geiste des Nachziehenden entsteht folgender Plan: er nimmt mit dem Springer auf d4 eine starke Position ein und zwingt den Gegner zu guter Letzt, den Springer zu schlagen. Das erlaubt ihm einen Druck auf der e-Linie gegen den zurückgebliebenen Bauern auszuüben.

21. Dd1. Weiß will nicht freiwillig schlagen.

21. ... Lg4!

Dem Springer mit e2—e3 früher das Feld d4 zu nehmen hatte, wie schon gesagt, den Nachteil, den Bauern d3 seines Schutzes zu berauben und damit zu schwächen. Jetzt ist der Tausch auf d4 sowieso erzwungen.

22. L:d4 ed, 23. Dd2 Lf8.

Der Beginn eines neuen Planes. Schwarz will jetzt mit seinen Schwerfiguren die e-Linie beschießen und gegen den Bauern e2 feuern.

24. Te1 Te8, 25. h4 Lh3, 26. Lf3 Te7. Die uns bekannte Verdoppelung. **27. Sh2 Tce8, 28. Kh1 Le6!**

Weiß drohte mit g4 den Läufer aus dem Spiel auszuschalten. Aber das ist nicht das Wichtigste — Schwarz will den Läufer nach d5 hinüberspielen, um den e-Bauern nach Abtausch des Läufers f3 erfolgreicher angreifen zu können.

29. b3 Sb4! Die Folge des Zuges a2—a4. Der Springer steht hier ganz unbehelligt und fest.

30. Lg2 Ld5!, 31. Sf3 Tf7.

Die Spielführung Botwinniks zeichnet sich durch Zweckmäßigkeit und Logik aus. Weiß kann noch immer nicht den eisernen Ring im Zentrum sprengen, und Schwarz verstärkt ruhig seine Figurenstellung. Die Idee des letzten Zuges ist sehr einfach (aber wie oft vergessen wir in unserer Praxis, es zu tun!), den „arbeitslosen" Läufer f8 ins Spiel zu bringen.

32. Kh2 Ld6, 33. Lh3 Dd8, 34. Tab1 Tfe7, 35. Sg1 Lc7!, 36. Sa3 Lb7!

Es droht 36. ... Dd5. Schwarz erzwingt den Läuferabtausch, wonach die weiße Königsstellung geschwächt wird. Die Stellung wird allmählich reif zum Losschlagen am Köngsflügel. eine alte Regel: Druck im Zentrum ermöglicht es, früher oder später den Schwerpunkt des Kampfes auf den Flügel zu verlegen (manchmal befindet sich das Angriffsobjekt auf dem Damenflügel).

37. Lg2 L:g2, 38. K:g2 Sd5, 39. Sc2 Dd6! So! Es tauchen taktische Möglichkeiten auf: es droht Sd5—e3†!

40. Sa3 Se3†, 41. Kh1 Sg4!, 42. Df4. Die Stellung ist wie ein Kartenhaus zusammengebrochen! Falls 42. Tf1, dann 42. ... Dd5†!, aber nach 42. Kg2 gewinnt S:f2. War es nicht weise, den Läufer f8 zeitig einzusetzen?

42. ... D:f4, 43. gf S:f2†, 44. Kg2 S:d3. Weiß gab auf.

Lasker—Capablanca

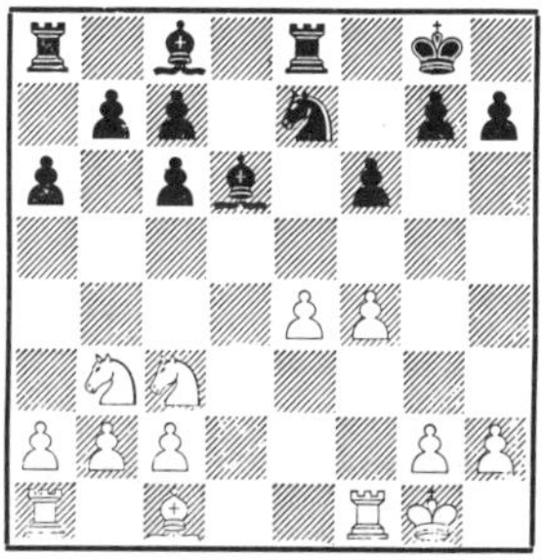

Hier spielte Lasker unerwartet: **12. f5!** Rein statisch gesehen ein schwerer strategischer Fehlzug! Mit einem Schlage wird der Bauer e4 ganz hoffnungslos rückständig und Weiß überläßt gleichzeitig dem Gegner den Punkt e5.

Aber wenn wir uns genauer in die Position vertiefen, kommen wir zu der Einsicht, daß Weiß dem Gegner diese positionellen Schwächen nicht ohne dynamische Gegentrümpfe eingeräumt hat.

Weiß erhält folgende Möglichkeiten:

1. Die Aktivität des schwarzfeldrigen Läufers wird gesteigert.
2. Die Leistungsfähigkeit des schwarzen Springers und Läufers wird erheblich vermindert.
3. Weiß kann später versuchen, seinen Springer auf e6 einzunisten.

Wir sehen, daß Lasker, indem er seinem Gegner gewisse positionelle Vorteile einräumt und die Position im Zentrum schwächt, selbst wichtigere Vorteile zu erhalten hofft.

Diese Kompensationstrategie (in der sowjetischen Schachliteratur spricht man in solchen Fällen von konkretem Ergebnis der Positionsabschätzung) ist nicht als allgemeine Verneinung der logischen Gesetzmäßigkeiten zu betrachten — man räumt dem Gegner bewußt Vorteile ein, um andere als Kompensation zu erhalten.

Diese Laskersche Methode nimmt einen wichtigen Platz im Kampfarsenal der modernen, besonders der sowjetischen, Meister ein. Man schafft sich im eigenen Lager schwache Punkte und Bauern, um den Gegner abzulenken, man räumt ihm offene Linien ein, um den Schwerpunkt des Kampfes auf den entgegengesetzten Flügel zu verlegen und aussichtsreichere Pläne in die Tat umzusetzen.

Um Gegenangriff zu erhalten, hat Tal in Portoroz 1959 Fischer die Kontrolle beider Türme auf der siebenten Reihe überlassen. Selbstverständlich war das mit einem gewissen Wagnis verbunden — aber eine Dosis gesunden Risikos verlangt diese Einräumungsstrategie.

Heutzutage ist in der Verteidigung passives Verhalten immer seltener anzutreffen. Im kritischen Moment die Schwäche ihrem Schicksal überlassen und den Kampf plötzlich nach einem anderen Sektor verlegen ist eine oft anzutreffende Waffe.

Gegen den Spieler, der nur von einem Unentschieden träumt, spielt man herausfordernd und schreitet lächelnd am Rande eines Abgrundes, dabei klug seine Gegenchancen verbergend. Der Gegner hält es länger nicht aus — das „freche" Verhalten provoziert ihn, seine Druckposition zu verlassen, und er nimmt den Kampf auf. Gewöhnlich hält er psychologisch den Nervenkampf am Rande des Abgrundes nicht aus, und er stürzt ab.

Ein solches Vorgehen gründet sich selbstverständlich auf eine bis ins feinste ausgeklügelte Kompensationsstrategie.

Heutzutage werden ganze Eröffnungssysteme von diesem Standpunkte dirigiert: man räumt dem Gegner ein ganzes Kampfgelände im Zentrum und am Königsflügel ein, um nur die Bauernmajorität am Damenflügel und aktiven Läufer auf g7 als Kompensation zu erhalten (siehe Partien Romani —Tal und Geller—Smyslov).

Es ist klar, daß an eine solche Kampfmethode Voraussetzungen geknüpft sind:

1. Ein enormes Wissen aller „normalen" Gesetzmäßigkeiten.
2. Ein tiefes Abschätzungsvermögen der Stellungsnuancen (das Für und Wider wägen und abschätzen).

3. Das Gefühl in den „Fingerspitzen“ (Intuition).
4. Phantasie, Freude am Risiko, eine gesunde Dosis von Optimismus.
5. Exakte und schnelle Variantenberechnung.
6. Hervorragende Technik.

Nur vom Standpunkte der Kompensationsstrategie aus sind viele Ideen der modernen Meister (von den „Alten“ selbstverständlich auch Laskers!) verständlich. In dieser Richtung wird die weitere progressive Entwicklung der Schachkunst vonstatten gehen.

Was geschah weiter in der Lasker—Capablanca-Partie?

12. … b6. Schwarz will den Bauern e4 angreifen. Aber dieser Plan ist zu langsam, und außerdem bleibt der Punkt e6 ganz ohne Schutz. Besser war daher 12. … Ld7 und Tad8.

13. Lf4 Lb7? Jetzt entsteht eine neue Schwäche auf d6, obwohl Schwarz sich vom Doppelbauer befreit. **14. L:d6 cd, 15. Sd4 Tad8, 16. Se6.**

Noch unangenehmer als ein im Zentrum postierter Springer ist so ein Eindringling auf e6. Ein wahres Damoklesschwert!

16. … Td7, 17. Tad1 Sc8, 18. Tf2 b5, 19. Tfd2 Tde7, 20. b4. Erschwert den Befreiuungszug c6—c5, obwohl der Punkt c4 geschwächt wird. Aber hier ist es viel wichtiger, den Läufer b7 zu zwingen, passiv zu verharren.

20. … Kf7, 21. a3 La8, 22. Kf2 Ta7, 23. g4. Weiß beginnt allmählich eine Flügeloperation vorzubereiten.

23. … h6, 24. Td3 a5, 25. h4 ab, 26. ab Tae7, 27. Kf3 Tg8, 28. Kf4 g6, 29. Tg3 g5†. Besser war wohl 28. … gf. Jetzt gelingt es Weiß, die h-Linie zu besetzen.

30. Kf3 Sb6, 31. hg hg, 32. Th3!

Manchmal steht man vor einem Dilemma— was ist vorzuziehen?

Einem Bauerngewinn nachgehen und den Gegner zum Gegenspiel kommen lassen, oder die „Gier“ zu bezähmen und vor allem das Gegenspiel des Widersachers im Anfangsstadium zu ersticken?

Es hängt viel von der bestimmten Position ab, von der relativen Stärke des drohenden Gegenspiels; aber gewöhnlich wählt man den zweiten Weg. So tut das auch Lasker. Nach 32. T:d6 könnte Th8 nebst Sc4 folgen. Vorbeugung ist auch ein wichtiges Strategem der modernen Schachschule.

32. … Td7, 33. Kg3! Die Vorbereitung zur folgenden Kombination. **33. Ke8, 34. Tdh1 Lb7, 35. e5!!** Räumt den Punkt e4!

35. … de, 36. Se4 Sd5, 37. Sbc5. Ganz wütende Springer! **37. … Lc8.**

Auf einen Turmzug würde 38. S:b7 und Sd6† folgen.

Nach **38. S:d7 L:d7, 39. Th7 Tf8, 40. Ta1!** (Völlige Einkreisung!) **40. … Kd8, 41. Ta8† Lc8, 42. Sc5** gab Schwarz auf.

Wie wir sahen, hatte der „schreckliche“ 12. f4—f5-Zug keine bösen Folgen. Schwarz war einfach nicht imstande, zum Gegenangriff zu kommen. Aber wie Sie sich werden überzeugen können, führt eine solche Kampfmethode zu zweischneidigem Gemetzel, wobei die aktiven Figuren sich lange im kriegerischen „Ausnahmezustand“ befinden.

Unser Praktikum

In diesen Aufgaben sollen Sie einzelne starke positionelle Züge finden.

19 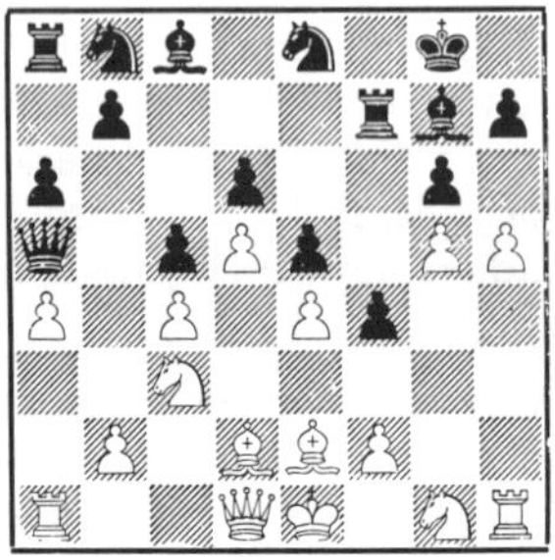

Weiß am Zuge

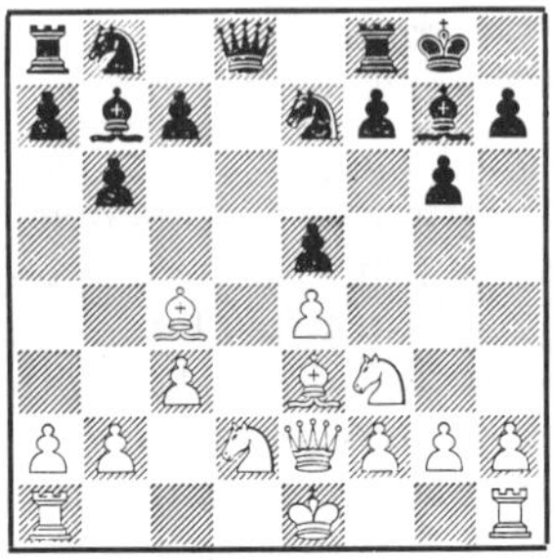 20

Weiß am Zuge

21 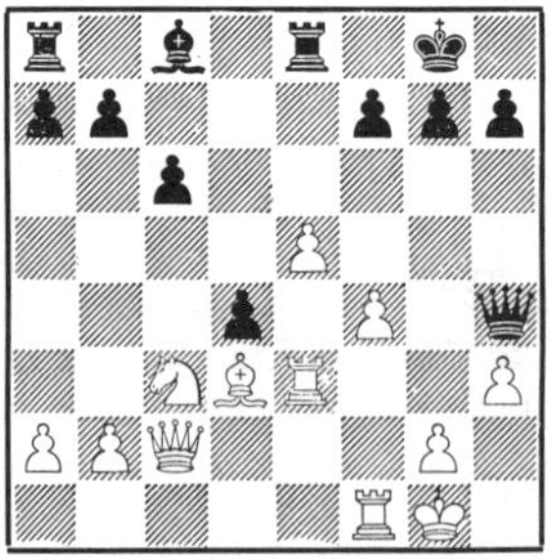

Weiß am Zuge

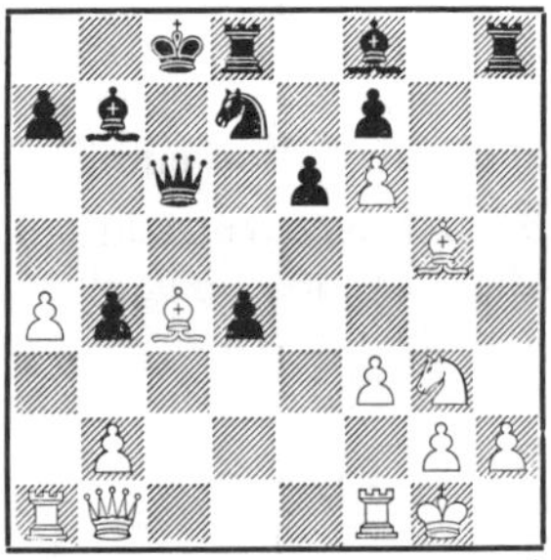 22

Schwarz am Zuge

23 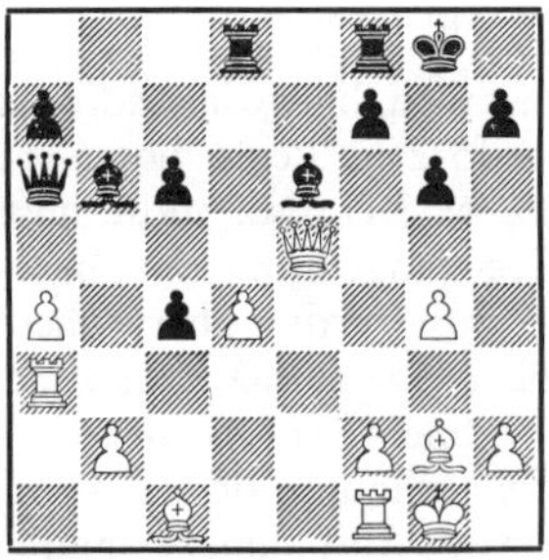

Weiß am Zuge

 24

Weiß am Zuge

DIE 5. STUNDE

Nochmals über Bauernschwächen

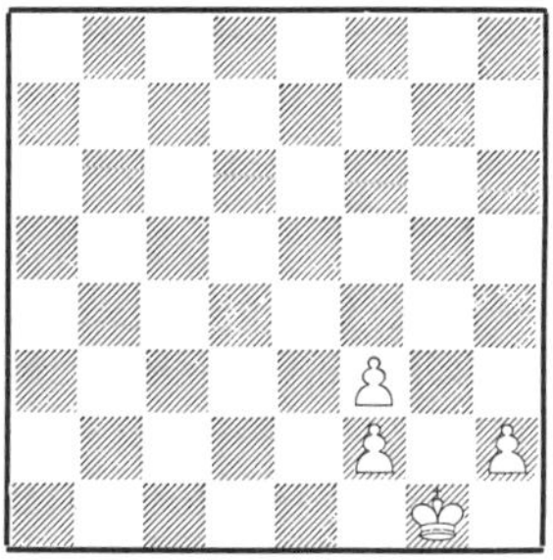

Die Bauern f2 und f3 sind verdoppelt, der Bauer auf h2 steht vereinzelt da. Besonders gefährlich sind solche aufgerissenen Bauernstellungen, wenn sich in ihrem Bereich auch der König befindet — die Königsstellung erweist sich als entblößt und ermöglicht dem Gegner unerwartete Mattangriffe.

Ljublinsky — Lilienthal

1. e4 e5, 2. Sf3 Sc6, 3. Sc3 Sf6, 4. Lb5 Sd4, 5. La4 Lc5, 6. 0—0 0—0, 7. S:e5. Das ist ein schwerer, auch von der Eröffnungstheorie verpönter Fehlzug. Besser 7. d3.

7. ... d6, 8. Sf3 Lg4.

Eine sehr unangenehme Fesselung! Jetzt ist der Springer an seinen Platz gefesselt — er kann sich dem Angriff nicht durch die Flucht entziehen, weil er damit eine hinter ihm in der Angriffslinie befindliche wichtigere Figur bloßstellen würde.

Übrigens durfte Weiß im achten Zuge den Springer nicht nach c4 ziehen: 8. Sc4 Lg4, 9. De1 Sf3†!, 10. gf L:f3. Der Läufer nimmt auf f3 eine sehr starke Position ein. Schwarz erhält einen unwiderstehlichen Angriff.

9. d3 Sd7. Droht den Druck mit Se5 zu verstärken. **10. L:d7 D:d7, 11. Le3 S:f3†, 12. gf Lh5.**

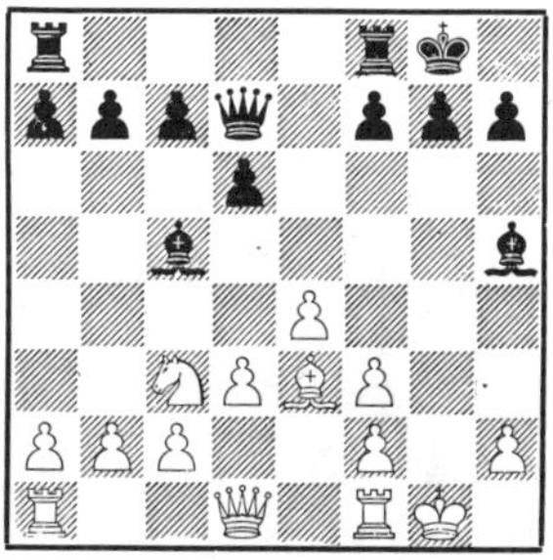

Der erste Teil des strategischen Planes ist erfüllt — mit Hilfe der Fesselung ist es gelungen, die Königsstellung zu entblößen. Die nächstfolgende Aufgabe von Schwarz ist, den geschwächten Flügel sofort anzugreifen.

13. Kg2 f5!, 14. e5. Weiß darf hier unter keinen Umständen die Öffnung der f-Linie zulassen, denn das würde sofort zum Verlust des Punktes f3 führen.

14. ... f4, 15. L:c5 dc, 16. De2 Tae8, 17. Tae1 Te6, 18. h3 Lg6! Der Läufer hat seine Funktion auf der Diagonalen d1—h5 erfüllt; jetzt wird er auf eine neue Diagonale hinübergeleitet, um den Punkt h3 anzugreifen. Der Schlußteil ist leicht verständlich.

19. Kh2 Lf5, 20. Tg1 L:h3! Der König wird mit diesem Vernichtungsopfer völlig entblößt, die letzte Bauerndekkung wird ihm genommen. **21. Tg4.** Selbstverständlich ging nicht 21. K:h3 wegen des Doppelschachs 21. ... Th6††.

21. ... L:g4, 22. fg f3 und Schwarz gewann leicht.

Doppelbauern auf dem Damenflügel haben nicht derartige tragische Folgen, aber sie dienen der aktiven Partei als dankbares Angriffsobjekt.

Taimanov—Suetin

7. L:c6†! Der fianchettierte Läufer auf g2 erfüllt in derartigen Stellungen eine wichtige Verteidigungsfunktion auf dem Königsflügel; außerdem übt er einen starken Druck auf der Diagonalen aus. Aber in diesem Falle tauscht Weiß den Läufer leichten Herzens, weil er den gegnerischen Damenflügel schwächt und sofort zum Angriff schreiten kann.

7. ... bc, 8. Da4 Dd7, 9. Sf3 f6, 10. Le3 e5, 11. Se4.

Weiß greift die Bauernschwächen mit allen Kräften an.

11. ... Se6, 12. Tc1 Tb8. Auch die statische Schwäche der Doppelbauern hat eine dynamische Kompensation — die b—Linie ist geöffnet.

13. Dc2 Le7. Schwarz verläßt sich auf seine Chance, den Druck gegen Punkt b2, und übersieht dabei eine taktische Drohung. In Betracht kam 13. ... Sd4, 14. L:d4 cd, 15. D:c6 Lb7! mit gewissem Gegenspiel.

14. S:c5 L:c5, 15. L:c5 S:c5, 16. D:c5 T:b2, 17. S:e5! De6. Es geht nicht 17. ... fe, 18. D:e5† mit Doppelangriff auf König und Turm.

18. D:c6†, D:c6, 19. S:c6 und Weiß errang den Sieg.

Ein Doppelbauer entsteht früh in folgender Eröffnung:

1. d4 Sf6, 2. c4 e6, 3. Sc3 Lb4, 4. a3 L:c3†, 5. bc.

Der Bauer d4 ist gut geschützt und der Gegenstoß c7—c5 nicht besonders zu fürchten. Darum wird Weiß versuchen, mit e2—e4—e5 im Zentrum energisch vorzugehen und hernach einen Königsangriff einzuleiten. Dabei kann auch die „Hegemonie" des schwarzfeldrigen Läufers sehr gefährlich werden.

Schwarz muß dieser strategischen Drohung wegen energisch den Doppelbauern c4 angreifen.

Der strategische Kampf kann folgendermaßen verlaufen: **5. ... 0—0, 6. e3 c5, 7. Ld3 Sc6, 8. Se2 b6, 9. e4 Se8, 10. 0—0 La6** mit nachfolgendem Sa5 (siehe Partie Szabó—Taimanov).

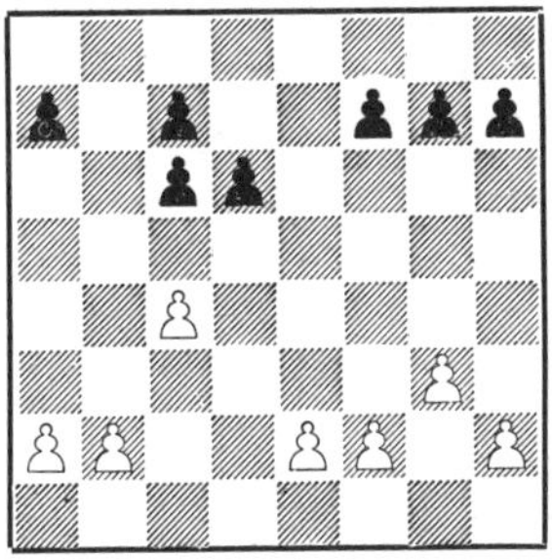

Dieses Bauerntrio sieht sympathischer aus, weil der Doppelbauer auch das wichtige Zentrumsfeld d5 deckt. Selbstverständlich hängt auch hier viel von der Stellung der anderen Figuren ab. Der Inhaber dieses Trios muß aber darauf bedacht sein, so lange wie möglich die Bauernstellung unangetastet stehen zu lassen. Ein Zug nach c5, und schon ist der Punkt d5 geschwächt; die weitere Verteidigung mit c7—c6 zieht schon die Schwächung des d-Bauern nach sich. Oft hat eine Schwächung eine Kettenreaktion zur Folge.

Virtuos nutzte Großmeister Bronstein die Stärke einer solchen Bauernfiguration in der folgenden Partie aus, einem Beispiel ohne effektvolle Opfer, aber lehrreich vom Anfang bis zum Ende.

Najdorf — Bronstein

1. d4 Sf6, 2. c4 g6, 3. Sc3 Lg7, 4. e4 d6, 5. g3 0—0, 6. Lg2 e5, 7. Sge2.

Die Partie wurde im Jahre 1950 (in Budapest) gespielt. Damals waren noch nicht alle Feinheiten der Königsindischen Verteidigung Gemeingut. Beim Fianchettieren ist es genauer, zuerst mit Sf3 die Rochade vorzubereiten. Auf e2 steht der Springer weniger aktiv.

7. ... ed, 8. S:d4 Sc6, 9. S:c6. Erweist sich nicht als Schwächung, sondern Verstärkung des Zentrums.

9. ... bc, 10. 0—0 Sd7! Der Aufrollungszug c4—c5 muß verhindert werden. **11. Dc2 Df6!**

Die große Kunst des Meisters besteht darin, zeitig die strategischen Pläne des Gegners zu durchschauen und danach zu durchkreuzen. Weiß wollte mit b3 und Lb2 den Druck des Läufers abschütteln. Nach dem Textzuge ist das nicht leicht möglich.

12. Se2 Te8, 13. Tb1 De7, 14. Ld2 Sc5, 15. Tbe1 a5, 16. b3 Lg4, 17. Sf4. Weiß will den aktiven schwarzen Springer abtauschen, aber unterdessen versteht es der Nachziehende, ein neues Angriffsobjekt zu schaffen.

17. ... Teb8, 18. Le3 De5, 19. h3 Ld7, 20. Td1 a4! Verursacht dem Gegner einen rückständigen Bauern!

21. Sd3 ab, 22. ab S:d3, 23. T:d3 c5!

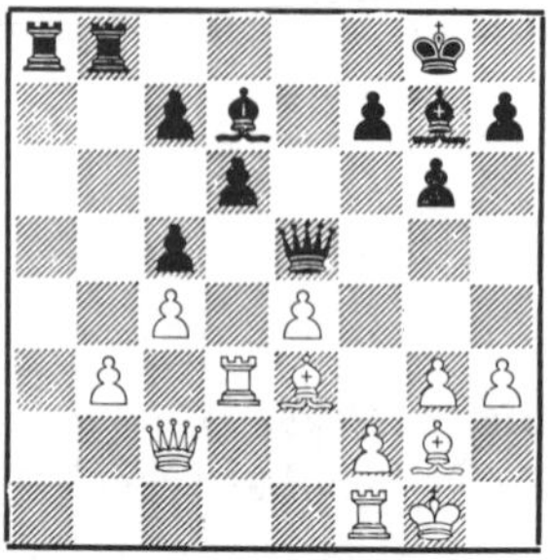

Legt den b-Bauern fest und verstärkt die Kontrolle über den Punkt d4. Die relative Schwächung des Zentralfeldes d5 hat keine praktische Bedeutung, weil Weiß keinen Springer zur Verfügung hat, ihn zu besetzen.

24. Lf4 De8, 25. Ld2 Lc6, 26. Lc3 L:c3, 27. D:c3.

Weiß atmet erleichtert auf — der Kampf um die große Diagonale ist zu seinen Gunsten ausgelaufen, aber ... **27. ... De5!.**

28. Dd2. Er muß weichen, da nach Damentausch Schwarz leichter den Bb3 angreifen könnte. Man beachte, wie in solchen Positionskämpfen die Idee des Mattsetzens untergetaucht ist. Es geht um kleine mikroskopische Positionsvorteile, die man Schritt für Schritt vergrößert. Aber A. Nimzowitsch sagte seinerzeit, den echten Meister kennzeichne die Gabe, sich mit dem Erreichen minimaler Positionsvorteile zufrieden zu geben.

28. ... Te8!, 29. Kh2 Dg7!, 30. Te1 Ta1!. Die Verminderung der Streitkräfte gestattet es, die gegnerischen Schwächen „bequemer" auszunutzen. Auch wird dabei die potentielle Kraft des eventuellen Gegenangriffes geschwächt.

31. Tde3 T:e1, 32. T:e1 De5!
Die zentralisierte Stellung einer Dame wirkt imposant, ihr Tätigkeitsradius ist sehr groß.

33. f4. Weiß will nicht länger warten, bis Schwarz seinen Positionsvorteil vergrößert und wickelt ab.

33. ... Dd4, 34. D:d4 cd, 35. Td1 Tb8, 36. T:d4 T:b3.

Ungeachtet aller verzweifelten Vereinfachungsversuche ist es dennoch Weiß nicht gelungen, die Stellung auszugleichen. Die Bauern c4 und e4 sind schwach, außerdem ist der weiße Läufer passiv.

Den weiteren technischen Verlauf, auch voller Kraft und Logik, bringen wir ohne Kommentar, da er nicht zu unserem Thema gehört. 37. Lf1 h5, 38. h4 Tb4, 39. Kg2 Kf8, 40. Kf2 Ke7. 41. Ke3 Tb1, 42. Ke2 Tc1, 43. e5 de, 44. fe Ld7, 45. Lg2 Tc2†, 46. Kf1 c5, 47. Tf4 Le6, 48. Ld5.

Da Turmendspiele schwer zu gewinnen sind, tauscht Weiß die Läufer. 48. ... L:d5, 49. cd Td2, 50. d6† Ke6, 51. Tc4 Td5, 52. Te4 f6!, 53. ef† K:f6, 54. g4 T:d6, 55. gh gh, 56. Tc4 Td5,

57. Ke2 Ke6, 58. Ke3 Kd6, 59. Ta4 Kc6, 60. Ta1 Td4, 61. Th1 Kd5, 62. Ke2 c4, 63. Ke3 Kc5, 64. Th2 c3, 65. Ta2 T:h4, 66. Ta8 Th3†, 67. Ke2 Kc4, 68. Kd1 Th1†, 69. Kc2 Th2†, 70. Kc1 h4, 71. Tc8† Kd3, 72. Td8† Ke4, 73. Te8† Kf3, 74. Tf8† Kg3, 75. Tc8 Tf2, 76. T:c3† Kg2, 77. Kd1 h3, 78. Tc8 h2, 79. Tg8† Kf1, 80. Th8 Kg1, 81. Ke1 Tg2. Weiß gab auf. Ein hartnäckiger Positionskampf.

Boleslavsky — Fine

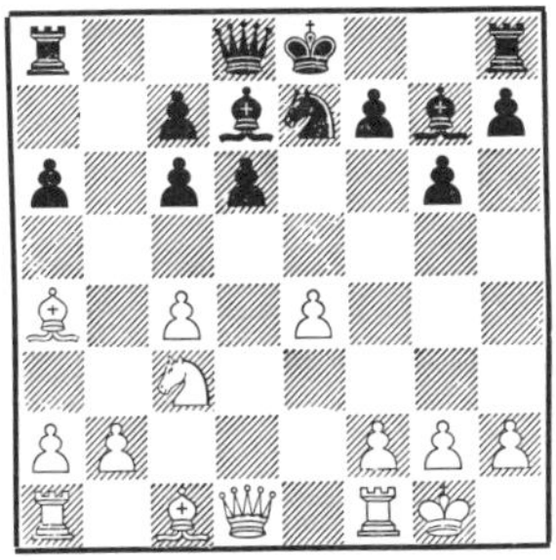

Hier hatte Schwarz kein Glück — Weiß konnte ohne Zögern ans Aufrollungswerk schreiten.

11. c5! In derartigen Stellungen sehr stark, weil die Bauernformation gesprengt wird.

11. ... Sc8. Schwach wäre 11. ... dc wegen 12. Le3.

12. Le3 0—0, 13. Dd2 De7, 14. Tad1 Le8. Schaltet den Turm vom Spiel aus. Besser war vorerst 14. ... Td8.

15. f4! f5. Dieses Entgegenstemmen erweist sich als Schwächung des Königsflügels. Vorzuziehen war das passive 15. ... f6. Manchmal — volens nolens — muß man vorübergehend zur Sanierung der Position auch passive Züge in Betracht ziehen. Dabei muß man, selbstverständlich, danach trachten, früher oder später zum Gegenangriff überzugehen. Fines Abneigung gegen 15. ... f6 ist verständlich (vielleicht hat er den 20. Zug des Gegners unterschätzt), er wollte wohl nicht dem Läufer die Diagonale versperren.

16. ef gf, 17. Tfe1. Die unscheinbare Zentralisierung beider Türme erweist sich bald als entscheidender Vorteil.

17. ... dc. Um endlich den Springer ins Spiel zu bringen.

18. Df2 Sd6, 19. L:c5 Dd8, 20. Ld4!

Mit 20. Df3 konnte Weiß einen Bauern einheimsen, aber Schwarz erhielte Gegenspiel. Mit seinem Textzuge bietet Weiß Tausch an, womit die stärkste Figur des Nachziehenden vom Brett verschwindet. (Vergleiche Partie Lasker — Capablanca.)

20. ... L:d4, 21. D:d4 Df6. Mit diesem Damentausch gelingt es Schwarz, das Schlimmste abzuwenden, aber die statischen Schwächen, ohne jedweden Hoffnungsschimmer auf Gegenspiel, bleiben bestehen. Damit ist — wie üblich — das Schicksal der Partie entschieden.

Es folgte noch: 22. Lb3† Kh8, 23. D:f6† T:f6, 24. Te7 Tc8, 25. Tde1 Lg6, 26. T1e6! T:e6, 27. L:e6 Te8, 28. T:e8† L:e8, 29. Sa4.

Das Endspiel ist verloren. Besonders in diesem Stadium treten Bauernschwächen klar zutage.

29. ... Kg7, 30. Sc5 a5, 31. Kf2 Lf7, 32. L:f7 K:f7, 33. b3 h5, 34. g3 Ke7, 35. Ke3 Sb5, 36. Sb7 c5, 37. S:a5, Kd6, 38. Sc4† Kd5, 39. Kd3 Sd6, 40. S:d6 cd, 41. a3. Schwarz gab auf

(41. ... Kc6, 42. b4! cb, 43. ab Kb5, 44. Kd4 und gewinnt).

★

Ein Bauerntrio im Bereich des Königsflügels kann zu peinlichen taktischen Überraschungen führen.

Treysman — Hanauer

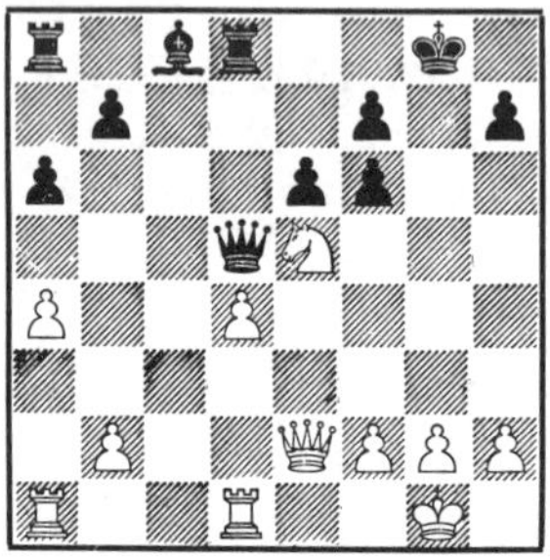

18. Dh5! Kh8. Es geht nicht 18. ... fe wegen 19. de (Da5, 20. Dg5†). **19. D:f7!.** Aber nicht 19. S:f7† wegen Kg7!.

19. ... fe, 20. Df6† Kg8, 21. Ta3!. Schwarz gibt auf.

Wiederum hängt alles von der allgemeinen Figurenkonstellation ab, wie weit dynamische Möglichkeiten die Bauernschwächung kompensieren. Aber die Kampfmethode des Anziehenden in der folgenden Partie ist charakteristisch.

Landau — Flohr

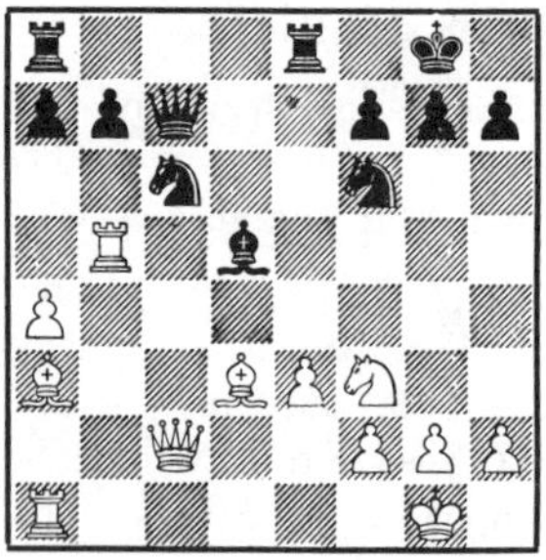

21. ... L:f3?. Es erweist sich, daß der weiße K-Flügel nicht leidet. **22. gf a6?, 23. Tg5 h6, 24. Tg2 Tac8, 25. Tc1 Tcd8, 26. Kh1! Kh8, 27. Tcg1 Tg8.** Der Druck auf der g-Linie ist nicht abzuschütteln.

28. Lb2!. Die Mitwirkung des Läufers kommt den Türmen sehr zustatten. **28. ... Dd6.** Es drohte schon 29. T:g7. **29. Lh7! Sb4, 30. Df5 g6, 31. L:g8!.** Kein Wunder, daß sich der große positionelle Vorteil in einer Mattkombination auswirkt.

31. ... gf, 32. Tg7! Sg4, 33. T7:g4† (Weiß verpaßt ein Matt in zwei Zügen.) **33. ... f6, 34. Tg7 Td7, 35. T:d7.** Schwarz gab auf.

Boleslavsky — Ufimzev

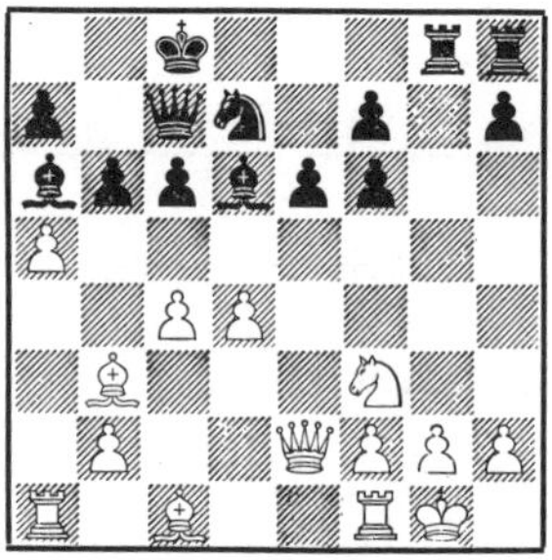

Derartige Stellungen entstehen in der Französischen und Caro-Kann-Verteidigung. Die offene g-Linie und die Kontrolle über die zentralen Felder erlauben Schwarz, einen Gegenangriff zu inszenieren.

14. ... c5!, 15. ab D:b6, 16. Le3 Lb7!. Schielt nach dem Punkt g2!. **17. dc S:c5, 18. Ld1 Tg4, 19. Dd2.** Er merkt's nicht! **19. ... Se4!!, 20. Da5 Thg8!!, 21. Se1 T:g2†, 22. S:g2 Sd2!!.**

Ein wahres Feuerwerk! Noch immer kann Weiß die Dame nicht schlagen.

23. Dd5. Verzweiflung. **L:d5, 24. cd D:b2, 25. L:d2 D:a1, 26. Lf3 L:h2†!.** Weiß gab auf.

Wiederum — es triumphierte das Zusammenspiel aller Kräfte, und das Bauerngerüst diente als nicht zu unterschätzende Richtschnur für den Angriffsplan des Nachziehenden.

Im Kampfgetümmel begehen wir oft den psychologischen Fehler, dem Gegner statische Schwächen zu schaffen, und dabei unterschätzen wir dynamische Möglichkeiten für den Gegner. So war es der Fall in der Partie Landau—Flohr, und dasselbe Bild finden wir im folgenden Beispiel.

Botwinnik — Euwe

20. ... Sd5, 21. D:e7 D:e7, 22. fe.

Der Nachziehende verfolgte das Ziel, die Damen zu tauschen, um die Wucht des Angriffs zu mindern und dabei dem Gegner Doppelbauern zu schaffen.

Jetzt stellt sich aber heraus, daß für den Doppelbauern Weiß eine mehr als genügende Kompensation hat: die zwei Läufer wirken aktiv, auch die offene f-Linie und eventuell die d-Linie üben einen Druck aus. Wichtig ist dabei, daß gerade einer der Doppelbauern den Punkt d5 kontrolliert.

In der Partie folgte: **22. ... b6.** Nach 22. ... Le6, 23. L:e6 fe, 24. T:f8† K:f8, 25. Tf1†! Kg8, 26. Td1 dringt der Turm in die siebente Reihe ein.

23. Td1 Sg6, 24. Td6 La6, 25. Tf2 Lb5, 26. e5!. Eigenartig, daß einer der Doppelbauern den entscheidenden Todesstoß versetzt. **26. ... Se7, 27. e4! c5, 28. e6!.**

Weiß konnte mit 28. T:b6 einen Bauern gewinnen; nach 28. ... Lc6 wäre jedoch der Turm vom Spiel ausgeschaltet.

28. ... f6, 29. T:b6! Lc6. Jetzt hat diese Ausschaltung keine Wirkung. **30. T:c6! S:c6, 31. e7† Tf7, 32. Ld5.** Schwarz gab auf.

Ja, nicht alles ist Gold, was glänzt ...!

DIE 6. STUNDE

Der Chamäleonbauer

Veränderlich ist die Eigenart des isolierten Bauern. Im Mittelspiel dient er als hervorragender Stützpunkt für den Springer und gilt als günstige Voraussetzung erfolgreicher Königsangriffe.

Im Endspiel dagegen verspricht so ein Bauer wenig; vor ihm postiert sich unbehelligt eine gegnerische Figur und hemmt jede Unternehmungslust. Wenn auch heutzutage bei der hohen Technik ein vereinzelter Bauer im Endspiel nicht forciert zum Verlust führt, so macht doch ein „Leben" ohne Gegenspiel den Schachmeistern wenig Freude. Kurzum — mit dem isolierten Bauern Vereinfachungen aus dem Wege gehen, einen Königsangriff anstreben.

Wie so ein Kampf vonstatten geht, zeigt die folgende Partie.

Gipslis — Sawon

1. e4 c6, 2. d4 d5, 3. ed cd, 4. c4 Sf6, 5. Sc3 e6, 6. Sf3 Le7, 7. cd S:d5.

Auf dem Brett ist also ein vereinzelter Bauer aufgetaucht.

8. Ld3 Sc6, 9. 0—0 0—0, 10. Te1 Sf6, 11. Lg5 b6, 12. De2 Lb7.

Beide Teile sind vorläufig damit beschäftigt, ihre Streitkräfte zu entfalten.

13. Tad1 Sb4, 14. Lb1 Tc8, 15. Se5!.

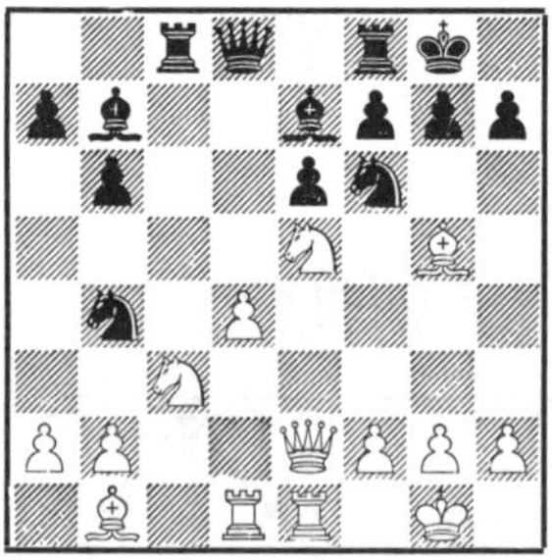

Der Springer hat auf e5 seine Vorpostenstellung eingenommen. Weiß wird versuchen, den Königsflügel anzugreifen, um, falls nicht das Matt, so doch wenigstens neue Schwächen im gegnerischen Lager zu verursachen.

15. ... Dd6, 16. De3 Sfd5, 17. Dh3! f5.

Beseitigt rücksichtslos die Drohung gegen den Punkt h7, schafft jedoch eine Schwäche auf e6. Selbstverständlich wendet sich sofort das Augenmerk des Anziehenden gegen diese Blöße. Besser war 17. ... g6, aber Schwarz wollte nicht die schwarzen

Felder schwächen. Tja, manchmal muß man im Schach von zwei Übeln das kleinere wählen!

18. Ld2 Sf6, 19. a3 Sbd5, 20. Sb5 Db8, 21. La2!. Auf b1 kann der Läufer nichts mehr ausrichten! **21. ... a6, 22. Sc3 Tce8, 23. Sf3!.** Der Mohr hat seine Schuldigkeit getan. **23. ... Ld8, 24. Sg5 Dc8.**

Die Stellung ist zum Losschlagen reif!

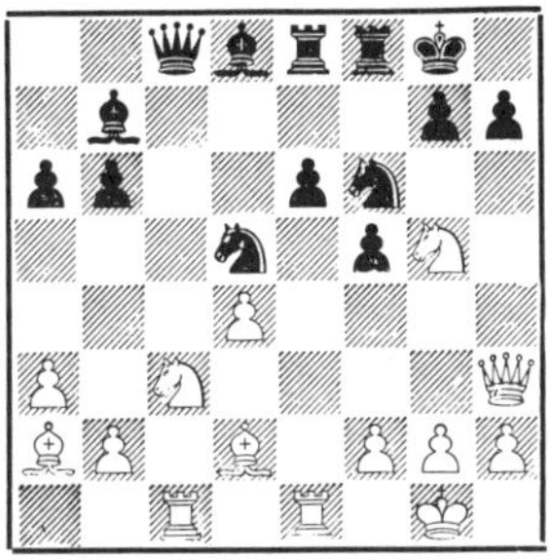

25. T:e6! T:e6, 26. S:d5 h6, 27. S:f6† Kh8. Falls 27. Tf:f6, dann 28. S:e6 T:e6, 29. D:f5 mit leichtem Gewinn. **28. D:f5! Te1†, 29. T:e1 D:f5, 30. Sf7†!.** Schwarz gab auf.

Wie der Angriff mit dem isolierten Bauern ins Rollen kommt, konnten wir auch im Beispiel Najdorf — Kotov beobachten.

Flohr — Capablanca

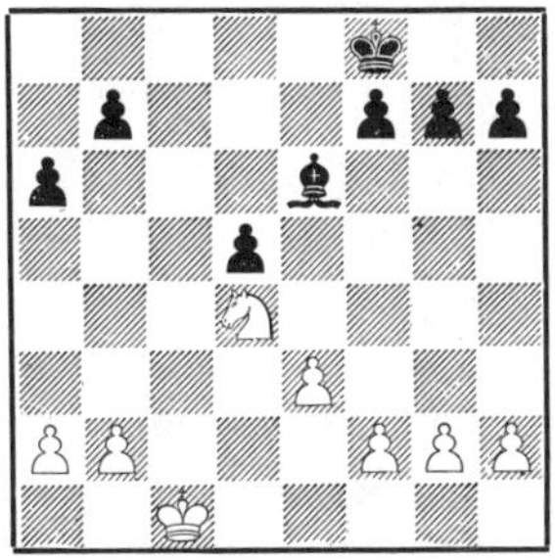

Diese Stellung entstand nach flottem Massentausch nach dem 23. Zuge von Weiß. Die weiße Stellung ist vorzuziehen. Während der Springer elastisch manövrieren kann, ist der Läufer an die passive Verteidigung seines Bauern gefesselt. Selbstverständlich ist der Weg zum Gewinn noch langwierig, und man kann es ruhig sagen — nur dank der phänomenalen Verteidigungskunst Capablancas konnte Flohr seinen positionellen Vorteil nicht auswerten.

Es folgte: **23. ... Ke7, 24. Kd2 Kd6, 25. Kc3.** Wenn die Mattgefahr vermindert ist, zentralisiert man die Könige!

25. ... b6. Schwarz versucht ein Bollwerk aufzubauen, wobei die Bauern die schwarzen Einbruchsfelder schützen, während der Läufer die Kontrolle über die weißen Felder übernimmt.

26. f4 Ld7, 27. Sf3 f6!, 28. Kd4 a5, 29. Sd2 Lc8, 30. Sb1 Le6, 31. Sc3 Kc6, 32. a3 h6, 33. g3 h5!, 34. b4 ab, 35. ab Kd6, 36. b5 g6, 37. Sa4 Kc7, 38. Sc3 Kd6, 39. f5!. Ein chancenreiches Opfer, um das Spiel zu verwickeln.

39. ... gf. Schwach wäre 39. ... L:f5, 40. S:d5 Ld3, 41. S:f6 L:b5, 42. Sd5!.

40. Se2 Ld7, 41. Sf4 Le8!. Ein positioneller Fehler wäre 41. ... L:b5, 42. S:h5, und der entfernte Freibauer wäre sehr gefährlich.

Merken Sie sich bitte, wie unentwegt Weiß den Gegner zwingt, immer neue Probleme zu lösen.

42. S:d5 L:b5, 43. S:b6!. Sonst könnte der b-Bauer noch gefährlich werden.

43. ... Lc6, 44. Sc4† Ke6, 45. Sb2 Lb5, 46. Sd1 Le2, 47. Sf2 Lf1!. Erschwert dem Springer den Weg nach d3.

48. Sd3. Weiß unternimmt den Versuch, die letzte Chance auszunutzen und sein Glück im Bauernendspiel zu versuchen.

48. ... L:d3, 49. K:d3 Ke5!. Schwächer wäre, schablonenhaft die Opposition einzunehmen: 49. ... Kd5, 50. Kd2! Ke4, 51. Ke2! Kd5, 52. Kf3 Ke5, 53. h3 Kd5 54. Kf4 Ke6, 55. h4 usw.

50. Ke2 Ke4, 51. h3 Kd5!, 52. Kf3 Ke5. Die Gegner einigten sich auf Unentschieden.

Im Kampf gegen den „Isolani" erweist sich die Fianchettierung des Königsläufers oft als sehr effektvoll.

Petrosjan — Tal

1. c4 Sf6, 2. g3 e6, 3. Lg2 c5, 4. Sf3 d5, 5. 0—0 Sc6, 6. cd S:d5, 7. d4 Le7, 8. Sc3 0—0, 9. S:d5 ed, 10. dc L:c5, 11. a3 a5, 12. Lg5!. Erzwingt eine wichtige Schwächung. **12. ... f6, 13. Tc1 La7.** Es geht nicht 13. ... L:f2†, 14. T:f2 fg wegen 15. S:g5!, und die schwarze Stellung bricht zusammen. **14. Lf4 Le6, 15. Se1 Te8, 16. Sd3 De7.**

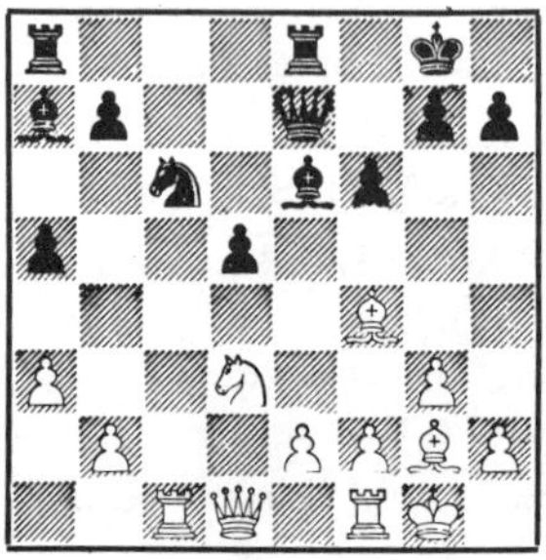

17. b4! ab, 18. S:b4 S:b4, 19. Tc7!. Jetzt erweist es sich, daß es im 15. Zuge ratsamer war, 15. ... Tc8 zu spielen.

19. ... Dd8. Schwarz gefiel nicht 19. ... Df8 wegen 20. ab D:b4, 21. L:d5 Db5, 22. Lf3!.

20. ab g5. Untätigkeit wäre noch aussichtsloser. **21. Dd3 Te7, 22. T:e7 D:e7.**

23. Le3 d4. Zu passiv wäre wiederum 23. ... L:e3, 24. D:e3 Td8, 25. Td1 mit nachfolgendem Dd4.

24. L:d4 Td8, 25. e3 L:d4, 26. ed D:b4, 27. d5 Dd6, 28. Le4! Lf7.

Erweist sich als entscheidender Fehler. Gewisse Remischancen bot: 28. ... L:d5, 29. Td1 L:e4, 30. D:d6 T:d6, 31. T:d6 Kg7.

29. L:h7† Kg7, 30. Le4 Dc5, 31. Tb1 Td7, 32. Df3 Lg6, 33. L:g6 K:g6, 34. Dd3† Kg7, 35. Tb5 De7, 36. Df5 Td6. Das Endspiel behandelt der Weltmeister sehr genau.

37. Kg2 Dd7, 38. D:d7† T:d7, 39. Kf3 Te7, 40. Tb6 f5, 41. d6 Td7, 42. h4 Kf6, 43. hg† K:g5, 44. Ke3 Kf6, 45. Kf4 Ke6, 46. f3 Kf6, 47. Tb5 Ke6, 48. T:f5 K:d6, 49. g4 Kc6, 50. Tf8 b5. Schwarz gab gleichzeitig auf.

Die „hängenden" Bauern

Euwe — Teschner

1. d4 d5, 2. c4 e6, 3. Sc3 Sf6, 4. Lg5 Le7, 5. e3 h6, 6. Lh4 0—0, 7. Tc1 b6, 8. cd S:d5, 9. S:d5 ed, 10. L:e7, D:e7, 11. Le2 Lb7, 12. Lf3 c5, 13. Se2 Td8, 14. dc bc.

Auf dem Brett stehen die hängenden Bauern vor uns. Weiß wird versuchen, gegen die Bauern einen Druck auszuüben und sie angreifen.

Die moderne Meisterpraxis zeigt, daß Schwarz imstande ist, das Gleichgewicht aufrechtzuerhalten.

15. 0—0 Sd7, 16. Sf4 Se5!. Schwarz muß aktiv spielen. Nach 16. ... Sf6 könnte 17. Db3, gefolgt von Da3! und Tfd1, folgen.

17. Te1. Nicht 17. L:d5 wegen 17. ... g5! 18. Db3 Tab8, 19. L:b7 gf, 20. ef Sd3!.

17. ... d4!. Dieses energische Auflösen der „hängenden" Stellung ist sehr bezeichnend. Den günstigen Augenblick zu treffen, hängt von der Eigenart der Stellung ab. Je mehr Figuren auf dem Brett, um so günstiger für den Durchbruch.

18. L:b7 D:b7, 19. ed T:d4, 20. Dc2 Sf3†!, 21. gf T:f4, 22. Te4 Tf5?. Schwarz übersah, daß nach 22. ... T:f3, 23. Tae1 sehr stark 23. ... Dc6! wäre.

23. Tce1 Tf8, 24. Dc3 Dd5, 25. Te5 T:e5, 26. T:e5 D:a2, 27. T:c5 Db1†, 28. Kg2 Dg6†, 29. Kh1 Td8. Remis. An Stelle von 11. Le2 spielt man auch **11. Sf3.** Es kann folgen **11. ... Le6, 12. Da4 c5, 13. Da3 Tfc8, 14. Le2 Db7!.** Der Gegendruck auf der b-Linie ist der Haupttrumpf von Schwarz.

15. dc bc, 16. 0—0. Ungünstig ist der Tausch 16. T:c5 T:c5, 17. D:c5 D:b2. **16. ... Db6, 17. Sd2 Sd7, 18. e4 Db4** mit gleichen Chancen.

Lehrreiche Fehler machte der Anziehende in der folgenden Partie. Dabei ist interessant zu verfolgen, mit welcher Konsequenz der Nachziehende seinen Gegner „bestrafte".

Sokolsky — Botwinnik

1. c4 Sf6, 2. Sc3 d5, 3. d4 g6, 4. Sf3 Lg7, 5. e3 0—0, 6. Le2 e6, 7. 0—0 b6, 8. cd.

Dieser Zug öffnet dem Gegner die e-Linie. Das Öffnen der c-Linie erweist sich für Weiß nicht als besonders effektvoll. Er mußte mit 8. Db3 die Spannung im Zentrum aufrechterhalten.

8. ... ed, 9. b3 Lb7, 10. Lb2 Sbd7, 11. Dc2.

Zu diesem Zug schreibt Michail Botwinnik:

„Bald stellt sich heraus, daß Weiß planlos spielt und nur daran denkt, seine Figuren automatisch zu entwikkeln.

Das konnte man vielleicht vor 50 Jahren tun. Heutzutage, wo jeder Meister sich schon nach den ersten sechs bis acht Zügen einen Plan fürs bevorstehende Mittelspiel zurechtlegt, kann ein so einseitiges Vorgehen zu passiver Stellung führen.

Weiß konnte 11. Se5 ziehen mit chancenreichem Spiel. Nach einigen Zügen verhindert Schwarz diese Möglichkeit."

11. ... a6, 12. Tac1 Tc8, 13. Tfd1 De7, 14. Db1 Tfd8, 15. Lf1 c5.

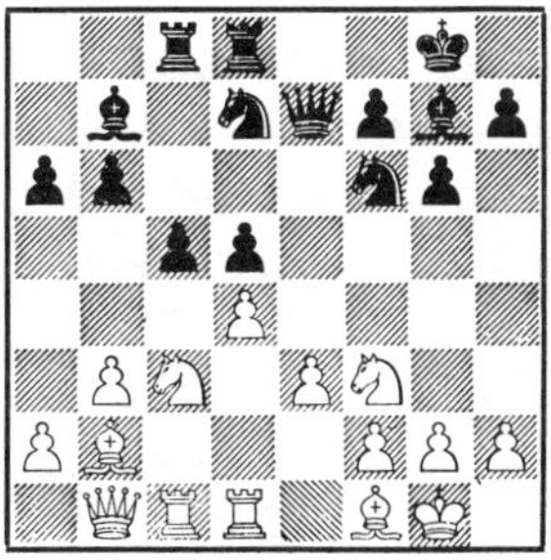

16. dc. „Ein schwerer positioneller Fehler" schreibt dazu M. Botwinnik. „Weiß wird nicht imstande sein, die Schwächen der Bauern c5 und d5 auszunutzen, weil auf dem Brett viele Figuren vorhanden sind. Er verliert im Zentrum Stützpunkte, und der Läufer b7 ‚erwacht' zu neuem Leben."

16. ... bc, 17. Se2 Lh6!, 18. La3 Sg4, 19. Dd3 (es drohte 19. ... L:e3). **19. ... Sde5, 20. S:e5 D:e5, 21. Sg3 Df6, 22. Sh1 d4!, 23. De2 Se5, 24. ed cd.**

Aus den „Hängenden" ist ein Freibauer erstanden, der von Figuren kräftig unterstützt wird.

Es folgte:

25. T:c8 L:c8!, 26. Te1 d3!, 27. Dd1 Lg4, 28. Da1 d2, 29. T:e5 d1D, 30. Te8† T:e8, 31. D:f6 Le2, 32. Sg3 Lg7, 33. Dc6 Lb5, 34. Dc1 D:c1, 35. L:c1 Te1, 36. Le3 Ta1, 37. a4 Ld3, 38. f4 Tb1, 39. Kf2 L:f1, 40. S:f1 T:b3. Weiß gab auf.

Falls hinter den hängenden Bauern ein Läufer postiert ist, muß man mit folgender dynamischen Angriffsmöglichkeit rechnen.

Keres — Taimanov

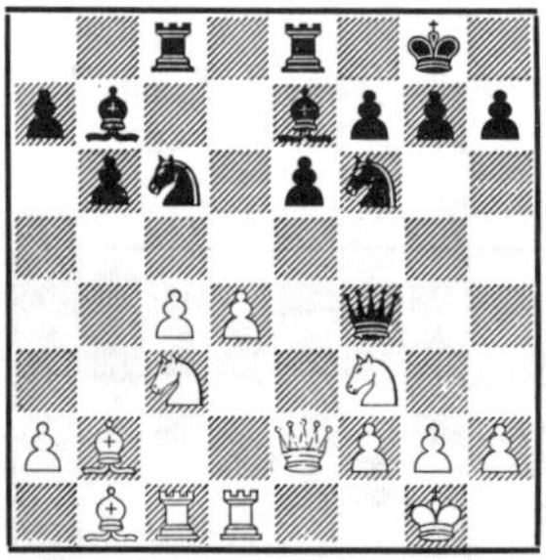

16. d5!! ed, 17. cd Sb8, 18. Td4 Dd6, 19. Tcd1 Lf8, 20. Se4! S:e4, 21. T:e4 T:e4, 22. D:e4 Dh6, 23. Sg5 Ld6, 24. h4 Sd7, 25. Df5 Sf6, 26. L:f6 gf, 27. S:f7! Dc1, 28. D:h7† Kf8, 29. S:d6 D:d1†, 30. Kh2 D:d5, 31. S:b7 De5†, 32. g3 Tc7, 33. Dh8† Kf7, 34. h5 T:b7, 35. Dh7† Ke6, 36. D:b7 D:h5, 37. Kg2. Schwarz gab auf.

Im Kampf gegen derartige Bauern muß man vorerst versuchen, das Vorschieben eines Bauern zu erzwingen, weil danach der Hauptborn der hängenden Bauern gebrochen wird — ihre dynamische Aktivität.

Capablanca — Aljechin

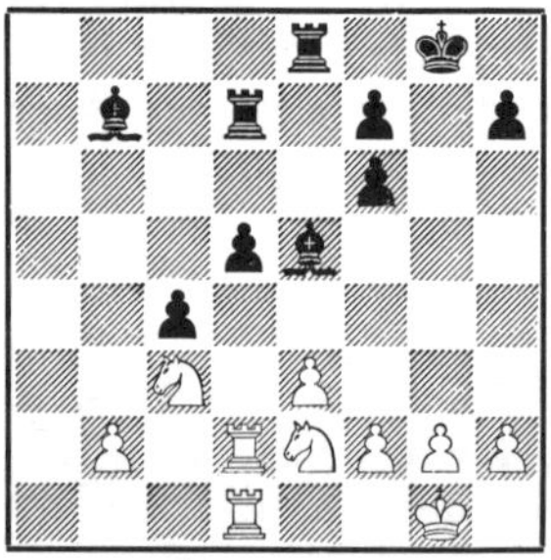

(1. d4 d5, 2. c4 e6, 3. Sc3 Sf6, 4. Lg5 Sbd7, 5. e3 Le7, 6. Sf3 0—0, 7. Tc1 a6, 8. a3 b6?, 9. cd ed, 10. Ld3 Lb7, 11. 0—0 c5, 12. dc bc, 13. De2 Te8, 14. Lc2 Db6, 15. Tfd1 Tad8, 16. Sa4 Db5, 17. D:b5 ab, 18. Sc3 Lc6, 19. Ld3 c4, 20. Lf5 b4, 21. ab L:b4, 22. Sd4 Lb7, 23. L:d7 T:d7, 24. L:f6 gf, 25. Sde2 Ld6, 26. Tc2 Le5, 27. Tcd2.)

Auf diese Stellung spielte Weiß. Aber Aljechin verstand es, durch Gegenangriff gegen den Punkt b2 das Gleichgewicht zu wahren.

27. ... Tc7!, 28. Ta1 Kg7, 29. g3 Tc5, 30. Ta7 Tb8, 31. Sd4 Kg6, 32. f4 Lc7, 33. Kf2 Ta5!, 34. T:a5 L:a5, 35. g4 h5, 36. gh† K:h5, 37. Kf3 Tg8, 38.

Tg2 T:g2, 39. K:g2 Kg4, 40. h3† Kh4, 41. Sf5† Kh5, 42. Kg3 Lb4.

Es drohte schon Sd6. **43. Sd4 Kg6, 44. Kg4 f5†**, und im 59. Zug einigte man sich auf Remis.

Im folgenden Beispiel verstand es der Nachziehende, die Bauern unbebeweglich zu machen. Aber dabei erhielt der Gegner zwei Freibauern im Zentrum. Schwarz gelang es aber, sie völlig zu blockieren.

Bondarevsky — Smyslov

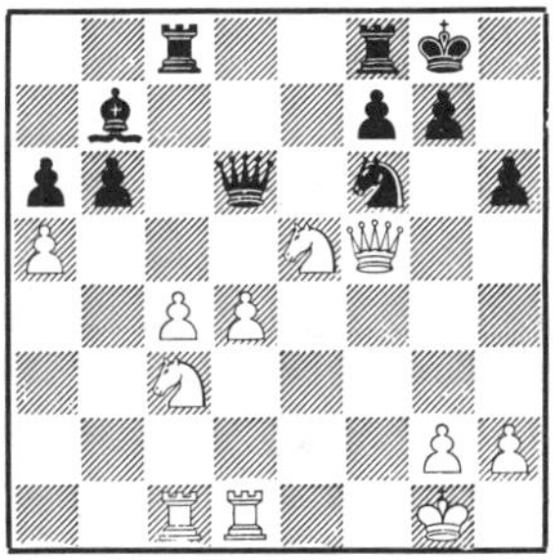

27. ... b5!, 28. c5. Es geht nicht 28. cb ab, 29. S:b5 der Doppeldrohung Dd5 wegen.

28. ... Dd8, 29. Ta1 b4. Schwarz nutzt energisch seinen Freibauern aus. **30. Se2 Le4, 31. Dh3 Lc2!, 32. Tf1 b3, 33. Dc3 Sd5.**

Schwarz versucht auch, gleichzeitig einen Angriff einzuleiten. **34. Db2 Se3, 35. Tfe1 Dd5, 36. Sf3 Tfe8.**

Smyslov begnügt sich nicht mit der Eroberung der Qualität, weil nach 36. ... Sc4, 37. Dc3 b2, 38. D:c2 baD, 39. T:a1 der Anziehende aufatmen könnte. Man darf nicht immer übereilt den positionellen Vorteil in Materialgewinnst automatisch umwandeln, falls der Gegner vom „Alpdruck" befreit mit einem „blauen Auge" davonkommen kann!

37. Tac1 Tc6, 38. Sc3 Df5, 39. Sd1 Tce6, 40. S:e3. Beseitigt den sehr gefährlichen Springer aber schon greifen die schwarzen Schwerfiguren in den Kampf ein.

40. ... T:e3, 41. T:e3 T:e3, 42. Kf2 De4, 43. Te1. Um mit Abtausch den starken Druck zu vermindern.

43. ... T:e1, 44. S:e1 Ld1!. Es droht De2†!.

45. c6 D:c6, 46. Sd3 Dc4, 47. Ke3 Lc2, 48. Se1 Lf5, 49. Kd2 Db4†, 50. Kd1 Lg4†, 51. Kc1 Dc4† („noch stärker" 51. ... De1:‡!). Weiß gab auf.

DIE 7. STUNDE

Der Freibauer und die Blockade

Bekanntlich ist im Endspiel der Freibauer der Hauptakteur. Nach dem Abtausch der Figuren ist der Weg zur Dame frei, und das Hauptthema lautet: wessen Bauer schreitet schneller in die achte (bzw. erste) Reihe.

Auch im Mittelspiel erfüllt der Freibauer eine wichtige Aufgabe. Besonders störend wirkt er im Zentrum — es ist, als ob er die Kräfte des Gegners in zwei Teile spaltet.

Ein gefährlicher, weit vorgeschobener Bauer droht sich nicht nur in die Dame zu verwandeln, er desorganisiert die Verteidigungsreihen des Gegners, dient als vortreffliches Ablenkungsobjekt und ermöglicht mithin den Flankenangriff. Die folgenden Beispiele illustrieren das Gesagte zur Genüge.

Saigin — Tal

1. d4 Sf6, 2. c4 c5, 3. Sf3 e6, 4. g3 cd, 5. S:d4 d5, 6. Lg2 e5, 7. Sf3 d4!, 8. 0—0 Sc6, 9. e3 Le7, 10. ed ed, 11. Sbd2 Le6, 12. Te1 0—0, 13. b3.

Der Beginn eines direkten Angriffes gegen den Freibauern. Er erweist sich als wenig effektvoll, weil Schwarz „seinen Stolz" zur Genüge zu verteidigen imstande ist. Auf 13. Sb3 könnte d3! folgen.

13. ... Dd7, 14. Lb2 Tad8, 15. a3 a5, 16. Se5 S:e5, 17. T:e5 b6, 18. Sf3. Vielleicht war etwas stärker 18. Df3. **18. ... Lc5.**

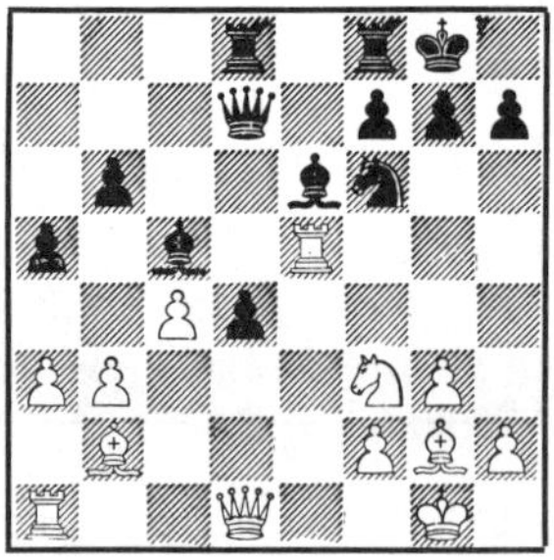

Bezeichnend ist, daß, indem wir einen Freibauern im Zentrum schaffen, der Gegner eine Bauernmajorität an einem der Flügel erhält. Aber die Wirkung des Zentrumbauern, falls er gut geschützt ist, ist bedeutungsvoller.

19. Dd2 Sg4. Schwarz ist schon imstande, zum Flügelangriff zu schreiten. **20. Tee1 d3!, 21. Tf1.**

Auf 21. Se5 könnte 21. ... S:e5, 22. T:e5 Ld4! folgen, und der d-Bauer ist sehr gefährlich. Außerdem droht Schwarz mit a5—a4 den Damenflügel zu schwächen.

21. ... Dd6!, 22. Dc3 f6, 23. Tad1. Auf 23. Sg5 würde 23. ... S:f2! folgen.

23. ... Tfe8, 24. Td2 Lf5, 25. Sg5 Se3!!

Ein Donnerschlag aus heiterem Himmel! Die Stellung ist zum Losschlagen reif. Beachten Sie bitte, wie Tal nach einer langwierigen Zentralisierung die Vorbedingungen zur Kombination geschaffen hat.

26. fe L:e3†, 27. Kh1 L:d2, 28. D:d2 Te2, 29. Dc3 T:g2!. Weiß gibt auf. Es könnte folgen 30. K:g2 d2, 31. Td1 Lg4, 32. Sf3 Dd3!,

Verfolgen wir jetzt aufmerksam den positionellen Vorgang der Schaffung des Freibauern und seine ausschlaggebende Bedeutung für den ganzen Verlauf des Kampfes.

Smyslov — Petrosjan

1. d4 Sf6, 2. c4 e6, 3. Sc3 Lb4, 4. e3 0—0, 5. Ld3 d5, 6. Sf3 c5, 7. 0—0 Sc6, 8. a3 L:c3, 9. bc b6, 10. cd ed, 11. Lb2 c4, 12. Lc2 Lg4, 13. De1 Se4, 14. Sd2 S:d2, 15. D:d2 Lh5, 16. f3 Lg6, 17. e4 Dd7, 18. Tae1 f5.

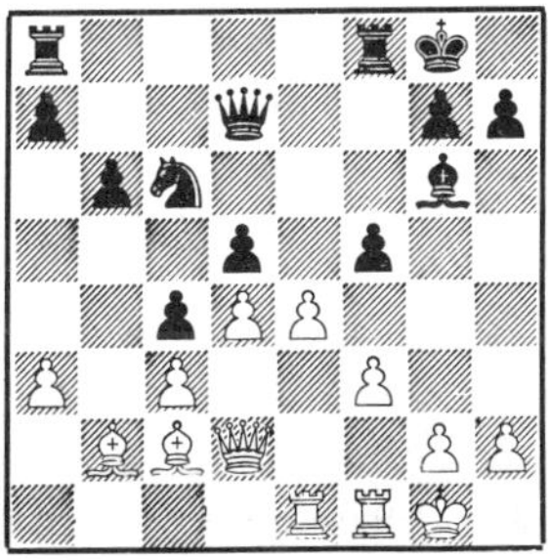

Der Kulminationspunkt. **19. ed.** Smyslov verschafft sich unverzüglich den Freibauern. Auch mit 19. e5 hätte Weiß einen gedeckten Freibauern, aber nach Sd8—e6 wäre er völlig blockiert. Außerdem wollte der Anziehende auch seinem Turm Arbeit verschaffen.

19. ... D:d5, 20. a4 Tfe8, 21. Dg5 Df7, 22. La3 h6, 23. Dg3 T:e1†, 24. T:e1 Te8, 25. T:e8† D:e8. Schwarz hat die e-Linie dem Gegner streitig gemacht, doch darüber „freut“ sich der d-Freibauer. Um so weniger Hindernisse wird er auf seinem Wege antreffen. Schwarz wird versuchen, am Damenflügel Gegenangriff zu erhalten, aber das erweist sich als nicht besonders wirksam.

26. Kf2 Sa5, 27. Df4 Sb3, 28. L:f5 L:f5, 29. D:f5 D:a4, 30. Df8†.

Das Ziel der folgenden Schachgebote ist, die Grundstruktur der Stellung nicht zu verändern und Gelegenheit zu haben, nach Abbruch alles in Muße zu analysieren.

30. ... Kh7, 31. Df5† Kg8, 32. De6† Kh7, 33. De4† Kg8, 34. Da8†. Bei solchen Schachgeboten muß die aktive Partei aufpassen, daß die Stellung sich nicht dreimal wiederholt.

34. ... Kh7, 35. De4† Kg8, 36. Dd5† Kh7, 37. Le7 Sc1, 38. Df5† Kg8, 39. Df8† Kh7, 40. Df5† Kg8, 41. d5. Na endlich! **41. ... Da2†.**

Großmeister D. Bronstein schrieb anläßlich dieser Partie: „Schachwunder unterscheiden sich von anderen Wundern. Sie entstehen dank der schöpferischen Phantasie des Schachmeisters und der vielseitigen versteckten Möglichkeiten, die jede Stellung beherbergt. In dieser absolut verlorenen Stellung gelingt es Petrosjan, eine Studie hervorzuzaubern.“

42. Kg3 Dd2, 43. d6 De1†, 44. Kg4 Sd3, 45. Dd5†.

Falls Weiß sofort in die Dame mit 45. d7 geht, erreicht Schwarz das Unentschieden mit: 45. ... h5†!, 46. K:h5 D:e7, 47. Dd5† Kh7, 48. d8D Sf4†.

45. … Kh7, 46. d7 De5!. Die letzte Falle! **47. D:d3†.**

Das Wunder ist eingetroffen! Seinen strategischen Plan — die Metamorphose des d-Bauern — konnte Weiß mit 47. Dd6!! durchsetzen. Nach 47. … Sf2†, 48. Kh4 g5†, 49. Kh5 schützt die Dame „röntgenartig“ den Punkt h2.

Diese Möglichkeit zeigte nach einigen Monaten ein schwedischer Amateur. Man darf aber nicht vergessen, daß der Schachmeister in begrenzter Zeit sofort am Brett die Antwort finden muß!

47. … cd, 48. d8D. Man einigte sich auf Remis. Nach 48. … De2, 49. Kh3 d2, 50. Dd7! d1D, 51. Df5† bietet Weiß ewiges Schach.

Wenn wir einen isolierten Freibauern schaffen, so gefährlich er auch sein mag, müssen wir damit rechnen, daß der Widersacher gegen den „Erbfeind“ das Feuer seiner ganzen Artillerie richten wird. In solchen Fällen muß man die Möglichkeit haben, den Angriff in Richtung eines Flügels zu schwenken, und sei es sogar auf Kosten des Freibauern. Wie in solchen Fällen der Kampf vonstatten geht, zeigt das folgende Beispiel.

Aljechin — Keres

18. h4!. Droht mit h5—h6 den Königsflügel fühlbar zu schwächen.

18. … Td7, 19. Ta7 Lc6, 20. T:d7 L:d7, 21. Se5 Se8, 22. c4. Weiß hat beschlossen, so schnell wie möglich einen Freibauern im Zentrum zu bilden in der Voraussicht, daß er gefährlicher als sein Gegenspieler auf der b-Linie sein wird.

22. … Db7, 23. S:d7 D:d7.

Auch hier dasselbe Bild — Weiß versucht so viel wie möglich zu tauschen, um eventuelle Blockeure aus dem Wege zu schaffen.

24. h5 Sf8, 25. d5 ed, 26. cd h6, 27. Le7! Sd6, 28. Te5! (29. Db4 drohend.) **28. … Sc4, 29. L:c4 T:c4, 30. L:f8! K:f8, 31. d6 Tc6.**

Um den Turm von der e-Linie abzulenken.

32. Td5 f6, 33. Td3 Tc8.

Schwarz will die Dame von ihrer Blockademission befreien. Eine so starke Figur eignet sich am allerwenigsten für eine derartig passive Aufgabe.

34. Db4 b5, 35. Td5 Td8, 36. g3 Kf7, 37. Kh2 De6. Schon etwas aktiver! **38. Dd4 Td7, 39. Dd3! b4.** Schwarz möchte selbstverständlich seinen b-Bauern gegen den d-Bauern tauschen.

40. Td4! Td8. Verfrüht wäre 40. … b3 wegen folgender Variante: 41. Dg6† Kf8, 42. Te4 Df7, 43. Dh7! D:h5†, 44. Kg2 D:d5, 45. Dh8† Dg8, 46. Te8†.

41. Dg6†. Bisher hat Aljechin ausgezeichnet gespielt. In Zeitnot geraten, macht er automatisch noch den 41. Zug.

Wie seinerzeit der sowjetische Meister M. Judowitsch bewiesen hat, konnte Weiß einen sehr gefährlichen Angriff folgendermaßen erhalten: 41. T:b4!

T:d6, 42. Dg6† usw. Falls 41. … D:d6, dann 42. Dc4† Dd5, 43. Tb7† Kf8, 44. Dc7! D:h5†, 45. Kg2 Dd5†, 46. f3 Da2†, 47. Kh3 De6†, 48. g4. Falls Schwarz an Stelle von 42. … Dd5, 42. Kf8 spielt, könnte folgen: 43. Tb7 Td7, 44. Dc8† Ke7, 45. Tb3! f5, 46. Dg8 Kf6, 47. Dh7 mit gefährlichem Angriff. Für derartige Endspiele hängt die richtige Abschätzung der Stellung von der Sicherheit des Königs ab.

41. … Kf8, 42. Dh7 Kf7. Unentschieden. Auf Gewinn spielen ergibt nichts: 43. T:b4 D:d6, 44. Tb7 Td7 usw.

Die Blockade

Wir haben uns schon überzeugen können, welche große Bedeutung der Blockade beizumessen ist. Der beste Blockeur ist der Springer. In frontaler Richtung decken ihn die gegnerischen Bauern, und dabei strömt er aus seinem Versteck Kraft aus.

Denker — Smyslov

28. … Sc8!. Es liegt ihm nicht so sehr daran, den Bauern auf b6 zu decken, als den Springer nach d6 hinüberzubringen.

Wir haben schon betont, daß es viel zu „schade“ ist, die verheerende Kraft der Schwerfiguren zu Blockadezwecken zu vergeuden. Außerdem laufen sie Gefahr, von Leichtfiguren aus der Blockadeposition einfach „herausgeräuchert“ zu werden. (Beispiel Basrutschko — Koblenz.)

29. h5 Tf8, 30. Tf2 Tf7, 31. h6.

Verschafft dem Gegner eine Schwäche auf f6, die er aber praktisch nicht ausnutzen kann.

31. … g6, 32. Tbf1 De7, 33. Dg4 Sd6!.

Der Springer hat seine Blockadestellung eingenommen, und schon droht Materialverlust!

34. De6 S:e4, 35. D:b6 f5!, 36. Tb1. Die starke Springerstellung nutzt Schwarz sofort zum Angriff aus. **36. … f4!, 37. De6 fe, 38. T:f7 D:f7, 39. D:e5 Sf6, 40. Tb8 Sg4†,** und Schwarz gewann schnell.

Pitschak — Foltys

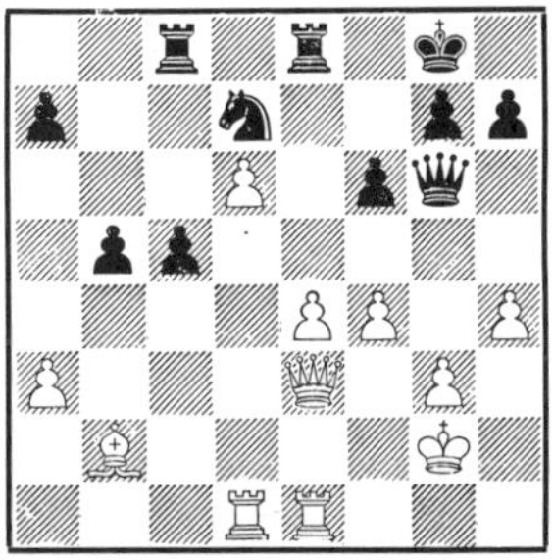

Auch in diesem Beispiel erweist sich der Springer als hervorragender Blokkeur.

34. … Df7, 35. e5 fe, 36. fe De6!.

Widerspricht nicht der Zug unserer vorher aufgestellten These? Man muß jedoch immer mit den tatsächlichen

Möglichkeiten rechnen. Der e-Bauer muß blockiert werden. Das erlaubt Schwarz, seine Freibauern auf dem Damenflügel auszuspielen. Vergleichen Sie bitte das Beispiel Bondarevsky — Smyslov (erfolgreiche Blockade der gegnerischen Freibauern führt am anderen Sektor zu einer beweglichen Bauernmajorität). Dabei stehen die blockierenden Figuren bereit, die Lauerstellung im gegebenen Augenblick zu verlassen und entscheidend einzugreifen.

37. Td2. Planlos gespielt. Weiß mußte a7—a5 mit 37. Lc3! erschweren.

37. ... Tf8, 38. T1e2 a5, 39. Tf2 b4, 40. T:f8† T:f8, 41. Tf2 T:f2†, 42. D:f2 c4.

Während die schwarze Bauernphalanx geschlossen vorwärts schreitet, müssen die weißen Bauern stillstehen. Das „Unglück" von Weiß liegt darin: der schwarzfeldrige Läufer kann den gegnerischen Kräften nicht beikommen, die sich ausgerechnet auf weißen Feldern eingenistet haben.

43. ab ab, 44. Ld4 c3, 45. Df3 c2!, 46. Da8† Sf8, 47. Lb2 h6, 48. h5. Unnötige Schwächung. Besser war 48. Kh2.

48. ... Dc4! Die Dame greift entscheidend ein! Blockade ist nicht Selbstzweck!

49. d7? Verzweiflung, aber die Stellung von Weiß war verloren.

49. ... De2†, 50. Kh3 D:h5†, 51. Kg2 De2†, 52. Kh3 Df1†, 53. Kh2 Df2†, 54. Kh3 Df5†, 55. Kg2 D:d7, 56. Da2† Kh7, 57. Dc4 b3, 58. D:b3 Dd2†, 59. Kh1 c1D†. Weiß gab auf.

★

Falls die Blockadefigur eine sehr passive Stellung einnimmt, kann das schon den Keim des Verlustes in sich tragen.

Euwe — Awerbach

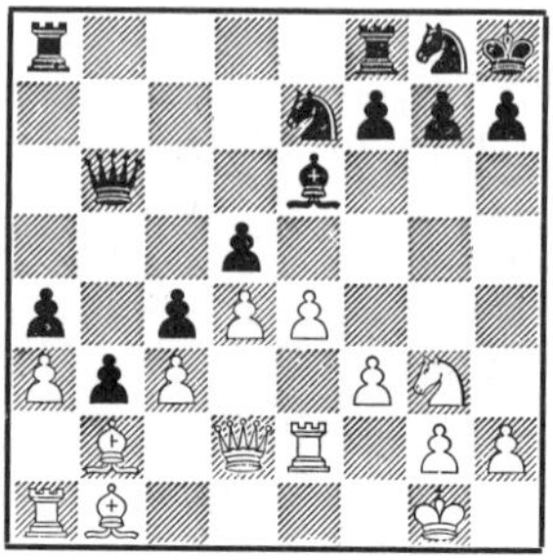

Die schwarzen Bauern sind ziemlich weit vorgerückt, aber erstens hofft Weiß, sie leicht zu blockieren, und auf absehbare Zeit ist es auch schwer zu ersehen, wie es Schwarz gelingen könnte, das Blockadenetz zu sprengen.

Zweitens hofft der Anziehende, daß es ihm gelingen wird, am Königsflügel Angriff zu erhalten.

Als Weiß sich auf diese Stellung einließ, konnte er nicht alles haargenau vorausberechnen. In solchen Stellungen versucht man, die allgemeinen Konturen des bevorstehenden strategischen Kampfes zu ergründen.

Mit seinem nächsten Zuge ging Weiß zum Angriff über.

22. Sh5 f5, 23. Dg5 Tf7, 24. ef L:f5, 25. L:f5 S:f5, 26. Tae1.

Ein „selbstverständlicher" Zug — den Damenturm so schnell wie möglich ins Spiel zu bringen. Aber besser war vorerst, mit 26. Te5! den Nachziehenden an die Verteidigung von d5 zu ketten.

26. ... Dd8! Um die Dame aus ihrer aktiven Position zu verdrängen. Ein wichtiges Verteidigungsprinzip!

27. D:d8. Auf 27. Dd2 wäre sehr unangenehm 27. ... Dh4 gefolgt.

27. ... T:d8, 28. Te8. Die Vereinfachung kommt nur dem Nachziehenden zugute. Aber auch nach dem von Euwe empfohlenen 28. Te6 behielte Schwarz die bessere Stellung.

28. ... T:e8, 29. T:e8 Te7, 30. T:e7 Sg:e7, 31. Kf2 Kg8, 32. g4.

Nach Angaben Bronsteins mußte Weiß folgendermaßen spielen: 32. Sf4 Kf7, 33. g3 Sd6, 34. Sg2 Sb5, 35. Se3. Und es wäre nicht so einfach, die weiße Stellung zu schwächen. Es war allerdings vorauszusehen, daß es Schwarz gelingen würde, zwangsläufig zu gewinnen.

32. ... Sd6, 33. Ke3 Sb5. Wie passiv noch immer der Läufer auf b2 dastehen muß!

34. f4 Sc8, 35. f5 Scd6, 36. Sf4.

Auf diese Stellung hatte sich Weiß verlassen. Aber Schwarz hat eine kleine Kombination vorbereitet.

36. ... S:a3!!, 37. L:a3 Sb5, 38. Lc1 S:c3, 39. Se2 Sb1! Weiß gab auf — da werden Bauern zu Hyänen!

Unser Praktikum

25

Weiß am Zuge

26

Schwarz am Zuge

27

Schwarz am Zuge

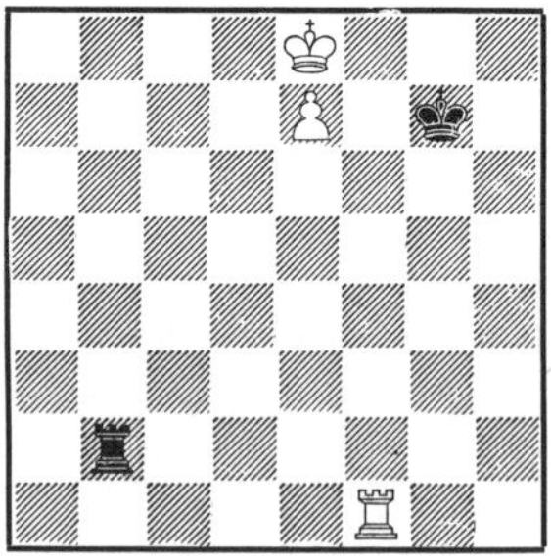
28

Schwarz am Zuge

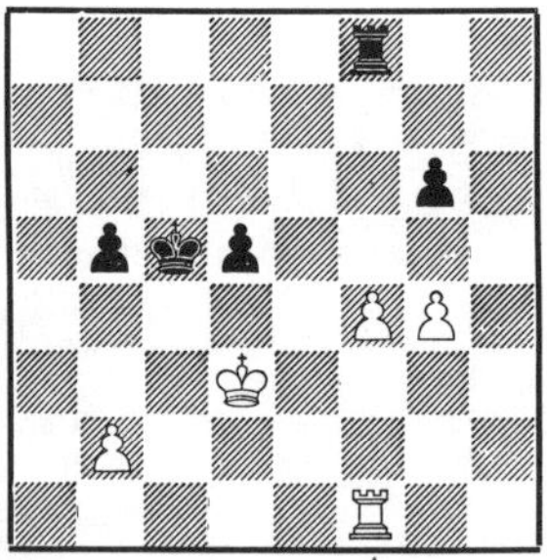
29

Weiß am Zuge

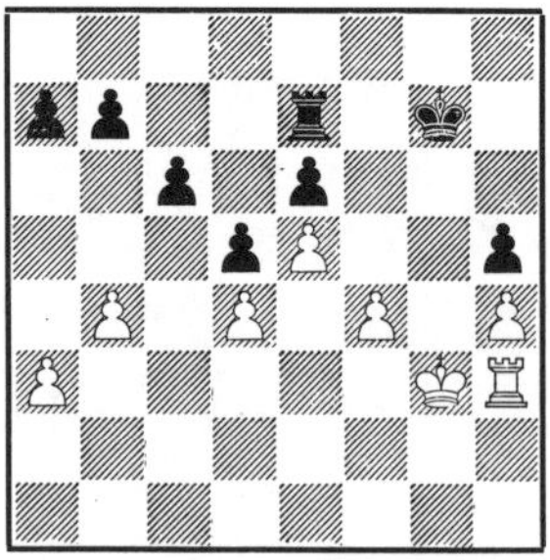
30

Weiß am Zuge

DIE 8. STUNDE

Das Hemmen einer Bauernkette

In den vorangegangenen Vorlesungen haben Sie sich überzeugen können, wie das Spiel in der Eröffnung mit dem Mittelspiel eng verbunden ist und wie das im frühen Eröffnungsstadium gebildete Bauernrückgrat, die Mobilisierung und Zentralisierung der Streitkräfte sich im darauffolgenden Mittelspiel auswirken.

Ein sehr wichtiges Kapitel ist das Problem des Hemmens einer gegnerischen Bauerphalanx. Streng genommen liegt jedem strategischen Plan folgendes zugrunde: die Demarkationslinie, die das Brett in gleiche Teile teilt, zu überschreiten und damit Raumvorteil zu erhalten. Die nächsten Aufgaben sind, mit den Figuren anschließend anzugreifen, die an Bewegungsfreiheit gehemmten Figuren an den Rand zu drücken und zu überwältigen.

Die Vorboten dieser aggressiven Strategie sind die Bauern. Sie erhalten den Auftrag, den Kampf im Zentrum zu eröffnen, sich Schritt um Schritt vorzuschieben und immer mehr Terrain dem Gegner abzukämpfen.

Darum muß man zeitig das schleichende Herannahen der Bauern mit vorbeugenden Maßnahmen unterbinden, das Vorrücken hemmen und ihm Einhalt gebieten.

Schauen wir uns vorerst an was geschieht, wenn wir das unterlassen.

Hier eine Variante der Italienischen Partie:

1. e4 e5, 2. Sf3 Sc6, 3. Lc4 Lc5, 4. c3 Sf6, 5. d4 ed, 6. cd Lb6?, 7. d5 Se7, 8. e5 Sg4, 9. d6 cd, 10. ed Sc6, 11. Lg5 Sf6, 12. 0—0.

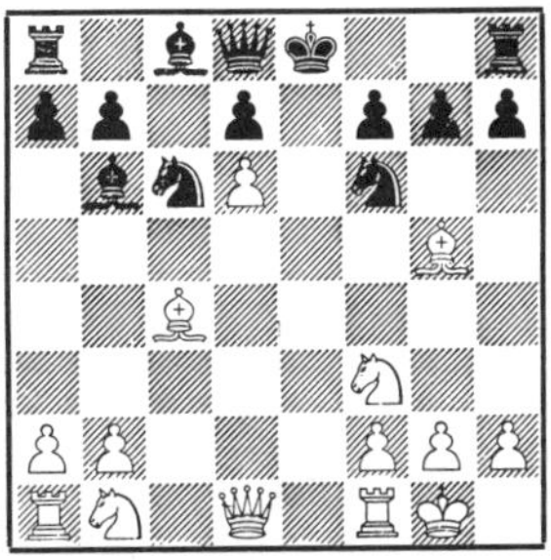

Der Drohung Sc3—d5 wegen ist die Stellung von Schwarz strategisch verloren. Außerdem ist nicht zu sehen, wie der Nachziehende die Entwicklung seines Damenflügels beenden soll.

Ein grober Fehler war 6. ... Lb6?. Mit 6. ... Lb4† (auf 7. Sc3 wird das Zentrum mit 7. ... S:e4 vernichtet)

7. … L:d2, 8. Sb:d2 d5! wird die Bauernphalanx im Zentrum zerschlagen. Nach 9. ed S:d5 hält Schwarz das Gleichgewicht.

Botwinnik — Löwenfisch

1. d4 d5, 2. c4 dc, 3. Sf3 Sf6, 4. Da4† c6, 5. D:c4 Lf5. Schwarz versucht mit Figurendruck das Vorrücken des e-Bauern zu unterbinden.

6. Sc3 Sbd7, 7. g3 Se4, 8. Lg2 Sd6. Wie Botwinnik bemerkt, muß Schwarz die Stellung auf folgende Art vereinfachen: 8. … S:c3, 9. bc Sb6, 10. Db3 Le4, 11. Se5 Ld5!, 12. L:d5 D:d5, 13. f3 und der positionelle Vorteil von Weiß ist nicht von großer praktischer Bedeutung.

9. Da4 Sb6, 10. Dd1 Dc8, 11. 0—0 Lh3.

Erweist sich als Zeitverlust. Besser war 11. … g6, und nach 12. … Lg7 übt der Läufer einen gewissen Gegendruck aus.

12. e4 L:g2, 13. K:g2 e6.

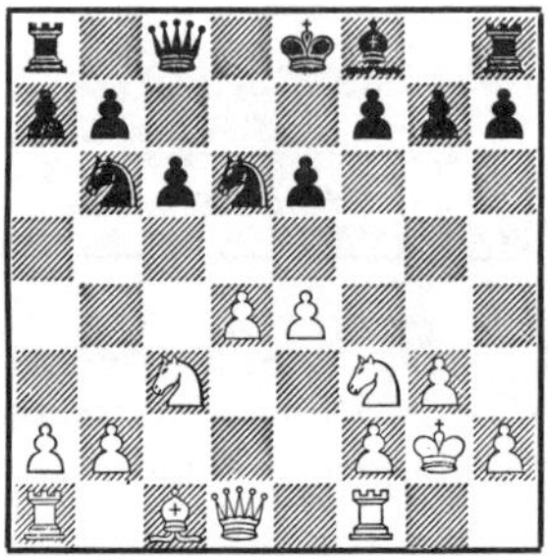

Es scheint, als sei es Schwarz gelungen, die weiße Bauernphalanx zu hemmen. Aber Weiß nutzt die ungünstige Stellung des gegnerischen Königs aus und durchbricht den Damm.

14. d5! Le7. Schwarz hat nichts besseres. Falls 14. … cd, 15. ed Le7, 16. Lf4! 0—0, 17. de usw. Zweimal mit den Bauern schlagen kann Schwarz auch nicht, da seine Königsstellung exponiert wäre.

15. e5 Sb5, 16. d6 S:c3, 17. bc Ld8. Weiß hat gewaltigen Raumvorteil und wird versuchen, neue Schwächen im gegnerischen Lager hervorzulocken.

18. Dd4 c5, 19. Dg4 Tg8, 20. De4.

In der Verteidigung ist es besonders wichtig, jedweder Schwächung der Bauern vorzubeugen, es sei denn, man wird zu schwächeren Zügen gezwungen.

20. … Th8, 21. Le3 Sd7, 22. Sd2 f5, 23. Da4 Kf7, 24. f4 a6, 25. Kg1 b5, 26. Dc2 Dc6, 27. c4 Tf8.

Die Stellung von Schwarz ist schwer; trotzdem ist es nicht einfach für Weiß, das Spiel zu öffnen.

Botwinnik meint, daß es nach 27. … b4, 28. a4 a5 nicht leicht gewesen wäre, die schwarze Stellung aufzureißen.

28. Sb3. Richtig war 28. a4! und auf 28. … b4, 29. a5! — der Läufer auf d8 wäre „lebendig begraben".

28. … b4, 29. a3 ba.

Der Nachziehende, ermüdet von der schwierigen Verteidigung, macht den entscheidenden Fehler. Es mußte 29. … a5! geschehen. Nach 30. ab ab, 31. T:a8 D:a8, 32. Df2 Lb6, 33 Ta1 Dc6 ist nicht zu sehen, wie Weiß die Stellung verstärken kann.

30. T:a3 a5, 31. Dg2! D:g2†, 32. K:g2 a4, 33. S:c5 S:c5, 34. L:c5 Tc8, 35.

Lf2 T:c4, 36. Tfa1. Jetzt fällt der Bauer. **36. ... Tc2, 37. T1a2 T:a2, 38. T:a2 Kg6, 39. T:a4 Tf7, 40. Ta8 Td7, 41. Kf3 Kf7, 42. Ke2.** Schwarz gab auf.

Bei den „alten" klassischen Verteidigungssystemen stemmte man den gegnerischen Bauern gleichfalls Bauern entgegen. Zum Beispiel: 1. d4 d5, 2. c4 c6 oder 1. d4 d5, 2. c4 e6 oder 1. e4 e5, 2. Sf3 Sc6, 3. Lb5 a6, 4. La4 Sf6, 5. 0—0 Le7, 6. Te1 b5, 7. Lb3 d6, 8. c3 0—0, 9. h3. Alle darauffolgenden Systeme, wie 9. ... Sb8—d7, oder 9. ... Sf6—d7 und Lf6, oder 9. ... Sa5, 10. Lb3 c5, 11. d4 Dc7, erfüllen vor allem den Zweck, das Vorrücken der Bauern im Zentrum zu hemmen. Schwarz hat dabei den Vorstoß d4—d5 nicht zu fürchten, weil damit die Spannung im Zentrum aufgehoben wird und er freie Hand zu Flügeloperationen erhielte.

Im Kampf gegen bewegliche Bauernketten werden heutzutage folgende Methoden angewandt:

Man läßt die gegnerischen Bauern in breiter Front auffahren in der geheimen Absicht, ihren weiteren Vormarsch durch Figurendruck zu hemmen und sie zum Angriffsobjekt zu stempeln.

Iliwitzky—Schaposchnikov

1. d4 Sf6, 2. c4 c5, 3. d5 e6, 4. Sc3 ed, 5. cd d6, 6. Sf3 g6, 7. e4 Lg7, 8. Le2 0—0, 9. 0—0 Te8, 10. Sd2 a6, 11. a4.

Ein charakteristischer Hemmungszug — Weiß will die Bildung der Bauernphalanx a6—b5—c5—d6 nicht zulassen. Allerdings muß er sich mit der Schwächung des Punktes b4 zufrieden geben.

Dieses Manöver treffen wir auch im Angenommenen Damengambit an: 1. d4 d5, 2. c4 dc, 3. Sf3 Sf6, 4. e3 e6, 5. L:c4 c5, 6. 0—0 a6, 7. a4 — um b7—b5 und Lc8—b7 zu erschweren.

11. ... b6, 12. f4 Ta7!, 13. Lf3 Tae7, 14. Te1.

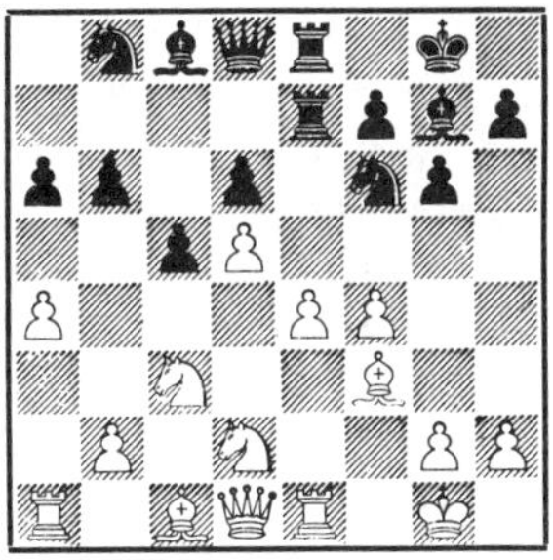

Jetzt ist das Bild klar — Weiß strebt e4—e5 an, Schwarz versucht es mit allen Mitteln zu verhindern. Aber nicht passives Verhalten ist das Ziel von Schwarz. Darum leitet er einen Gegenangriff auf dem Damenflügel ein.

14. ... b5!, 15. ab ab, 16. S:b5 La6.

Verfrüht wäre 16. ... S:d5, wegen 17. Sc4!.

17. Sc3 Ld3, 18. Ta8 Db6, 19. Db3.

Um den Druck abzuschütteln ist Weiß bereit, einen Bauern zu opfern. Nach 19. ... D:b3, 20. S:b3 Lc4, 21. Sa5 L:d5, 22. S:d5 S:d5, 23. T:b8 T:b8, 24. Sc6 Tb6, 25. S:e7† S:e7, 26. Se2 könnte Weiß mit seinen zwei Läufern hartnäckigen Widerstand leisten. Aber Schwarz beabsichtigt die Stellung seiner Figuren zu verbessern.

19. ... Sfd7, 20. D:b6 S:b6, 21. Ta3 Ld4†, 22. Kh1 c4!, 23. Td1. Es drohte schon L:c3 und S:d5.

23. … L:c3, 24. T:c3 S:d5!. Dennoch! **25. S:c4 S:c3, 26. T:d3 S:e4, 27. Le3 Tc7.**

Die Strategie des Nachziehenden hat den Sieg davongetragen.

28. b3 Sa6, 29. Lb6 Tc6, 30. Lg1 Sac5, 31. Te3 S:b3, 32. Se5.

Zum Verlust führt auch 32. S:d6 Sf2†, 33. L:f2 Tc1†, 34. Lg1 T:e3.

32. … de, 33. T:e4 Tc1, 34. T:e5 T:e5, 35. fe Sd4, 36. h3 S:f3, 37. gf Te1, 38. f4 Tf1, 39. Kg2 T:f4, 40. Lh2 Ta4, 41. Kf3 Ta3†, 42. Kg4 Kg7, 43. h4 h5†, 44. Kg5 Tf3, 45. Lf4 Tf1. Weiß gab auf.

Auch im folgenden Beispiel „erlaubte" der Nachziehende dem Gegner, das Zentrum einzunehmen. Seine Zielsetzung war:

1. Den Wirkungsbereich des Läufers g7 zu vergrößern;
2. die Bauernstellung im Zentrum zu schwächen und
3. die Elastizität des Zentrums zunichte zu machen und es festzulegen.

Kan—Awerbach

1. d4 Sf6, 2. c4 g6, 3. Sc3 d5, 4. Sf3 Lg7, 5. Db3 dc, 6. D:c4 0—0, 7. e4 Sa6, 8. Le2 c5, 9. d5 e6, 10. 0—0 ed,

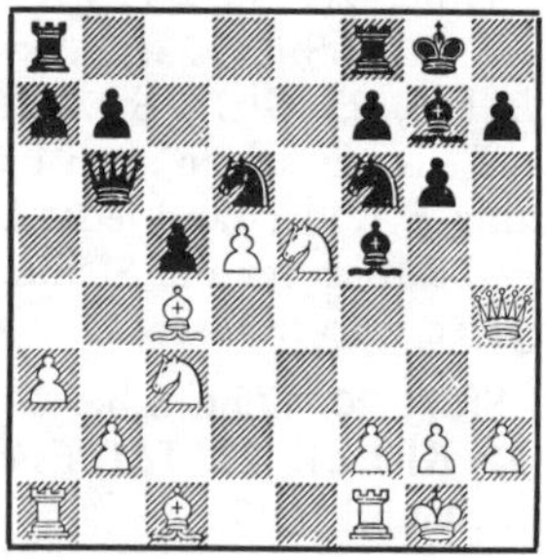

11. ed Db6, 12. a3 Lf5, 13. Dh4 Sc7!, 14. Lc4 Sce8!, 15. Se5 Sd6!.
Schwarz hat seinen Plan durchgeführt.

16. La2 Tfe8, 17. Sc4. Weiß möchte die Blockadefigur abtauschen; doch der zweite Springer nimmt ihre Stelle ein.

17. … S:c4, 18. D:c4 Se4, 19. Le3 Tac8, 20. Lb1 Sd6!, 21. De2 Ld4!, 22. Kh1 L:b1, 23. Ta:b1 Sf5, 24. Df3 S:e3, 25. fe T:e3 und Schwarz gewann schnell.

Auch in der Aljechin-Verteidigung sehen wir dasselbe Bild — im frühen Partiestadium erlauben wir dem Gegner, die Demarkationslinie zu überschreiten und ein breit angelegtes Bauernzentrum zu schaffen.

Aber das lassen wir mit Absicht zu. Denn dieses Zentrum verwandeln wir in ein Angriffsobjekt!

1. e4 Sf6, 2. e5 Sd5, 3. d4 d6!, 4. c4 Sb6, 5. f4 de, 6. fe Sc6, 7. Le3 Lf5, 8. Sc3 e6, 9. Sf3 Dd7, 10. Le2 0—0—0.

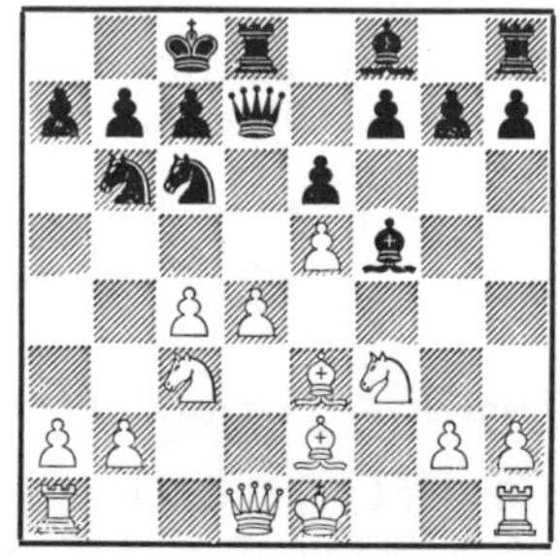

Jetzt wird die strategische Idee des Nachziehenden klar: Gegendruck gegen den Bauern d4. Die Praxis hat jedoch gezeigt, daß im weiteren Verlauf des Mittelspiels Weiß dennoch die Oberhand behält: **11. 0—0 f6, 12. d5 S:e5, 13. S:e5 fe, 14. Db3.** Vom Gegenangriff gegen d4 ist keine Spur! **14. ... Kb8, 15. c5 S:d5, 16. c6!** mit entscheidendem Angriff (eine Variante des sowjetischen Theoretikers Argunov).

In der modernen Meisterpraxis trifft man die Aljechin-Verteidigung immer seltener an. Die Modernen erlauben sich, gegen die klassischen Prinzipien zu verstoßen; aber nur wenn sie einen positionellen Gegenwert im Auge haben. In der Aljechin-Verteidigung erweist sich die Kompensation in der Praxis (jedenfalls in der angeführten Variante) als nicht ausreichend.

In der folgenden Partie gestattete der Nachziehende dem Gegner, ein Bauernzentrum aufzubauen und unterließ, es zu hemmen. Er erlaubte ihm sogar, die Demarkationslinie zu überschreiten. Doch alles geschah in „provokatorischer" Absicht. Schwarz erhielt einen positionellen Gegentrumpf — die Beherrschung der Diagonale h1—a8 und Kontrolle über die e-Linie; kein Wunder, daß die Partie sehr scharf verlief.

Geller—Smyslov.

1. d4 Sf6, 2. c4 g6, 3. Sc3 d5, 4. cd S:d5, 5. e4 S:c3, 6. bc Lg7, 7. Lc4 c5,

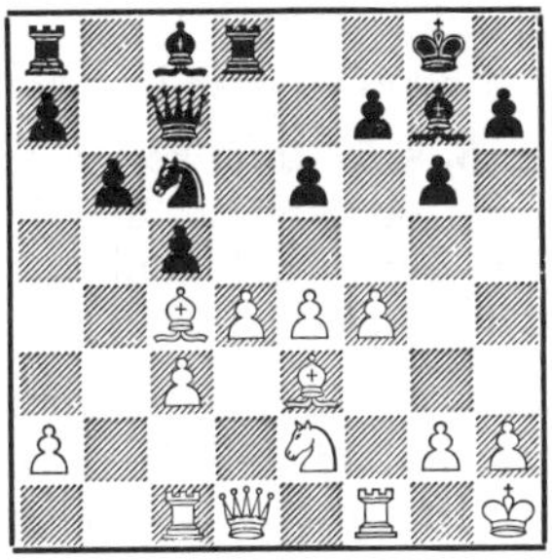

8. Se2 0—0, 9. 0—0 Sc6, 10. Le3 Dc7, 11. Tc1 Td8, 12. f4! e6, 13. Kh1 b6!?.

Schwarz konnte das weitere Vorrücken der Bauernphalanx mit 13. ... Sa5, 14. Ld3 f5 hemmen. Obwohl Weiß nach 15. ef gf, 16. Sg3 vielleicht besser steht, war das der verhältnismäßig beste Plan. Der Kampf steht jedoch, wie gesagt, im Zeichen des Kompensationsprinzips!

14. f5! Sa5. Das Bauernopfer darf Schwarz nicht annehmen. Nach 14. ... ef konnte folgen: 15. Lg5! Te8, 16. d5 Se5, 17. d6 Dd7, 18. Ld5 Lb7, 19. ef usw.

15. Ld3 ef, 16. ef. So! Die Diagonale ist geöffnet! **16. ... Lb7, 17. Dd2 Te8.** Auch die e-Linie wird mit Beschlag belegt.

18. Sg3 Dc6, 19. Tf2 Tad8.

Aber wo sind die Gegentrümpfe des Anziehenden?

20. Lh6 Lh8, 21. Df4!. Da haben wir's — Druck auf der f-Linie, beengte Stellung des schwarzen Königs. Vielleicht hat Schwarz unterschätzt, daß der Turm f2 nicht nur angreift, sondern auch gleichzeitig den kritischen Punkt g2 deckt.

21. ... Td7. Scheinbar eine logische Reaktion — den Punkt f7 muß man schützen. Aber mit seinem nächsten Zug beweist Weiß, daß die Stellung reif zur gewaltsamen Umwandlung der Werte ist.

22. Se4! c4?. Derartige Spannungen aufzuheben (ohne fest umrissenen Plan!) sollte man besser unterlassen.

Geller erwartete 22. ... Dc7 und beabsichtigte 23. Te1! L:e4, 24. T:e4 T:e4, 25. D:e4 zu spielen, mit guten Aussichten.

23. Lc2 Tde7, 24. Taf1! T:e4.

25. fg!.

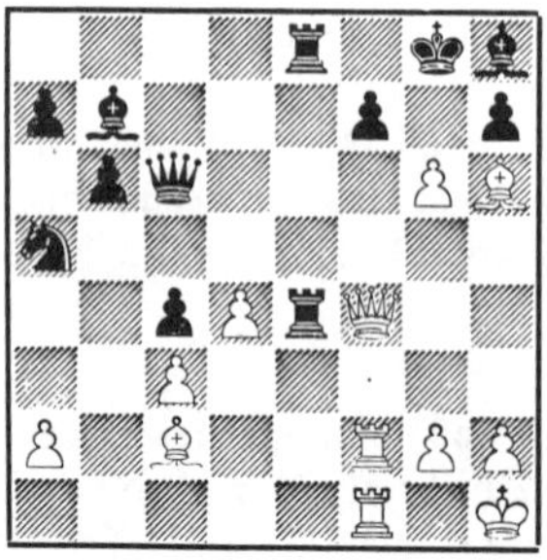

Der strategische Plan des Weißen erwies sich als der gefährlichere, weil die unsichere schwarze Königsstellung taktische Maßnahmen ermöglicht.

Wie schon an anderer Stelle gesagt: mancher gesunde strategische Plan scheitert an einer unerwarteten taktischen Finesse!

25. ... f6. Es geht nicht 25. ... T:f4 wegen 26. gh‡. Selbstverständlich konnte Schwarz beim Entwerfen seines strategischen Planes nicht alles voraussehen. Aber haftet nicht am Unerwarteten, an der Zweischneidigkeit, die abenteuerliche Romantik im Schach? Wäre nicht unser schönes Spiel fade, wenn man alles voraussehen und alles stimmen würde wie 2 × 2 = 4?

Übrigens: auf 25. ... D:g6 gewinnt Weiß mit 26. D:f7†.

26. Dg5! Dd7, 27. Kg1.

Nach diesem vorbeugenden Königszug hat Schwarz nichts mehr zu hoffen.

Es folgte noch: **27. ... Lg7, 28. T:f6 Tg4, 29. gh† Kh8, 30. L:g7† D:g7, 31. D:g4.** Schwarz gab auf.

Unsere Ausführungen wären nicht vollständig, würdigten wir nicht das Verdienst Aaron Nimzowitschs, besonders im Hinblick auf die Hemmung der Bauernphalanx.

Die Vorgänger Nimzowitschs stellten die Regel auf, nur das Bauernzentrum sei imstande, die Aggressivität der feindlichen Bauernphalanx zu hemmen.

Nimzowitsch war der erste Großmeister, der behauptete, daß es auch mit Figurendruck möglich sei, das gegnerische Zentrum in Schach zu halten. Seine These verteidigte Nimzowitsch mit Erfolg in der folgenden Partie.

Nimzowitsch—Salwe

1. e4 e6, 2. d4 d5, 3. e5.

Ein durchgreifendes Mittel, die Aufstellung des Nachziehenden festzulegen. Schwarz wird vor allem die Basis des Vorpostens e5, also den Bauern d4, zu untergraben versuchen und alsdann den Bauern e5 selbst angreifen.

3. ... c5, 4. c3 Sc6, 5. Sf3 Db6, 6. Ld3 Ld7.

Der Bauer d4 ist „vergiftet“: 6. ... cd, 7. cd S:d4?, 8. S:d4 D:d4, 9. Lb5† usw.

7. dc!. Eine neue fabelhafte Idee. Weiß ist nicht gewillt, sich krampfhaft an das Behaupten des Bauernzentrums zu klammern! Er will das gegnerische Zentrum mit Hilfe eines starken Figurendruckes vollständig hemmen.

7. ... L:c5, 8. 0—0 f6. Es hat den Anschein, als ob Schwarz alle Schwierigkeiten mit der Liquidierung des Vorpostens überwindet.

9. b4 Le7, 10. Lf4! fe, 11. S:e5 S:e5, 12. L:e5 Sf6, 13. Sd2 0—0, 14. Sf3 Ld6, 15. De2 Tac8, 16. Ld4 Dc7, 17.

Se5 Le8, 18. Tae1. Weiß hat mit den Figuren das Zentrum blockiert. Jeder Versuch, sich von der Hemmung zu befreien, scheitert. Allerdings hat Schwarz die offenen Linien (f und c) besetzt, aber infolge der zentralisierten Stellung der weißen Figuren ist ihr Einfluß ohne praktischen Nutzen.

18. ... L:e5. Der Springer war zu gefährlich. **19. L:e5 Dc6, 20. Ld4 Ld7, 21. Dc2!.**

Zentralisierung ist nicht Selbstzweck. Es ist Zeit, den Schwerpunkt auf den Flügelangriff zu verlegen.

21. ... Tf7, 22. Te3! Neue Reserven! **22. ... b6, 23. Tg3 Kh8.**

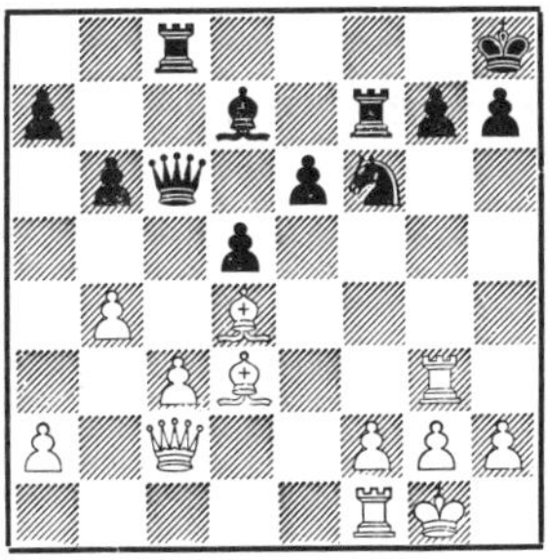

24. L:h7! e5!?. Endlich wird der Blokkadering durchbrochen, aber der Königsflügel des Nachziehenden ist schon geschwächt. Nicht gut wäre 24. ... S:h7 wegen 25. Dg6.

25. Lg6 Te7, 26. Te1 Dd6, 27. Le3 d4, 28. Lg5 T:c3, 29. T:c3 dc, 30. D:c3 Kg8, 31. a3 Kf8, 32. Lh4 Le8, 33. Lf5 Dd4, 34. D:d4 ed, 35. T:e7 K:e7, 36. Ld3 Kd6, 37. L:f6 gf, 38. Kf1 Lc6, 39. h4. Schwarz gab auf.

Nimzowitschs Ideen haben in der heutigen Meisterpraxis festen Fuß gefaßt. Die nach seinem Namen benannte Verteidigung gehört heutzutage zu den beliebtesten.

In der folgenden Partie versucht Schwarz lange, durch Figurendruck das Gleichgewicht im Zentrum zu behaupten, aber nach einigen Unterlassungen zieht er den kürzeren.

Taimanov — Spassky

1. d4 Sf6, 2. c4 e6, 3. Sc3 Lb4, 4. e3 c5, 5. Ld3 d5, 6. Sf3 0—0, 7. 0—0 dc, 8. L:c4 b6.

Er überläßt den Figuren die Aufgabe, mit der Hemmung des gegnerischen Zentrums allein fertig zu werden.

9. a3 L:c3. Der Springer wird getauscht, weil er eine große Rolle im Kampf ums Zentrum spielt. Die Aufgabe des Läuferpaars ist vorläufig nicht ausschlaggebend, jedenfalls ist die Hemmung des Zentrums viel wichtiger. Dennoch war präziser 9. ... cd. **10. bc Lb7, 11. Te1.** Er will e3—e4 durchführen. **11. ... Sbd7, 12. Ld3 Le4.**

Ein schwächerer Zug, der nicht so einfach zu widerlegen ist. Nach 12. ... Se4, 13. Lb2 Dc7 hätte Weiß es nicht

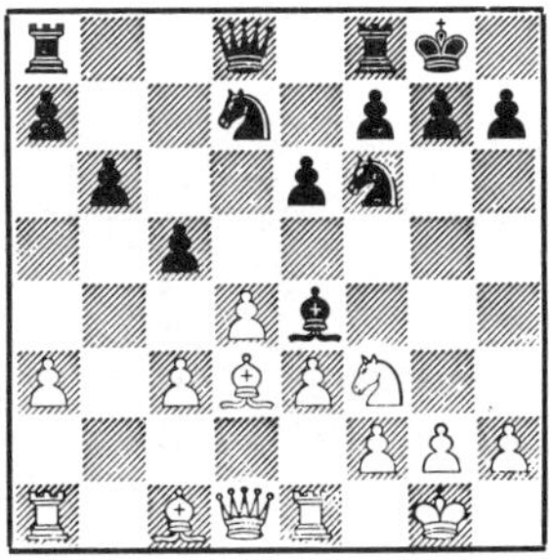

leicht, seine Bauernphalanx im Zentrum in Bewegung zu setzen.

13. Lf1!. Der Läufertausch hätte die Aufgabe des Nachziehenden nur erleichtert.

13. ... Dc7, 14. Sd2 Lg6, 15. Lb2 Se4, 16. f3! S:d2, 17. D:d2 e5, 18. e4 Tfd8.

Das weitere Vorrücken des e-Bauern ist gehemmt, aber Weiß erhält im Zentrum einen starken Freibauern.

19. Df2 f6, 20. a4!.

Schafft dem Gegner eine neue Schwäche auf dem Damenflügel und öffnet die a-Linie.

20. ... Lf7, 21. d5!.

Weiß blockiert das Zentrum, um ungestört an beiden Flügeln „arbeiten" zu können.

21. ... Sf8, 22. c4 Sg6, 23. Ta3 Le8, 24. a5 Tab8, 25. ab ab, 26. Tea1.
Die offene Linie ist besetzt. Weiß versucht auch auf dem Königsflügel, die gegnerischen Figuren zu zerstreuen.

26. ... Ld7, 27. h4! Dd6, 28. g3 Tf8, 29. h5 Sh8, 30. Ta7 Sf7, 31. Lc1 h6, 32. T1a3 Sg5, 33. Lg2 Sf7.

Schwarz trollt planlos hin und her — das erste Anzeichen, daß er völlig überspielt ist.

34. Le3 Tfd8, 35. Tb3. Ein neues Angriffsobjekt wird entdeckt. **35. ... Lc8, 36. Da2 Ld7, 37. Kh2 Sg5, 38. Db2 b5.**

Dieses verzweifelte Opfer erleichtert die schwarze Stellung nicht.

Es folgte noch: **39. cb c4, 40. Tb4 Tdc8, 41. b6 c3, 42. Db3 c2, 43. Tc4 T:b6, 44. T:c8† L:c8, 45. D:c2 Tb8, 46. L:g5!.** Schaltet einen „Eventualblockeur" aus. **46. ... hg, 47. Dc6! Dd8, 48. d6 Le6, 49. Te7 Lf7, 50. Dc7 Tc8, 51. T:f7! T:c7, 52. dc Da8, 53. Td7.** Aufgegeben.

Eine besonders lehrreiche Positionspartie!

Unser Praktikum

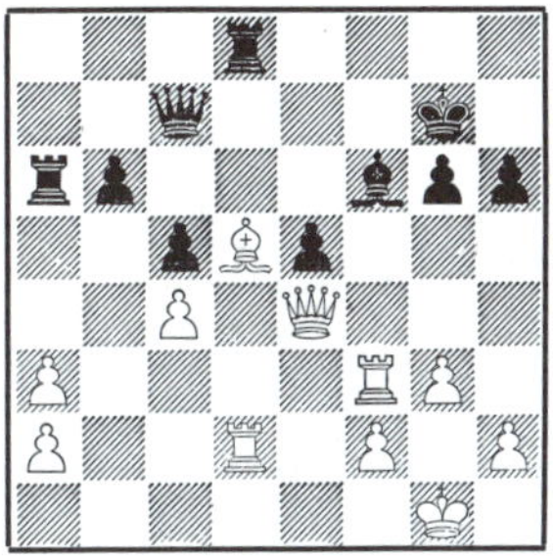

31

Weiß am Zuge

32

Schwarz am Zuge

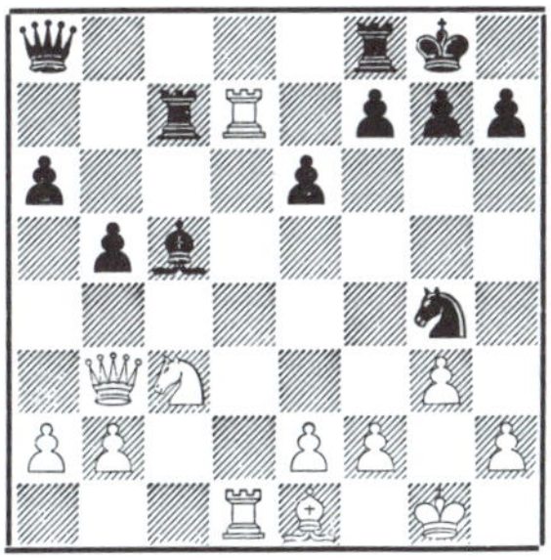

33

~~Weiß~~ am Zuge

Schwarz

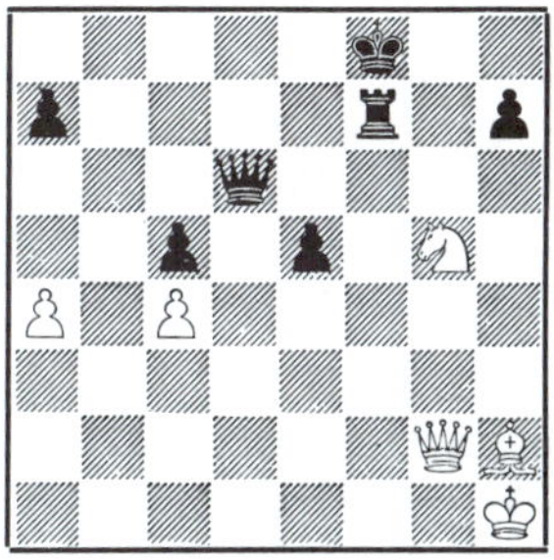

34

Weiß am Zuge

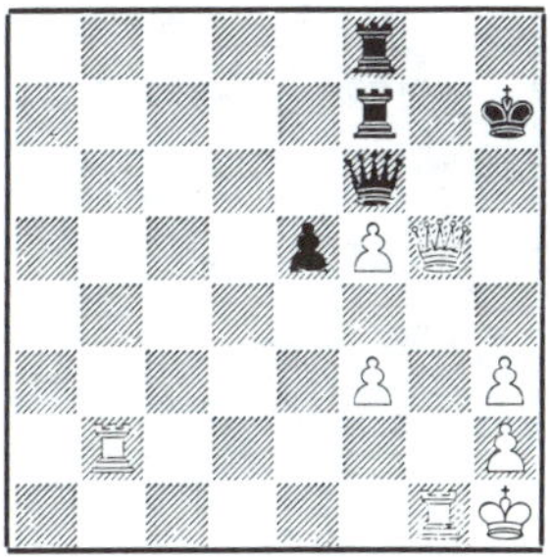

35

Weiß am Zuge

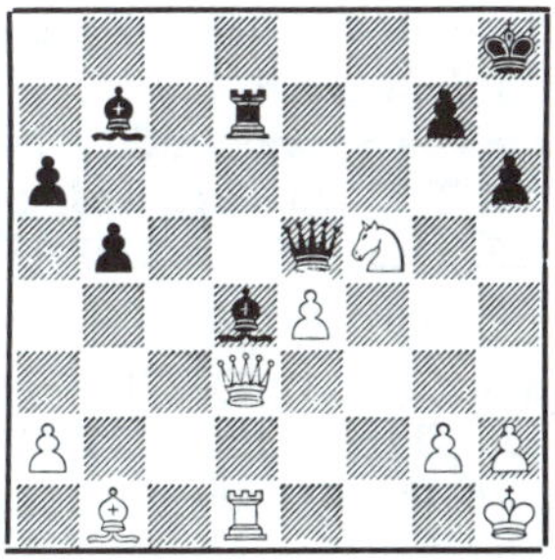

36

Schwarz am Zuge

DIE 9. STUNDE

Die Fesselung

Das Prinzip der Fesselung haben wir schon nebenbei berührt. Es bleibt noch übrig, die große Bedeutung der Fesselung in der praktischen Partie genauer zu zeigen.

Ein klassisches Beispiel der Fesselung in diagonaler und vertikaler Richtung bietet folgende Partie.

Aljechin—Nimzowitsch

1. e4 e6, 2. d4 d5, 3. Sc3 Lb4, 4. e5 c5, 5. Ld2 Se7, 6. Sb5 L:d2†, 7. D:d2 0—0, 8. c3 b6, 9. f4 La6, 10. Sf3 Dd7, 11. a4 Sbc6, 12. b4! cb, 13. cb Lb7, 14. Sd6 f5, 15. a5 Sc8, 16. S:b7 D:b7, 17. a6 Df7, 18. Lb5 S8e7, 19. 0—0 h6, 20. Tfc1 Tfc8, 21. Tc2 De8.

Eine Fesselung muß man versuchen so schnell wie möglich abzuschütteln. Aber in diesem Fall hätte 21. ... Sd8 die Lage von Schwarz nicht erleichtert: 22. Tac1 T:c2, 23. T:c2 Tc8, 24. T:c8 S:c8, 25. Dc3 Se7, 26. Dc7 mit großem Positionsvorteil.

22. Tac1 Tab8, 23. De3 Tc7, 24. Tc3! Dd7, 25. T1c2 Kf8, 26. Dc1 Tbc8. 27. La4!. Den entscheidenden Schlag wird der b-Bauer ausführen. **27. ... Ke8, 28. h4!.** Aufgegeben.

Schwarz hat keinen vernünftigen Zug — er befindet sich im Zugzwang.

Im folgenden Beispiel l o c k t e Weiß den Nachziehenden in eine gefährliche Fesselung.

Aljechin—Chajes

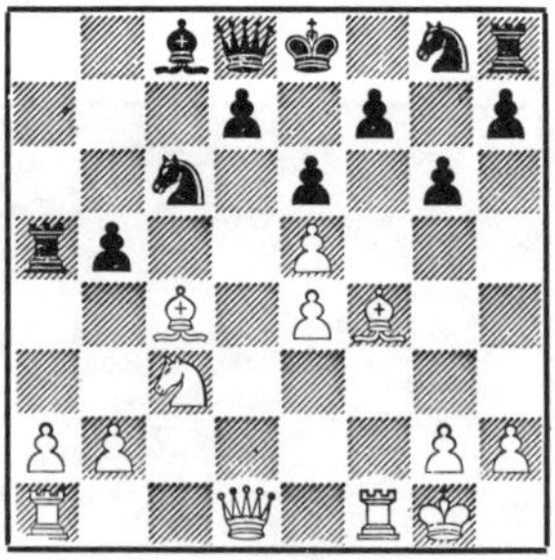

13. b4! Db6†, 14. Kh1 S:b4, 15. S:b5 T:b5, 16. L:b5 D:b5, 17. Tb1!.

Von dieser Fesselung kann sich Schwarz einfach nicht befreien. Im Falle von 17. ... Da5 wird der Springer mit 18. Ld2 gefesselt, auf 17. ... Dc4 folgt 18. Da4, und 17. ... Dc5 geht nicht wegen 18. Tc1.

17. ... La6, 18. Dd6! f6, 19. Tfc1 Dd3, 20. T:b4 g5, 21. Td4 Db5, 22. a4! Db7, 23. Tc7 Db1†, 24. Td1. Schwarz gab auf.

Ebenfalls im Zeichen der Fesselung verlief der strategische Kampf in der folgenden Partie.

1. e4 e5, 2. Sf3 Sc6, 3. Lb5 a6, 4. La4 Sf6, 5. Sc3 Lb4, 6. 0—0 0—0, 7. d3 d6, 8. Lg5 L:c3, 9. bc.

Schlechter—Tarrasch

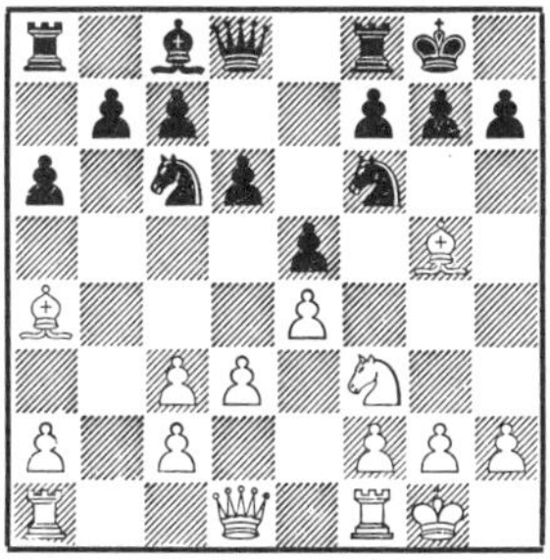

Die Fesselung des Springers f6 verspricht Weiß eine gewisse Initiative. Darum wird Schwarz vor allem versuchen, sich von dieser Bindung zu befreien.

9. ... De7. Mit der Idee, Sd8—e6—f4—g6 zu spielen.

10. Te1 Sd8, 11. Sd2! Weiß beabsichtigt, den Springer nach d5 zu bringen und den Druck gegen f6 zu verstärken. Er möchte den Gegner allzugern herausfordern, den Zug g7—g5 zu machen.

11. ... Se6, 12. Lh4 Sf4, 13. Sf1 h6?. Er fällt herein. Er mußte sich mit 13. ... Sg6, 14. Lg5 h6 von der Fesselung befreien.

14. d4 g5.

Schwarz hat sich von der Bindung rücksichtslos befreit, und zwar auf Kosten der Schwächung des Königsflügels. Jetzt wird Weiß bestrebt sein, diesen Umstand auszunutzen. Die Fesselung hat mithin ihre Aufgabe, den Gegner einzuschränken, erfüllt.

15. Lg3 Sh7, 16. c4 c6, 17. c3 b5, 18. cb ab, 19. Lb3 Le6, 20. Dd2 Da7, 21. Tab1 Kh8, 22. f3 Tg8.

Schwarz hat es schwer, einen richtigen Plan zu fassen; er verhält sich vorläufig abwartend.

23. Kh1 Dc7, 24. Lf2 Tac8, 25. Se3 Ta8, 26. Tbd1 Tgd8, 27. L:e6 fe, 28. Sg4 Kg7, 29. Le3 Sf6, 30. S:f6 K:f6, 31. g3 Sg6, 32. f4! Der Königsflügel wird aufgerissen. **32. ... ef, 33. gf gf, 34. L:f4 S:f4, 35. D:f4† Kg7, 36. Tg1† Kh7.** Jetzt konnte Weiß mit einem taktischen Schlag die Partie sofort zu seinen Gunsten entscheiden: 37. Td3! mit der undeckbaren Drohung 38. D:h6†! K:h6, 39. Th3‡. Er spielte aber 37. Df6 und gewann im 49. Zuge.

Manchmal überschätzen in derartigen Stellungen auch große Meister die

Keres—Botwinnik

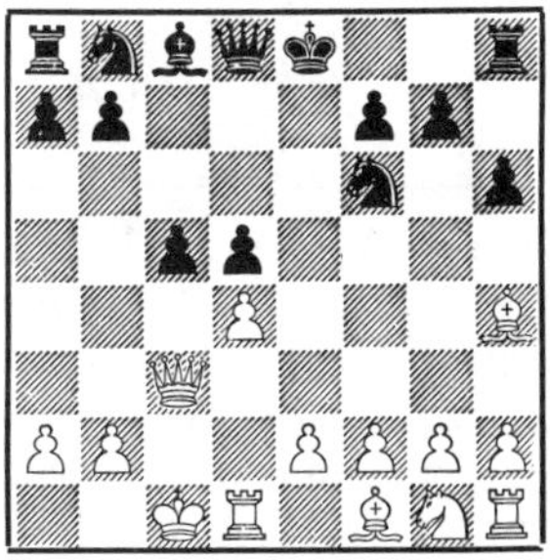

Wirkung der Fesselung und meinen, der Gegner werden den Abdrängungszug g7—g5 nicht „riskieren".

Schwarz spielte dennoch: **9. ... g5!.** Der Springer wuß erhalten bleiben, um das Zentrum zu schützen. Selbstverständlich schwächt der Textzug die Königsstellung; aber der Kampf am entgegengesetzten Flügel entbrennt mit einer derartigen Gewalt, daß Weiß einfach nicht dazu kommt, diese Schwächung auszunutzen.

10. Lg3 cd!, 11. D:d4 Sc6, 12. Da4 Lf5, 13. e3 Tc8, 14. Ld3 Dd7, 15. Kb1. Es drohte das Abzugschach. Weiß wird in eine Fesselung hineingezerrt.

15. ... L:d3, 16. T:d3 Df5, 17. e4. Die einzige Möglichkeit, schweren materiellen Verlusten vorzubeugen.

17. ... S:e4, 18. Ka1 0—0. Auf 18. ... Sc5 wäre der Zwischenzug 19. Te3† lästig. **19. Td1 b5!, 20. D:b5 Sd4, 21. Dd3 Sc2†, 22. Kb1 Sb4!.** Weiß gab auf.

Matanović—Taimanov

Weiß konnte 14. Se4 spielen und nach 14. ...S:e4, 15. L:e4 stünden die Spiele gleich. Er setzte jedoch schablonenhaft fort: **14. Lg5.** Ein „normaler" Zug — was kann man dagegen einwenden? Er entwickelt den Damenflügel und fesselt den schwarzen Springer. Weiß ließ jedoch eine bestimmte Eigenart der Stellung außer acht.

14. ... h6, 15. Lh4?. Unter dem psychologischen Eindruck gespielt, auf keinen Fall die Fesselung aufzuheben! Noch war es nicht zu spät, 15. Le3 zu spielen.

15. ... g5!, 16. d5. Jetzt erst merkt er die Tücke in der Stellung: es geht nicht 16. Lg3 wegen L:g3, 17. fg S:d4!.

16. ... Sa5, 17. Da4 Ld7!, 18. Dc2. Es stellt sich heraus, daß 18. D:a5 sofort zum Verlust führt wegen b6! Schwarz nutzt geschickt die Situation zur günstigen Umgruppierung seiner Kräfte aus.

18. ... gh, 19. b4 De7, 20. ba De5, 21. Kf1 Tae8, 22. Sg1 Dh2, 23. Lf5 Kh8! Er will die g-Linie ausnutzen. Der Doppelbauer auf der h-Linie erweist ihm gute Dienste!

24. L:d7 Tg8!, 25. Lg4.

Ein schönes Matt würde auf 25. L:e8 folgen: 25. ... D:g2†, 26. Ke2 T:e8†, 27. Kd3 Dg6†, 28. Kd2 Lf4‡.

25. ... S:g4, 26. Te1. Auch 26. hg, Tg4:, 27. f3 verliert wegen 27. ... Lc5.

26. ... Sf6, 27. T:e8 D:g2†, 28. Ke2 T:e8†, 29. Kd3 Dg6†, 30. Kd2 Lf4†, 31. Kd1 D:g1‡.

★

Ein energischer Gegenangriff kann die Wirkung einer Fesselung ad absurdum führen. Zur Erläuterung ein elementares Beispiel aus der Eröffnung: 1. e4 e5, 2. Sf3 d6, 3. Lc4 Lg4, 4. Sc3 h6?, 5. S:e5! L:d1, 6. Lf7:† Ke7, 7. Sd5‡, das „Seekadettenmatt".

Man darf nicht vergessen, daß bei der Fesselung die Wirkung der Figur oder des Bauern erheblich verringert und sogar teilweise aufgehoben wird. Um den Gegner in eine solche Bindung hineinzuziehen, sind die sogenannten Hineinziehungsopfer häufig ein effektvolles Mittel.

Bronstein—Sergejev

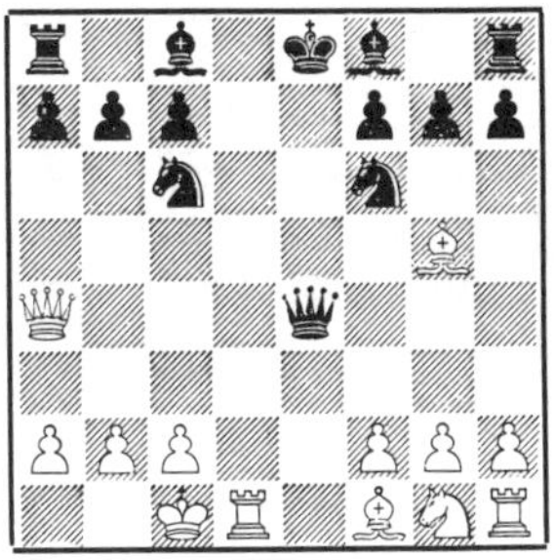

1. Td8†!! K:d8, 2. D:e4.

Löwenfisch—Fahrni

Nichts ergibt 1. L:h7† S:h7, 2. D:e7 S:e7, 3. T:e6 Sc6. Darum spielt Weiß vorerst **1. Lf5!**, um nach **1. ... Sd8** die ungeschützte Stellung der Dame wirkungsvoller auszunutzen.

2. L:h7† Kf7, 3. g4! Ke8. Es drohte einfach 4. g5.

4. Lf5 Kd7, 5. T:e6!

Interessant, daß nur dieser taktische Witz (selbstverständlich ohne Humor für den Nachziehenden) den Vorteil festhält. Methodische Verstärkung des Druckes mit 5. Te2 Dd6, 6. Tfe1 L:f5, oder 5. L:e6 S:e6, 6. Te2 Dd6, 7. Tfe1 Te8 hätte nichts ergeben.

5. ... S:e6, 6. Te1 Dc5, 7. T:e6 und Weiß gewann leicht.

Im folgenden Beispiel hindert die Fesselung den Springer, seinen König erfolgreich zu schützen.

Kotov—Keres

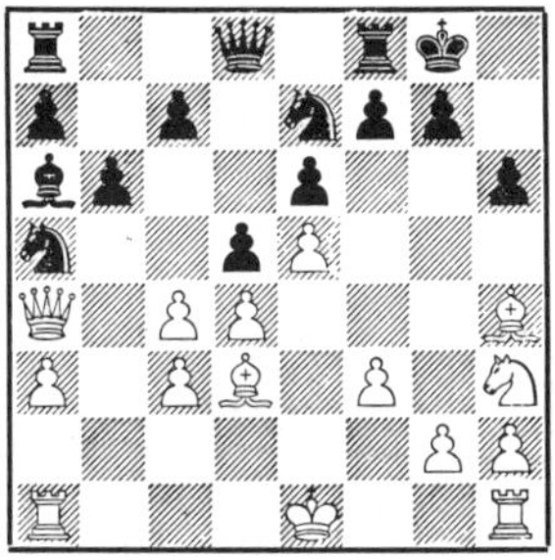

14. Lb1! Mit der schrecklichen Drohung 15. Dc2. Schwarz versucht die Diagonale sofort zu schließen und spielt:

14. ... g5, 15. Dc2 Sg6, 16. Sf4!!. Die berühmte Kreuzfesselung. **16. ... gh.**

Falls 16. ... De8, dann 17. Sh5 Dc6, 18. cd ed, 19. Lg3 nebst dem prosaischen h2—h4.

17. S:g6 Te8, 18. Sh8!! Te7, 19. Dh7† Kf8. Die Flucht des Königs verzögert nur den Kampf.

20. f4! S:c4, 21. f5. Linienöffnung! **21. ... ef, 22. 0—0 Lc8, 23. L:f5 L:f5, 24. T:f5 Ke8, 25. T:f7 Kd7, 26. Df5† Kc6, 27. Df6† Kd7, 28. e6† Kc6, 29. T:e7 D:h8, 30. T:c7†! Kb5, 31. De7 a5, 32. Dd7† Ka6, 33. Tb1.** Aufgegeben.

Unser Praktikum

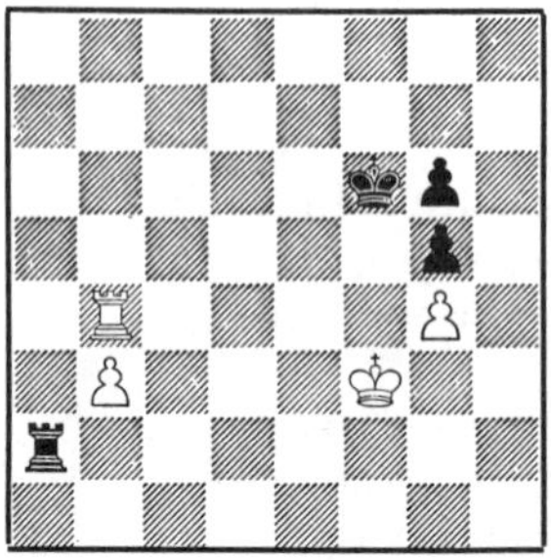

37

Weiß am Zuge

38

Schwarz am Zuge

39

Weiß am Zuge

40

Weiß am Zuge

41

Weiß am Zuge

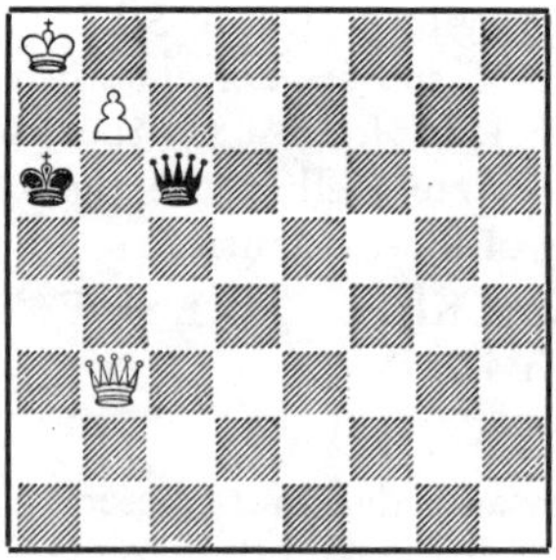

42

Weiß am Zuge

DIE 10. STUNDE

Was ist relativ am wertvollsten?

Jeder Praktiker weiß, daß eine Dame zwei Türmen gleichwertig ist. Eine Leichtfigur und ein oder zwei Bauern kompensieren den Verlust des Turmes, drei Bauern den einer Leichtfigur, Läufer und Springer sind einander gleichwertig.

Aber diese Wertungstabelle dürfen wir nicht als unumstößliche Formel auffassen. Sie kann uns beim Tausch nur ungefähre Anhaltspunkte geben. Die Figuren befinden sich immer in Bewegung, wirken hier stärker, da wiederum schwächer, greifen plötzlich an und werden unerwartet in die Verteidigung zurückgedrängt. Deshalb schwankt der relative Wert der Figuren.

Auf Grund großer praktischer Erfahrung ist es gelungen, einige Gesetzmäßigkeiten herauszuschälen, die hauptsächlich strategischer Natur sind. Bei rein kombinatorischen Geschehnissen treffen wir eine noch grundlegendere völlige Umwertung der materiellen Werte an.

Der Gegenwert für die Dame

Ehe wir einige Beispiele vorführen, wollen wir uns klarmachen:

Der relative Wert der Figuren hängt von der bestimmten Eigenart der Position ab, inwiefern die oder jene Figur oder eine Gruppe von Kampfeinheiten aktiv postiert sind.

Zwei Türme sind stärker als die Dame in folgenden Fällen:

1. Falls die Mehrzahl der Figuren abgetauscht und es möglich ist, einen Angriff gegen den König einzuleiten.
2. Wenn sich ihnen ein weit vorgeschrittener Freibauer hinzugesellt.

Hierzu zwei Illustrationen.

Panov—Bontsch-Osmolovsky

Weiß spielte **27. ab** und Schwarz antwortete **27. ... L:b6** (besser war 27. ... ab). Nach **28. L:b6 T:b6, 29.**

D:b6! ab, 30. T:a8† Kh7 wurde die Stellung von Schwarz hoffnungslos, weil die Türme die siebente Reihe eroberten und es der einsamen Dame nicht gelingen wollte, einen Gegenangriff einzuleiten.

31. Tdd8 g5, 32. Td3 Dc5, 33. Ta7 Dc4, 34. Tdd7 D:e4. Man muß in Betracht ziehen, daß nach 34. ... Kg6, 35. T:f7 D:f7, 36. T:f7 K:f7 der Übergang ins Bauernendspiel Selbstmord bedeutet. Mit seinem letzten Zug hegt Schwarz die Hoffnung, zum ewigen Schach zu kommen.

35. T:f7 Kh6, 36. T:g7 Db1†.

Lehrreich, wie sich Weiß dem Schach entzieht nach: 36. ... De1†, 37. Kg2 De4†, 38. Kh2 Df4†, 39. Kg1! Dc1†, 40. Kg2!.

37. Kg2 De4†, 38. Kh2 De2, 39. Tgf7 Kg6, 40. Tf5!. Weiß sichert seine Königsstellung und spinnt gleichzeitig ein Mattnetz.

40. ... e4, 41. Taf7. Schwarz gab auf.

Aljechin—Lilienthal

22. D:d8†! D:d8, 23. L:h4 Dh8, 24. L:f6 D:f6, 25. 0—0—0. Weiß ist einverstanden, einige Bauern herzugeben, um nur seinen Freibauern möglichst weit vorschieben zu können.

25. ... fe, 26. de Df4†, 27. Td2 D:e4, 28. h4! D:c4†, 29. Kb1 Df4, 30. Tdd1 Dh6.

Der erste Teil des Planes ist erfüllt, die Dame ist gezwungen, sich passiv zu verhalten. Das erlaubt dem zweiten Turm, aktiv einzugreifen.

Weiß muß aber immer damit rechnen, daß die Dame plötzlich zum Gegenschlag ausholen und ewiges Schach drohen kann.

31. g4 Kd8. Wie es sich später herausstellt, war 31. ... Kd7 präziser.

32. Ted1 a5, 33. h5 a4, 34. a3 f6. Es drohte schon 35. g5 D:g5, 36. h6.

32. Tde1 a5, 33. h5 a4, 34. a3 f6. Es starke Zug verhindert. **35. ... Kd7, 36. g5! D:g5, 37. h6! Dg2, 38. Tee1 Dg6†, 39. Ka1 Dh7.** Jetzt wird die Dame aus ihrem Schlupfwinkel mit Hilfe des Turmes „herausgeräuchert".

40. Teg1 Ke6, 41. Tg7 De4, 42. Thg1 Dh4, 43. h7 b5, 44. T:c7 Dh5, 45. Te1† Kd5, 46. Ka2!.

Wertvolle Vorbeugung. Weiß ist bestrebt, die erste Reihe zu verlassen. Darum zieht er den König, um nicht gleich dem Schachgebot auf dieser Reihe ausgesetzt zu sein.

46. ... Kd4, 47. Td1†! Ke4. Fatal wäre 47. ... Ke5 wegen: 48. Te7† Kf4, 49. Tf1† Kg3, 50. Tg7† Kh2, 51. Tfg1.

58. T:d6 De8, 49. T:f6 Dh8, 50. Th6. Der Turm hat wieder die stärkste Stellung eingenommen. Die Aufgabe des anderen Turmes besteht darin, die Dame aus der Blockadestellung zu verjagen.

50. ... Kf4, 51. Tc8 D:c8, 52. Th4† Kg5, 53. h8D De6†, 54. Kb1 De1†, 55. Kc2 De2†, 56. Kc3. Schwarz gab auf.

In Stellungen, in denen viele Figuren vorhanden sind und es dem Gegner nicht gelingt, die Türme zu aktivieren, ist die Dame vorzuziehen.

Bronstein—Kotov

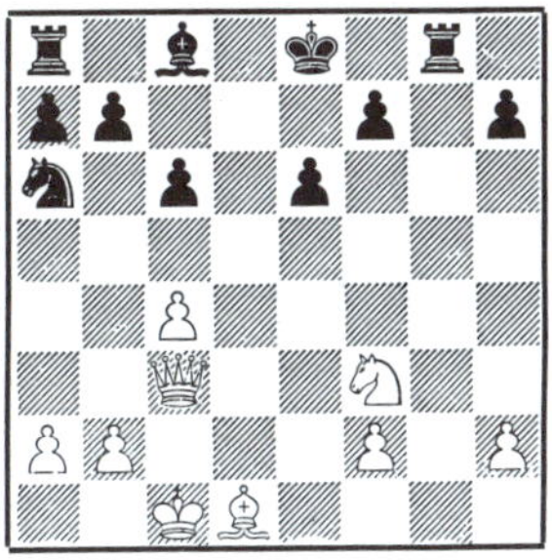

16. ... **Ke7.** Es drohte 17. Df6. Um das Zusammenwirken der Türme zu beschleunigen, verdiente Aufmerksamkeit: 16. ... e5, 17. D:e5† Le6, 18. Sg5 0—0—0!, 19. S:e6 fe, 20. D:e6†, und obwohl Weiß die besseren Chancen hat, wäre noch zäher Widerstand möglich (Géza Morócys Analyse).

17. Se5! Ld7. Es ging nicht 17. ... f6 wegen 18. Dh3!

18. Da3†! c5, 19. Df3. Nach dem quasi erzwungenen c6—c5 ist eine Doppeldrohung entstanden — die Punkte f7 und b7 sind gefährdet.

Schwarz versuchte noch, um jeden Preis die Entwicklung zu beenden, aber der König kam arg ins Hintertreffen: **19. ... Tad8, 20. D:f7† Kd6, 21. Df4! Tdf8, 22. Sf7† Ke7, 23. Lh5.** Dem kombinierten Angriff der Dame und zweier Leichtfiguren steht der schwarze König machtlos gegenüber. Was jetzt folgt, ist zwingend und leicht verständlich.

23. ... Lc6, 24. Dd6† Kf6, 25. Sh6 Tg1†, 26. Kd2 Kg7, 27. Sg4! T:g4, 28. De7† Kh6, 29. L:g4 T:f2†, 30. Ke3 Tf1, 31. h4! Kg6, 32. Lh5†!.

Das Hineinziehungsopfer! Schwarz gab auf.

Auf dem Papier sind drei Leichtfiguren der Dame ebenbürtig; aber die Praxis lehrt, daß man die besseren Chancen den Leichtfiguren zuerkennen muß. Hier soll man beim Tausch folgendes überlegen:

1. Sind den Leichtfiguren gesicherte Posten zuzuweisen?
2. Sind sie imstande, tätig mitzuwirken und bestimmte Angriffsobjekte aufs Korn zu nehmen?

Großmeister Szabó spielte unerwartet **19. D:e5! S:e5, 20. S:f6† Kh8, 21. fe.** Weiß hat die Dame und zwei Bauern für drei Leichtfiguren hergeben müssen, so daß Schwarz materiell im Vorteil ist. Aber die weißen Figuren stehen gesichert; ihnen winken auch schöne Angriffsmöglichkeiten.

21. ... Dc7, 22. Te4 h5, 23. Tae1 Kg7, 24. e6!. Aktiviert die Türme und schwächt die gegnerische Königsstellung.

24. ... fe, 25. T:e6 Tf7, 26. Se8†. Schwarz gab auf.

Tarrasch—Spielmann

Es folgte: **1. ... Sb4!, 2. D:b4.**

Relativ das beste, aber jetzt erhält Schwarz die Dame für drei Figuren. **2. ... Sd4!, 3. D:d4.** Wiederum erzwungen. **3. ... L:d4, 4. S:d4, Tfc8!, 5. T:c8 T:c8, 6. Tf2 Da3!.** Nun erweist sich, daß die Lage der weißen Figuren unsicher, exponiert ist.

7. Te2 Tc1!, 8. L:c1 D:c1, 9. Sf3. Falls 19. Te1, so 19. ... Dc5!. Spielmann nahm den Springer auf d1 und gewann die Partie.

Das vorhergegangene Beispiel kann als Grundkriterium bei der Abschätzung aller positionellen Damenopfer dienen. Alles hängt von der Sicherheit und Aktivität der Figuren ab.

Najdorf—Ragosin

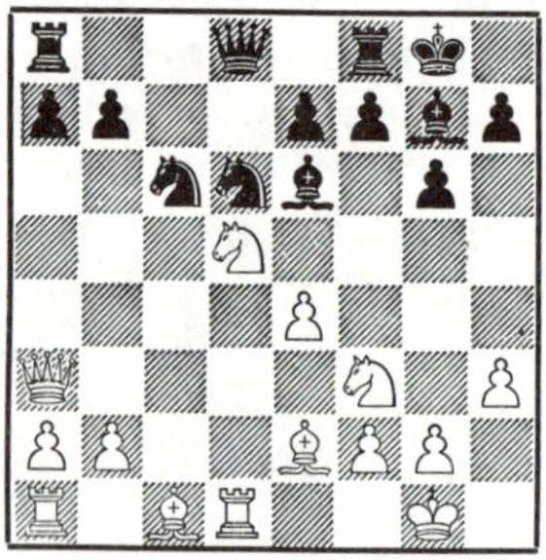

17. ... S:e4!, 18. Sf6† S:f6, 19. T:d8 Tf:d8, 20. Ld2.

Etwas besser war 20. Le3.

20. ... Se4. Zu dieser Stellung schrieb Ragosin:

„Im Grunde genommen hat Schwarz nichts geopfert, sondern die Dame gegen Turm, Springer und Bauer getauscht.

Schwarz erlangt Raumvorteil und steht darum besser. Es sei bemerkt, daß im Laufe der nächsten 25 Züge die Dame sich nicht rührt."

21. Le3 Sd6!. Springer müssen gedeckte Stellungen einnehmen — darum wird er nach f5 hinübergeführt. **22. Tc1 Sf5, 23. Lf4.** Das Hin- und Herziehen bezeugt, daß Weiß keinen Plan finden kann.

23. ... Ld5, 24. Lc4 L:c4, 25. T:c4 e5!, 26. Lg5.

Besser war es, die Qualität mit 26. T:c6 bc, 27. L:e5 zu opfern.

26. ... Td1†, 27. Kh2 h6, 28. Tc1 Td7, 29. Le3 e4!, 30. Se1 Tad8, 31. Lc5 Le5†, 32. g3 Td2, 33. Tc2 L:g3†, 34. Kg2 Le5, 35. Kf1 T:c2, 36. S:c2 Td1†, 37. Ke2 Tb1, 38. b4 Tb2, 39. Kd1 Tb1†, 40. Kd2 Lf6!, 41. L:a7 Se5, 42. Da4 Sf3†, 43. Ke2 Sg1†. Weiß gab auf.

Falls die Königsstellung stark geschwächt ist, kann der Dame nicht nur ein Turm und Läufer, sondern sogar eine einzige Leichtfigur überlegen sein. In solchen Fällen ist es wichtig, eine anhaltende Initiative zu ergreifen, dem Gegner keine Atempause zum Zusammengehen seiner Kräfte zu gönnen (siehe umstehendes Diagr.)

23. ... D:d3!!, 24. D:d3 L:d4†! Ein wichtiger Zwischenzug! Nach 25. Kh1

Euwe—Keres

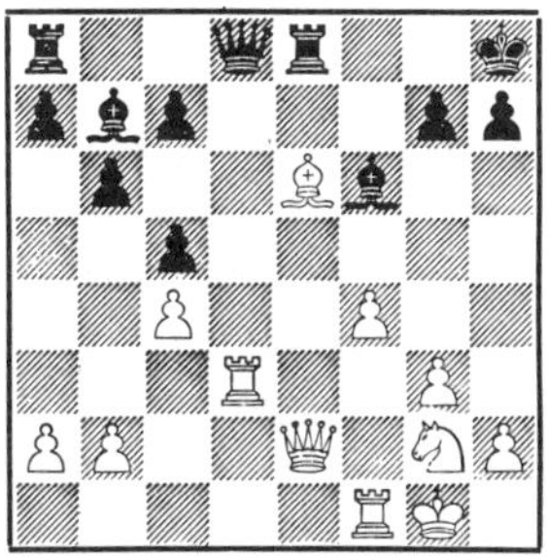

Vor 23. . . . D:d3!

wäre der Springer in eine Fesselung geraten.

25. Tf2 T:e6, 26. Kf1 Tae8!.

Ein sehr lehrreicher Zug. Anstatt „gierig“ den Turm zu verspeisen, setzt Schwarz neue Reserven ein. Dabei kontrolliert der Läufer d4 alle kritischen schwarzen Felder.

27. f5 Te5, 28. f6 gf, 29. Td2 Lc8!, 30. Sf4 Te3.

Weiß ist es gelungen, die Stellung des Turmes und des Springers zu verbessern, aber es ist schon zu spät — Schwarz geht zum Königsangriff über!

31. Db1 Tf3†, 32. Kg2 T:f4!. Schwächt entscheidend die Königsstellung. **33. gf Tg8†, 34. Kf3 Lg4†.** Weiß gab auf. Nach 35. Ke4 Te8†, 36. Kd5 Lf3† bzw. 36. Kd3 Lf5 wird er matt.

★

Mit seinen letzten Zügen hoffte Schwarz, nach Abzug der Dame mit T:e6 und Sf7 seine Stellung zu festigen. Aber es folgte unerwartet: **24. D:e5!! fe, 25. Tf1!.** Der König befindet sich in einem Mattnetz. Tragikomisch ist die Lage des Turmes auf h8.

Gusev—Auerbach

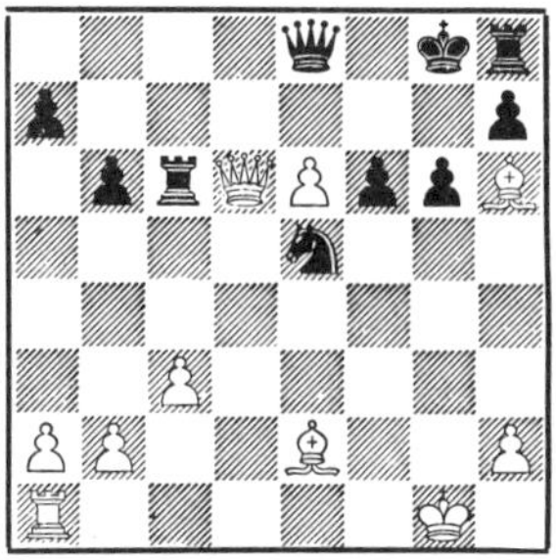

Vor 24. D:e5!

25. ... Tc8, 26. Ld1 Tc4. In der Absicht, die Diagonale a2—g8 zu schützen.

27. Lb3 b5, 28. L:c4 bc, 29. b3 a5, 30. bc De7, 31. Kg2 Da3, 32. Tf2 De7, 33. Tf1 g5, 34. Tf5 g4, 35. c5! Dd8, 36. c6 De7, 37. c7.

Die Dame ist überlastet. Den Punkt f8 schützen und gleichzeitig den Bauern c7 aufhalten ist zuviel für sie. Schwarz gab auf.

Es wird angenommen, daß Leichtfigur und Bauer einem Turm gleichwertig sind. Dabei muß man in Betracht ziehen, daß der Turm, die stärkste Figur nach der Dame, viel Unheil stiften und jede rechnerische Abschätzung sehr trügerisch sein kann.

Bondarevsky—Mikenas

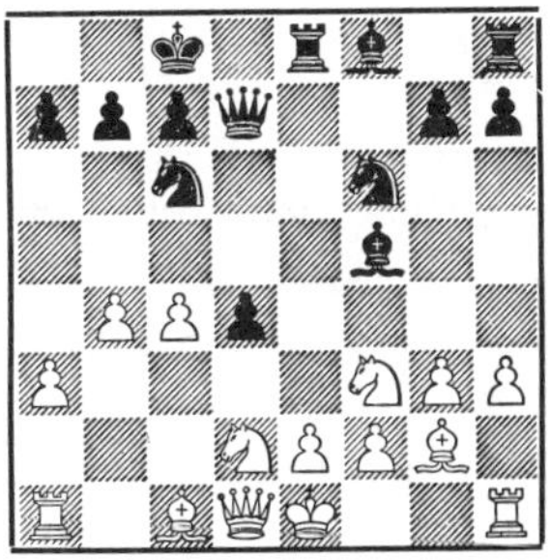

Eines muß man sich aber merken — die Partei, die sich entschließt, die Qualität zu opfern, muß auch imstande sein, die Initiative zu ergreifen und klare Angriffsobjekte zu erhalten. Schon in der Eröffnung treffen wir oft Qualitätsopfer an, die die schnellere Entwicklung bezwecken sollen.

12. Lb2! Ld3, 13. 0—0 L:e2, 14. Da4 L:f1, 15. T:f1.

Dank des Qualitätsopfers hat Weiß nicht nur seine Entwicklung beendet, sondern auch eine Angriffsstellung aufgebaut.

15. ... Kb8, 16. b5 Sd8, 17. S:d4 Lc5, 18. S2b3 L:d4, 19. L:d4 b6, 20. c5! Bauern zerrütten das gegnerische Bollwerk!

20. ... Te7, 21. cb cb, 22. L:b6! ab, 23. Da8† Kc7, 24. Da7† Kd6, 25. Td1†. Schwarz gab auf.

Positionelle Qualitätsopfer verfolgen das Ziel:

1. die Bauernstellung des Gegners zu schwächen. Dabei ist es wichtig, festen Halt im Zentrum zu erhalten;
2. wichtige Angriffs- oder Verteidigungsfiguren zu vernichten;
3. wichtige Bauernstützpunkte zu beseitigen;
4. wichtige Punkte unter Kontrolle zu halten;
5. Vorposten im feindlichen Lager einzunehmen und schließlich
6. die Königsstellung zu entblößen und einen direkten Angriff einzuleiten.

Prägen wir uns diese Fälle der Reihenfolge nach ein.

Rawinsky—Simagin

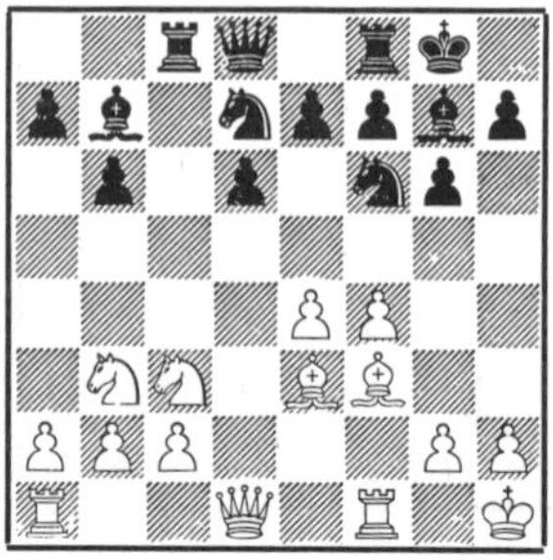

12. ... T:c3!, 13. bc S:e4, 14. Ld4 e5!, 15. fe de.

Jetzt hat Schwarz einen gefährlichen Freibauern im Zentrum. Um nicht langsam aber sicher zugrunde zu gehen, opfert Weiß verzweifelt die Dame: **16. De1 ed, 17. L:e4 Te8, 18. L:b7 T:e1, 19. Ta:e1 dc, 20. Te3 h5!, 21. La6 Se5, 22. T:c3 Kh7, 23. Th3 Dd5, 24. Ld3 Kg8, 25. Te3 Lh6,** und Schwarz gewann.

Maróczy—Rubinstein

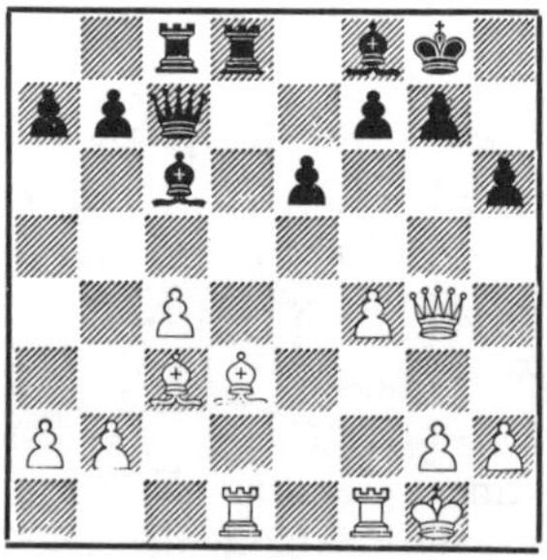

Die weißen Läufer „schielen" ziemlich drohend gegen den schwarzen Königsflügel. Es folgte:

1. ... T:d3!, 2. T:d3 Le4, 3. Td2. Auf 3. Td4 kommt natürlich 3. ... Lc5.

3. … D:c4, 4. Tfd1 Ld5!. Ein starker Stützpunkt im Zentrum. **5. h3 f5, 5. Dg6.**

Maróczy ist schon gewillt, die Qualität zurückzugeben.

6. … D:f4, 7. T:d5! De3†, 8. Kh1 de, 9. D:f5 Td8, 10. T:d5, und nach wenigen Zügen einigten sich die Großmeister auf Remis.

Schwarz droht den Springer zur Verteidigung des Königsflügels heranzuziehen. Darum folgt das Qualitätsopfer:

Keres—Szabó

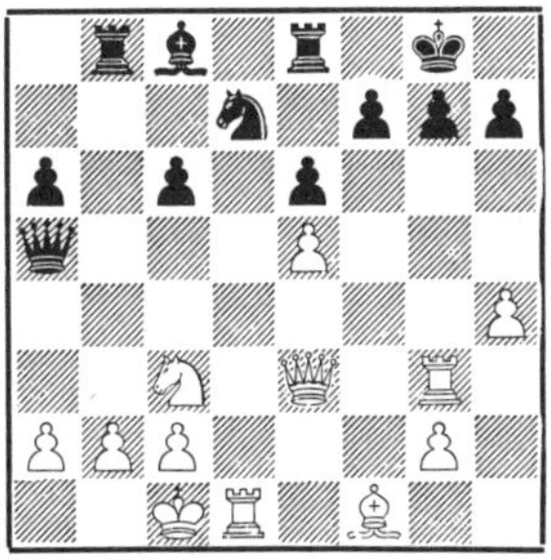

18. T:d7! L:d7, 19. Ld3! h6, 20. Df4. Sehr stark war auch 20. De4 und auf 20. … g6, 21. T:g6†, auf 20. … Kf8, 21. T:g7!.

20. … Kf8, 21. T:g7! K:g7, 22. Df6† Kf8, 23. Lg6!. Schwarz gab auf.

★

Mit **36. T:d6! L:d6, 37. D:d6 Tb1†, 38. Kh2 Kh7** wurde die Stellung des wichtigen Läufers unterminiert. Jetzt kommt das weiße Läuferpaar stark zur Geltung. Eine nicht zu unterschätzende Kraft erhält auch der Freibauer. **39. Ld3 Tb7, 40. Ld4 Df7, 41. e5† Sg6, 42. e6 De7, 43. De5 Kh6, 44. L:g6! K:g6, 45. De4† Kh6, 46. Df5**

Aljechin—Spencer

Vor 36. T:d6!

De8, 47. h4! Dg8, 48. e7! Tb8, 49. Le5. Schwarz gab auf.

Breyer—Tarrasch

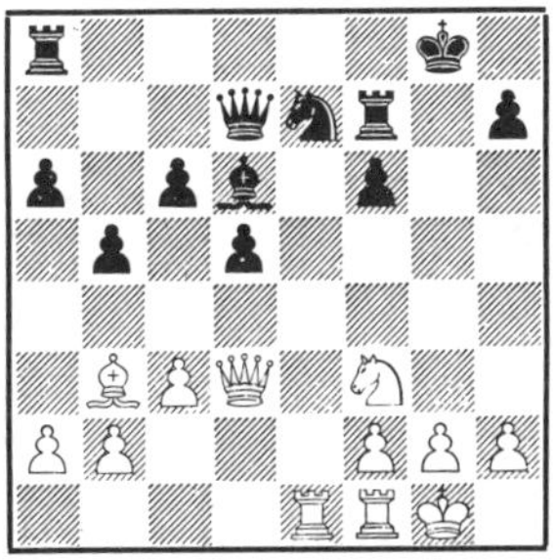

Es folgte: **20. Sd4! c5, 21. T:e7! L:e7, 22. Sf5,** und Weiß hat den Punkt f5 fest in der Hand!

22. … c4, 23. Dh3! Lf8. Es ging nicht 23. … cb wegen 24. Sh6† und D:d7. **24. Ld1!.** Der Beginn eines eleganten Läufermarsches. **24. … Dc7, 25. Lh5 Td7, 26. Te1 Tb8, 27. Dh4 Lg7, 28. Le8 Tdd8, 29. Se7† Kh8, 30. Lf7! h6, 31. Dh5!.** Weiß gibt die Initiative nicht aus der Hand! **31. … Tf8.** Es drohte 32. Df5!

32. Sg6† Kh7, 33. Le6! f5, 34. L:f5 Tf6, 35. Se7† Kh8, 36. S:d5 Dd8, 37. S:f6 D:f6, 38. Te6 Dg5, 39. Te8†. Schwarz gab auf.

Makagonov—Kasparjan

Weiß hat großen Positionsvorteil, aber auf den ersten Blick ist nicht zu sehen, wie er seine Stellung verstärken soll. Es folgte: **42. Te6!! L:e6.** Schwarz ist gezwungen, das Opfer anzunehmen. Die gewöhnliche Folge des Schlagens ist, daß ein weit vorgerückter Freibauer entsteht, sich Linien und Diagonalen öffnen und gewisse Einbruchspunkte zugänglich werden.

42. ... L:e6, 43. fe† Ke8, 44. Dc2! f5, 45. D:f5 De7, 46. Dg6† Kd8, 47. Le1.

Der Drohungen L:a5 und Lc3 wegen gab Schwarz auf.

☆

Dubinin—Nowotjelnov

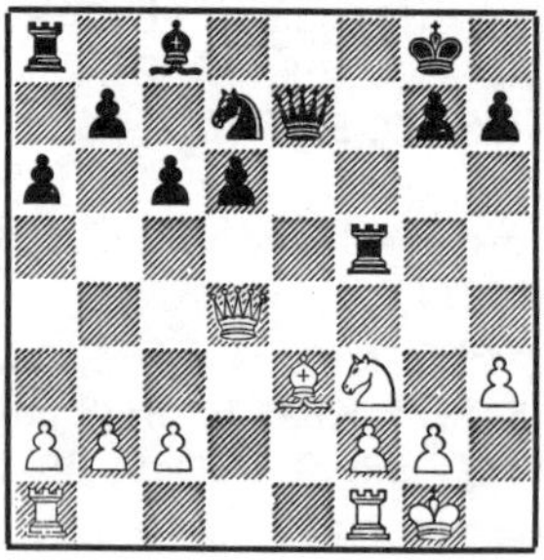

15. ... T:f3!. Schwächt den Königsflügel, womit erfolgreiche Vorbedingungen zum Angriff geschaffen sind. **16. gf Se5, 17. Kg2 Le6, 18. Lf4! Tf8!, 19. Tae1 Df6!, 20. L:e5.** Stärker war 20. T:e5. **20. ... D:f3†, 21. Kh2 D:h3†, 22. Kg1 Ld5, 23. D:d5,** und Weiß verlor rasch.

Auch nach 23. f3 wäre sein Schicksal besiegelt: 23. ... T:f3, 24. T:f3, D:f3!, 25. Dd2 Dh1†, 26. Kf2 Dg2†, 27. Ke3 Df3†, 28. Kd4 c5‡.

Der Gegenwert für die Leichtfigur

Man rechnet, daß etwa drei Bauern eine Leichtfigur wert sind.

Viel hängt von der dynamischen Eigenart der Position ab. Es dreht sich alles um den Preis des Angriffsobjektes. Wenn es darum geht, die Königsstellung des Gegners zu unterwandern, genügen für die Figur zwei oder sogar ein Bauer. (Davon zeugen unsere Kombinationsbeispiele.)

Als allgemeine Richtschnur in strategischer Hinsicht können folgende Merkmale unterstrichen werden, die für das Mittelspiel ausschlaggebend sind:

1. Falls es gelingt, eine kompakte, sich vorwärtsschiebende Bauernphalanx zu bilden, kompensieren die Bauern die Figur.
2. Wenn die Bauernphalanx blockiert wird, erhält der Gegner die Möglichkeit, unbehelligt einen Angriff einzuleiten, und die drei Bauern erweisen sich als ungenügendes Äquivalent.

Wir eröffnen den Reigen mit einem Beispiel aus der Praxis des tschechischen Großmeisters Duras.

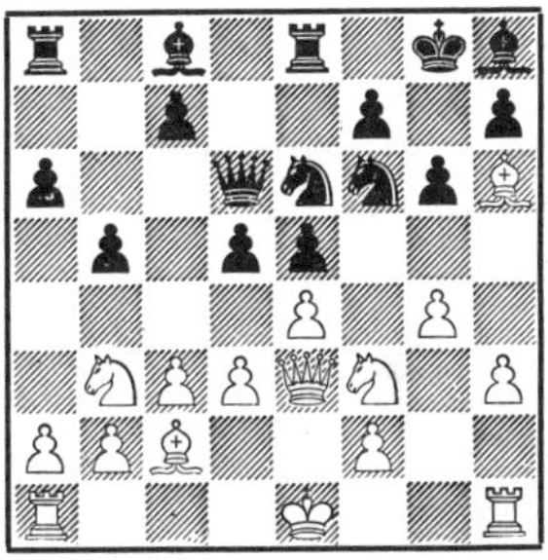

Es scheint, als ob der Angriff des Anziehenden sich erschöpft hat. Die Figurenstellung des Nachziehenden im Zentrum sieht sehr drohend aus.

Aber es folgte: **1. S:e5!? D:e5.** Habgier! Besser war 1. ... de, 2. d4 c5!

2. d4 Dd6, 3. e5 Dd8, 4. 0—0—0! Jetzt wird Weiß die Bauernphalanx in geschlossenen Reihen (wichtig!) vorwärtsschieben können.

4. ... Sd7, 5. f4 Lg7, 6. L:g7 S:g7, 7. f5! Sf8, 8. Tdf1 Dh4, 9. Sd2 gf, 10. gf f6, 11. Thg1 Te7, 12. Tg4 Dh5, 13. Df3!.

Ein „Riesenzug"! Mit einem Schlag drei Drohungen: 14. T:g7†, 14. D:d5†, 14. ef.

13. ... Df7, 14. ef D:f6, 15. D:d5†. Schwarz gab auf.

Konowalov—Pachman

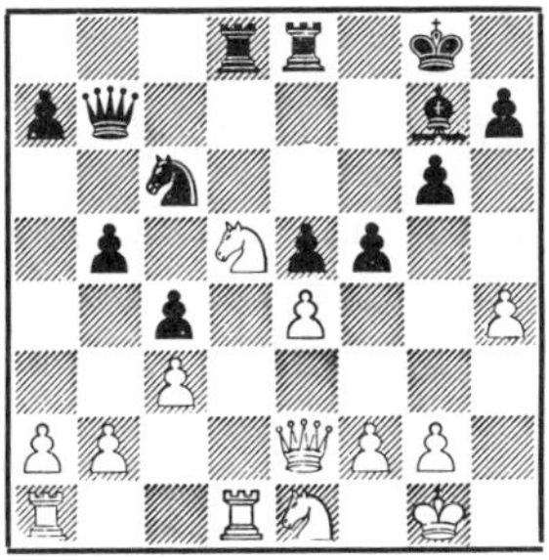

21. ... Sd4!, 22. cd ed, 23. Sf4 fe.

Es ist wichtig, daß die schwarzen Streitkräfte die gefährlichen Bauern unterstützen. Weiß ist in seinen Handlungen stark gehemmt.

24. Dg4 Df7!, 25. Se2 Tf8, 26. f3 d3, 27. Sc3 e3, 28. a3 d2. Immer vorwärts! **29. Sc2 L:c3!** Der Blockeur muß vernichtet werden! **30. bc e2.** Weiß gab auf.

Lilienthal—Flohr

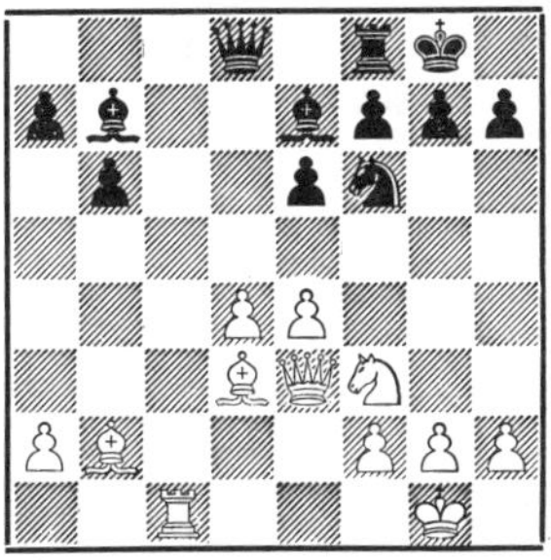

16. ... Da8!. Schwarz will den Gegner zu e4—e5 zwingen. Erstens erhielte Schwarz den Punkt d5 in seine Hand, und zweitens starken Druck auf der langen Diagonalen a8/h1. Falls Weiß passiv 17. Sd2 spielt, wäre eine wichtige Angriffsfigur vom Königsflügel abgelenkt, und Schwarz könnte daran denken, seine Bauernmajorität am Damenflügel zur Geltung zu bringen. Weiß spielte aber sehr geistreich: **17. d5! ed, 18. Sd4!.** Die Pointe! Es droht Sf5 und Dg5. In Anbetracht dieser Drohungen entschließt sich Flohr, eine Figur für drei Bauern herzugeben.

18. ... Lc5!. Legt vor allem dem aggressiven Springer eine Fessel an. **19. e5 Se4, 20. f3 De8!.**

Nach dem schablonenhaften 20. ... L:d4, 21. L:d4 Sc5, 22. L:c5 bc, 23. T:c5 hätte Schwarz kein Gegenspiel.

Für die Figur erhält er drei Bauern und eine gefährliche Initiative.

21. fe D:e5, 22. Te1 Te8, 23. Kh1 de, 24. Lc2 Td8!.

Wie wir in den vorangegangenen Beispielen gesehen haben, versucht die Partei, die Bauern für die Figur erhalten hat, die Fußtruppen so weit wie möglich vorzuschieben und den Gegner zum Figurenopfer (der Bauernumwandlung wegen) zu zwingen.

In unserem Falle hat Schwarz im Zentrum nur einen Bauern, und sein vereinzeltes, schematisches Vordringen kann keinen Vorteil bringen. Darum will Schwarz Figurenabtausche vermeiden und auf Angriff spielen.

Von diesem Standpunkt aus wäre ungünstig 24. ... f5 wegen 25. Db3† Ld5, 26. D:d5† D:d5, 27. Lb3 mit weißem Vorteil.

25. Td1 h6, 26. Lc3 f5, 27. Td2!. Indirekt gegen 27. ... f4 gerichtet: 28. Se6! T:d2, 29. D:d2 mit Gewinnstellung.

27. ... Tf8, 28. De1. Wirft die Fessel ab.

28. ... Kh8? Bis hier spielte Schwarz ausgezeichnet, aber nun mußte 28. ... f4 geschehen, und falls 29. Sb5, dann 29. ... De7, aber auf 29. Se6 (diesen Zug fürchtete Flohr) wäre sehr stark 29. ... D:c3! geschehen, z. B. 30. S:f8 L:f8 mit den Drohungen e3 und f3.

Nach dem Textzug hat Schwarz keine genügende Kompensation. Der dritte Bauer auf dem Damenflügel ist belanglos.

29. Se2 Dc7, 30. Dd1!. Mit der Idee Läufertausch zu erzwingen.

30. ... Lc6. Man darf das Eindringen des Turmes auf die 7. Reihe nicht zulassen.

31. Sd4 Ld7, 32. Sb3! Le6, 33. S:c5 D:c5, 34. Td6?.

In Zeitnot unterläßt Weiß die Möglichkeit, mit 34. Da1 den wichtigen Läufer zu behalten.

34. ... D:c3, 35. T:e6 Kh7, 36. h3 Tc8!, 37. Lb3 De3!.

Schwarz nutzt die Abwesenheit des Turmes geschickt aus.

38. Lc2 Df2!, 39. Lb3 Tc3, 40. Te8 Td3, 41. Dh5 De1†. Mit ewigem Schach.

Über den Abtausch

Im Verlauf der ganzen Partie müssen wir mit den unerwartetsten Abtauschmöglichkeiten rechnen.

In der Eröffnung bezweckt der Abtausch:

1. Tempogewinn: 1. e4 d5, 2. ed D:d5, 3. Sc3.
2. Verschlechterung der gegnerischen Bauernstellung: 1. e4 e5, 2. Sf3 Sc6, 3. Lb5 a6, 4. L:c6 dc. Nach 5. d4 ed, 6. D:d4 D:d4, 7. S:d4 hat Weiß die Bauernmehrheit auf dem Königsflügel.
3. Das Abschütteln des Figurendrucks und Vereinfachung der Verteidigungsprobleme: 1. d4 d5, 2. c4 e6, 3. Sc3 Sf6, 4. Lg5 Le7, 5. e3 0—0, 6. Sf3 Sbd7, 7. Tc1 c6, 8. Ld3 dc, 9. L:c4 Sd5, 10. L:e7 D:e7, 11. 0—0 S:c3, 12. T:c3 e5.
4. Den forcierten Übergang ins günstigere Endspiel.

Mit der letztgenannten Möglichkeit muß der Schachmeister unentwegt in allen Phasen der Partie rechnen. Sie ist ein nicht zu unterschätzendes Kampfstrategem im Arsenal aller großen Meister. Dabei begnügt sich die aktive Partei mit ganz minimalem positionellem Vorteil. Sogar ein Zauberer der Kombinationskunst wie A. Aljechin schrieb seinerzeit, daß man vor Vereinfachungen keine grundsätzliche Abneigung hegen solle. Wenn die Stellung es verlangt, ist es sogar die moralische Pflicht des Meisters, den Tausch anzustreben.

Hier ein Beispiel aus der modernen Meisterpraxis.

1. d4 d5, 2. c4 e6, 3. Sc3 Sf6, 4. Lg5 Sbd7, 5. e3 c6, 6. Dc2 Da5, 7. cd S:d5, 8. e4 S:c3, 9. Ld2 e5, 10. bc ed, 11. cd Lb4, 12. Tb1 L:d2†, 13. D:d2 D:d2†, 14. K:d2 Sb6.

Zwangsläufig hat sich ein Endspiel ergeben. Weiß hat einen gewissen Vorteil — bewegliche Mittelbauern und König im Zentrum.

Das sichert nicht automatisch den Gewinn, aber Schwarz wird die ganze Zeit mühselig ums Unentschieden kämpfen müssen.

Womit erklärt sich die Tendenz des Nachziehenden, sich auf so eine zukunftsarme Stellung einzulassen? Anscheinend träumte der Nachziehende, seinem Gegner in derartiger Lage wenigstens ein halbes Pünktchen wegzuschnappen. Keine empfehlenswerte psychologische Einstellung!

15. Ld3 Le6, 16. a4 0—0—0, 17. Sge2 S:a4. Er bleibt seiner Vereinfachungsstrategie treu. **18. Ta1 Sb2, 19. T:a7 Kb8, 20. Tha1 Lc4.** Schwarz tauscht auch seinen Läufer, dem keine besonderen Perspektiven winken.

21. L:c4 S:c4†, 22. Kd3 Sb6, 23. g4!. Verhindert f7—f5 und bereitet den Bauernvormarsch am Königsflügel vor.

23. ... Kc7, 24. f4 Td7!. Schwarz hat im weißen Aufbau gewisse Schwächen auf e4 und d4 entdeckt. Er plant eine Umgruppierung seiner Kräfte. Auf 24. ... Ta8 hätte Weiß nach 25. T:a8 T:a8, 26. T:a8 S:a8, 27. Sg3! im Springerendspiel die weit besseren Chancen.

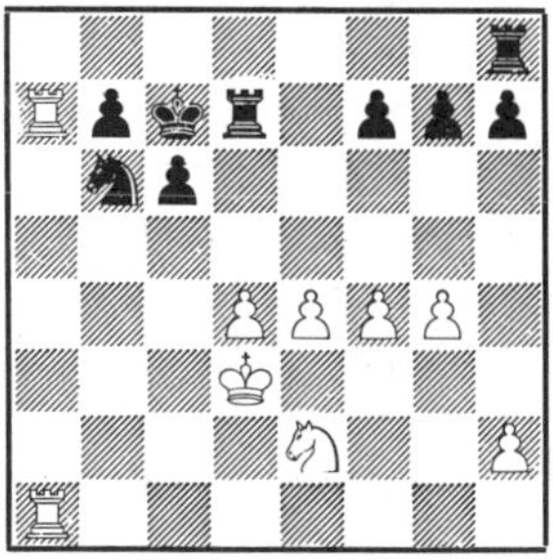

25. T7a5!. Sehr lehrreich!! Absicht ist, neue Schwächen mit Tg5 zu provozieren. Wenn einem die Schwächen nicht in den Schoß fallen, muß man sie dem Gegner einfach zufügen!

25. ... Thd8, 26. Tg5 f6. Nicht besser war g7—g6, das die Schwächung der Punkte f6 und h6 hervorriefe.

27. Tga5 Sc8!. Bereitet den Gegenangriff gegen e4 vor. **28. f5.** Besser war 28. h4 Sd6, 29. Sc3 mit nachfolgenden e5 oder f5. Jetzt erhält Schwarz etwas Gegenspiel.

28. ... g5. Nimmt dem Springer das Feld f4, er erlaubt aber dafür die Öffnung und Besetzung der h-Linie.

29. h4! h6, 30. hg hg, 31. Th1 Sd6, 32. Th6! Te7, 33. Sc3 Tde8.

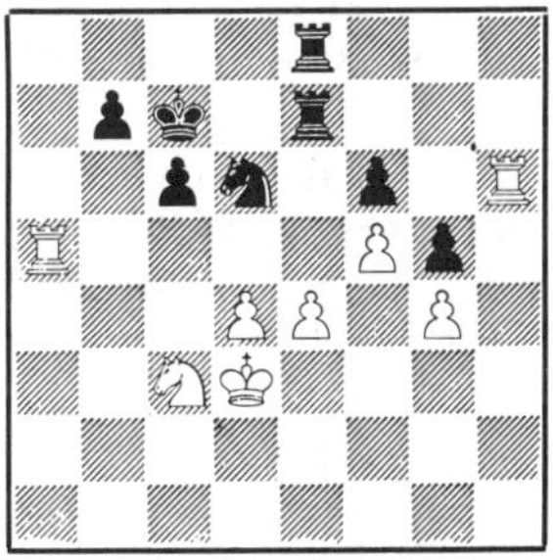

23. e5!. Weiß versteht es unentwegt, den Gegner vor neue Probleme zu stellen. **34. ... fe, 35. Sd5† cd, 36. Tc5† Kb8, 37. T:d6 ed, 38. Tc:d5! Te3†, 39. Kc4! Tc8†, 40. K:d4 Tg3, 41. f6.** Der gefährliche Freibauer und der aktive König sichern dem Anziehenden den Sieg.

41. ... T:g4†, 42. Ke5 Tf4, 43. Td8! T:d8, 44. T:d8† Kc7, 45. Tg8 Kd7, 46. Tg7† Ke8, 47. T:b7!.

Ein paradoxer Fall. Stünde nicht der schwarze Bauer auf g5, endete die Partie unentschieden.

47. ... Tf2, 48. Ke6 Te2†, 49. Kf5 g4, 50. Kg6!. Ein herrlicher Schlupfwinkel für den König! **50. ... Tf2, 51. f7† Kf8, 52. Tb8† Ke7, 53. Te8†.** Schwarz gab auf.

Flohr—Thomas

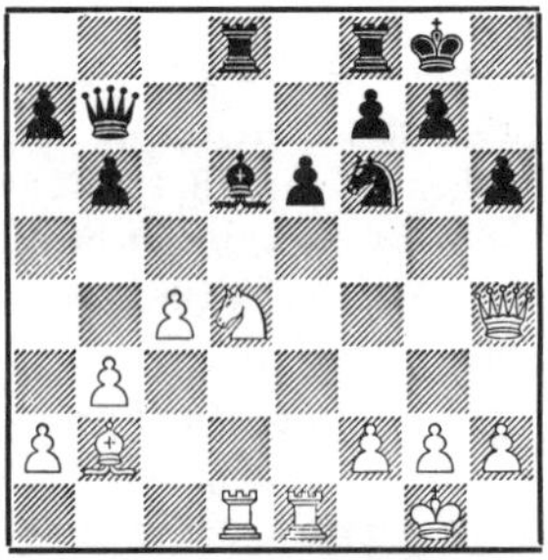

In diesem Fall vereinfachte Weiß die Position zwangsläufig auf kombinatorische Art: **20. Sf5!! ef, 21. L:f6 gf, 22. T:d6! T:d6, 23. Dg3† Kh7, 24. D:d6.**

Das Mittelspiel ist in ein gewonnenes Endspiel verwandelt worden! „Schön" sehen die Tripelbauern auf der f-Linie aus. Zu alledem beherrscht Weiß auch die offenen Linien.

24. ... Tg8, 25. g3 Kg6, 26. Te7 Df3, 27. T:a7 Te8, 28. Te7.

Ein charakteristisches Abtauschmanöver. Jeder Tausch vermindert jedwede Möglichkeit des Gegenangriffs, und Weiß wird „ruhiger" zur Verwertung des materiellen Vorteils schreiten dürfen.

28. ... T:e7, 29. D:e7.

Im Damenendspiel will die schwächere Partei im trüben fischen, indem sie versucht, mit ewigem Schach zu drohen. Aber Weiß ist auf der Hut.

29. ... Dd1†, 30. Kg2 Dc2, 31. De3 D:a2, 32. D:b6 Da8†, 33. Kg1 Da1†, 34. Kg2 Da8†, 35. Kf1 f4, 36. Dd4 fg, 37. hg f5, 38. Dd5!. Die zentralisierte Dame!

38. ... Da3, 39. c5 f4, 40. gf f6, 41. Kg2 Dc1, 42. De4†. Schwarz gab auf. Der Abtausch kann bezwecken, strategisch wichtige Felder zu schwächen.

Meschgailis—Kamenberg

Wie gewöhnlich schützt der fianchettierte Läufer g7 das Feld f6. Der weiße Plan besteht aus zwei Teilen: den Läufer g7 abzutauschen und dann die geschwächte Diagonale zu besetzen.

14. Tb1! Te8, 15. b4 Dd8, 16. Lb2! Tb8, 17. Dd2 b6, 18. L:g7 K:g7, 19. Dc3† f6, 20. Tb2 De7, 21. f4 Df8, 22. Tbe2 Tbd8, 23. g4! Sh4. Jetzt folgt eine kleine Kombination. **24. S:f6! T:e2.** Nicht 24. ... D:f6 wegen 25.

25. S:d7† **Kg8, 26. S:f8 T:g2†, 27. Kh1 T:f8, 28. Te7.** Schwarz gab auf. Im nächsten Beispiel schwächt Schwarz nach erzwungenem Abtausch einen ganzen Felderbereich.

Prun—Vistanezkis

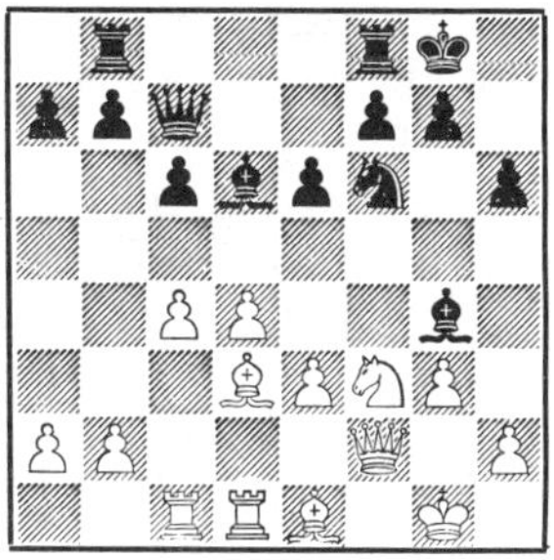

1. ... e5!, 2. c5.

Falls Weiß auf e5 tauscht, bleibt der Bauer e3 schwach. **2. ... e4, 3. Le2 L:g3!.** Ein wichtiger Zwischenzug, der nebenbei auch den weißen Königsflügel beeinträchtigt.

4. hg L:f3, 5. L:f3 ef, 6. D:f3 Tfe8. Die Besetzung der weißen Felder beginnt. **7. Lf2 Te6!, 8. Td3 Tbe8.** Zentralisierung! **9. Te1 Se4!, 10. Te2 Tg6.** Zentralisieren ist nicht Selbstzweck — der Flügelangriff setzt ein.

11. Kh2 Dd7, 12. Le1 Tf6, 13. Dg2 Dg4, 14. b4 Sg5, 15. e4 Dh5†, 16. Kg1 Sh3†.

Weiß gab auf.

Als wir über die richtige Verwendung der Läufer und Türme sprachen, konnten wir uns überzeugen, welch wichtige strategische Waffe jede günstige Abtauschaktion darstellt.

Zum Schluß möchten wir vor einigen ungünstigen Abtauschmöglichkeiten warnen (siehe Diagr.).

7. S:c6. Stärkt das schwarze Zentrum und öffnet dem Gegner die b-Linie.

Stalda—Klawin

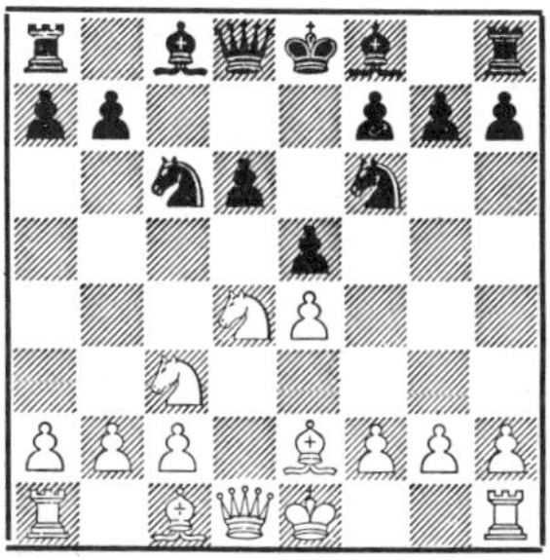

7. ... bc, 8. Dd3 Le7, 9. 0—0 0—0, 10. f4 Sd7, 11. f5?. Begünstigt den Gegenstoß d6—d5.

11. ... Lb7, 12. Dh3 d5, 13. Lf3 Db6†, 14. Kh1 d4!, 15. Sd1 La6, 16. Te1 Da5, 7. c3 dc, 18. S:c3 Sc5. Der Punkt d3 ist ganz schwach. **19. Le3 Sd3, 20. g4? Lc5, 21. Dg2 S:e1, 22. T:e1 L:e3, 23. T:e3 Tab8, 24. Te1 Db4, 25. Dg3 D:b2,** und Schwarz gewann.

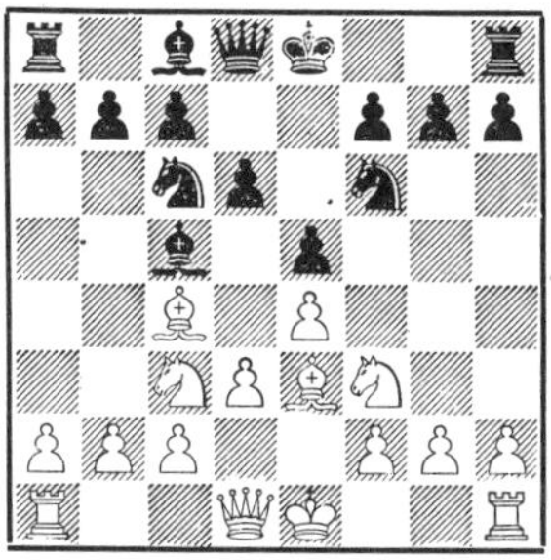

6. ... L:e3. Ein ungünstiger Tausch: er öffnet dem Gegner nach 7. fe die f-Linie und stärkt den Punkt d4. Die statische Schwäche des Doppelbauern auf der e-Linie hat keine praktische Bedeutung (siehe Diagr. auf der nächsten Seite).

1. ... S:e3?. Vernichtet den Läufer, der wertvolle Dienste auf dem Königsflügel leisten könnte, aber der Zug hat seine Schattenseiten, denn er:

1. stärkt das weiße Zentrum,

Nimzowitsch—Taubenhaus

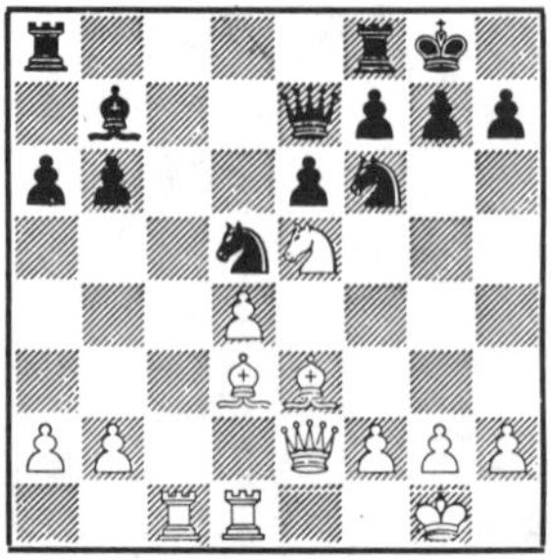

2. öffnet Weiß die f-Linie und
3. ermöglicht den Bauernvorstoß e3—e4.

2. fe b5?. Schwächt den Punkt c5. Besser war 2. ... a5 und Tac8.

3. Tc5! Tfc8, 4. Tdc1 g6, 5. a3 Se8, 6. b4 Sd6, 7. Df2 f5, 8. Df4 Se8, 9. Le2 Sd6, 10. Lf3. Weiß verstärkt unentwegt die Stellung seiner Figuren.

10. ... T:c5. Jetzt erhält Weiß einen Freibauern. **11. dc Se8, 12. Td1 Sf6, 13. c6 Lc8, 14. c7 Ta7, 15. Td8† Kg7, 16. T:c8 T:c7, 17. S:g6.** Schwarz gab auf.

Alatorzev—Löwenfisch

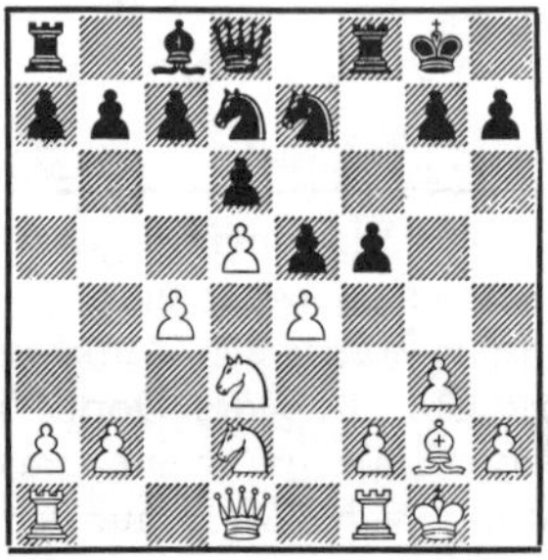

12. ... f4, 13. gf?. Ein schwerer positioneller Fehler. Schwarz erhält einen starken Punkt auf e5. Der Zusammenhalt der weißen Bauernkette wird zerstört — im weißen Lager entstehen einzelne „Bauerninseln" (auf h2). Besser war 13. g4, obwohl Schwarz nach 13. ... h5 die Initiative ergreifen könnte.

13. ... ef, 14. Sf3 Sg6, 15. Tc1 De7, 16. Te1 Sde5, 17. Sf:e5 S:e5, 18. f3 b6!.

Ein ganz „unscheinbarer" Zug; er hat die wichtige Funktion, den Zug c4—c5 zu erschweren.

19. S:e5 D:e5, 20. Dd2 Ld7, 21. Dc3 Tfe8!. Ein Turm muß auf a8 bleiben, um 22. b4 mit a5 beantworten zu können.

22. D:e5 T:e5, 23. a3 a5, 24. b3 Kf7, 25. Kf2 Kf6, 26. Ke2 Th5, 27. Th1 Ke5!.

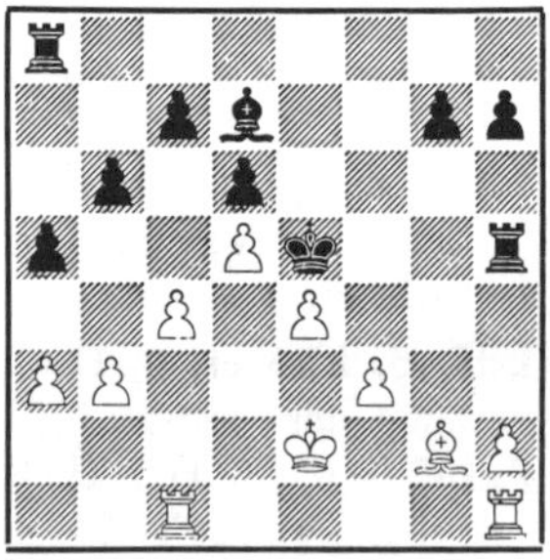

Der Positionsvorteil von Schwarz ist überwältigend. Isoliert und schwach ist der Bauer auf h2, der Läufer auf g2 spielt eine passive Rolle (er ist „schlecht"!), die schwarzen Felder sind im weißen Lager sehr schwach, d. h. schutzlos. **28. Kd3 h6! 29. h3.** Jetzt entsteht eine chronische Schwäche auf g3. **29. ... Tg5!, 30. Th2 Tg3, 31. h4 Tg8!, 32. Ke2 g5!, 33. hg hg, 34. Kf2 g4!, 35. Th5† Kd4, 36. Td1† Kc3, 37. Th7 gf, 38. Lf1 Kc2, 39. Td3 Lh3!, 40. T:f3 T:f3†, 41. K:f3 L:f1, 42. T:c7 Tf8!, 43. Tc6 Kd3, 44. T:d6 Le2†, 45. Kf2 f3, 46. Th6 Tg8, 47. Th2 K:e4, 48. Th4† Kd3, 49. Th2 Tg6.** Weiß gab auf.

DIE 11. STUNDE

Der Königsangriff

Ich glaube, es wird nicht übertrieben sein — in dem Augenblick, da wir den Entschluß fassen, zum direkten Königsangriff zu schreiten — übermannt uns jauchzende Kampfesfreude, wundersame schöpferische Erregung.

Wir haben uns überzeugen können, daß der Angriff gewisse positionelle Vorbedingungen erfordert. Hier die wichtigsten:

1. Die bessere Figurenstellung (das harmonische, aktive Zusammenspiel!), Übergewicht des Figurenmaterials am Kampfplatz.
2. Eine Kontrolle über das Zentrum, die gewöhnlich zu Raumvorteil führt (oder Stabilität bei geschlossenem, blockiertem Bauernzentrum).
3. Die feindliche Königsstellung muß geschwächt sein, oder wir müssen überzeugt sein, daß es uns gelingen wird, Schwächen hervorzurufen.

Untersuchen wir der Reihe nach die wichtigsten Kampfmethoden des Königsangriffes, die angewandt werden, falls:

1. die Könige auf entgegengesetzte Flügel rochiert haben,
2. beide Könige sich auf demselben Flügel befinden,
3. der König sich in der Mitte aufhält.

Die Könige befinden sich auf entgegengesetzten Flügeln

Die charakteristischen Merkmale in derartigen Stellungen sind:

1. Man kann die Bauern zwecks Öffnung der Linien und Diagonalen in der Nähe des feindlichen Königs weit vorrücken, ohne den eigenen König bloßzustellen.
2. Die Streitkräfte müssen bereitstehen, nach Schwächung der gegnerischen Königstellung in die Breschen einzudringen.
3. Weil der Gegner nicht „schlummert" und auch gewillt sein wird, den König am entgegengesetzten Flügel anzugreifen, muß man versuchen, als Erster die Initiative zu ergreifen und dabei mit ökonomischen Mitteln den feindlichen Angriff zum Stehen zu bringen.
4. Günstige Vorbedingungen für den Angriff bietet die gelockerte, geschwächte Stellung des Königs.

Stellen wir uns folgendes vor: die schwarzen Bauern befinden sich auf f7, g7, h7. Es genügt, den Bauern g7 nach g6 vorzuschieben, und schon haben wir eine dankbare Angriffsmarke, um mit h2 — h4 — h5 anzugreifen und dabei die h-Linie zu öffnen. Falls der h-Bauer von h7 nach h6 gegangen ist, versuchen wir mit g2 — g4 — g5 die g-Linie zu öffnen, oder wir gehen daran, mit einem Vernichtungsopfer auf h6 die Stellung des angegriffenen Königs völlig zu entblößen.

Also merken wir uns — die Bauernformation rings um den gegnerischen König ist eine nicht zu unterschätzende Richtschnur für unsere Kampfhandlungen in derartigen Stellungen.

Hier nun einige Illustrationen zum Gesagten.

Gereben—Geller

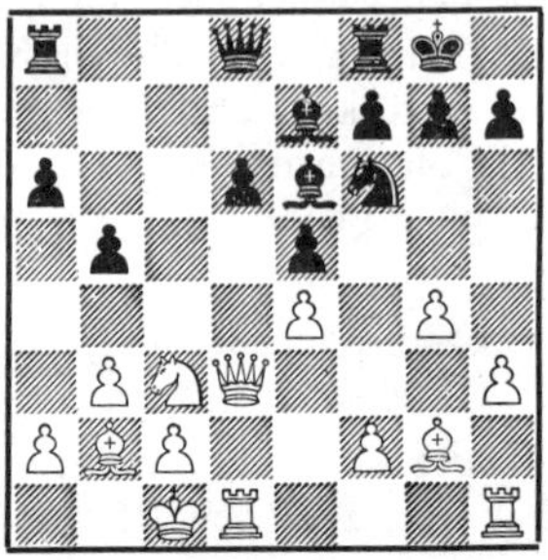

13. ... b4! Der Bauer b3 wird zuerst fixiert, an seinen Platz gekettet. **14. Se2 a5.**

Der strategische Angriffsplan des Nachziehenden besteht aus zwei Teilen.
1. Nach a5—a4 — a4:b3 soll die a-Linie geöffnet werden.
2. Dann will er mit seinen Kräften ins gegnerische Lager (in die geöffnete „Arterie") eindringen und schließlich
3. neue Reserven zum Königsangriff heranziehen.

15. f4. Auch Weiß plant einen großangelegten Angriff; aber es wird ihm nicht leicht fallen, Linien zu öffnen — die schwarze Bauernphalanx f7, g7, h7 ist unangetastet!

15. ... Sd7! Schwarz führt sofort dem Damenflügel neue Reserven hinzu.
16. f5 Sc5, 17. Df3 a4!!

Vorzüglich und mutig gespielt. Unerläßliche Charaktereigenschaften beim Angriffsspiel sind übrigens — Mut, Kaltblütigkeit und Selbstvertrauen!

Schwarz opfert eine Figur, da der Kampf vor allem unter dem Motto „Tempo, Tempo!" vonstatten geht. Wem es als Erstem gelingt, dem König auf den Leib zu rücken, hat schon den Spatzen in der Hand!

18. h4. Dieser Zug trägt dennoch nur „deklarativen" Charakter, denn, wie schon gesagt, der schwarze Königsflügel ist ungeschwächt. Aber noch folgendes muß unterstrichen werden: die weißen Figuren stehen recht passiv, und gelänge es auch, den feindlichen König bloßzustellen, wären sie nicht imstande, sofort wirkungsvoll einzugreifen.

18. ... ab, 19. ab Ta2!. Der Turm ist schon in das feindliche Lager eingedrungen! **20. fe fe, 21. De3 Da5!.** Droht bereits 22. ... T:b2, 23. K:b2 Da3† und Ta8.

22. c4 T:b2!.

Die beste Verteidigungsfigur des weißen Königs wird vernichtet.

23. K:b2 Da3†, 24. Kb1 Ta8.

Der schwarze Angriff ist durchgedrungen.

Die günstigen Vorbedingungen liegen auf der Hand:

1. Der weiße König steht entblößt da.
2. Schwarz hat Materialübergewicht im entscheidenden Sektor.

25. Sc1. Neue Verteidigungsreserven werden herangezogen. **25. ... Da1†, 26. Kc2 Ta2†!.**

Schwarz ist unerbittlich. Mit dem Textzuge wird das letzte „Feigenblatt" des Königs weggefegt.

27. S:a2 D:a2†, 28. Kc1 S:b3†.

Besonders eklatant tritt hier die Bedeutung der Initiative in den Vordergrund. Schwarz zwingt unentwegt den Widersacher, seinem donnernden Willen Folge zu leisten! Nicht immer ist die Initiative derart zwingend, aber sie ist die wichtigste Begleiterscheinung jedes erfolgreichen Angriffs.

29. D:b3 D:b3.

Die Mattgefahr ist beseitigt auf Kosten großen Materialverlustes. Das weitere ist eine Frage unkomplizierter Technik.

30. Td2 Dc3†, 31. Tc2 De3†, 32. Kb2 Da3†, 33. Kb1 b3, 34. Tb2 Db4, 35. g5 Ld8!

Der Läufer sucht einen neuen Wirkungskreis.

36. Tc1 Lb6, 37. Lh3 Kf7, 38. h5 Ld4, 39. g6† hg, 40. hg† Ke7. Weiß gab auf. Man darf aber nicht denken, daß alle derartigen Partien so einfach und „wie am Schnürchen" laufen. Oft muß der Angreifer mit gefährlichem Gegenangriff rechnen.

Woskanjan—Simowitsch

1. e4 c5, 2. Sf3 d6, 3. d4 cd, 4. S:d4 Sf6, 5. Sc3 a6, 6. Lg5 e6, 7. Dd2 h6, 8. Le3 Le7, 9. Le2 0—0, 10. f4 Sc6, 11. 0—0—0 Ld7.

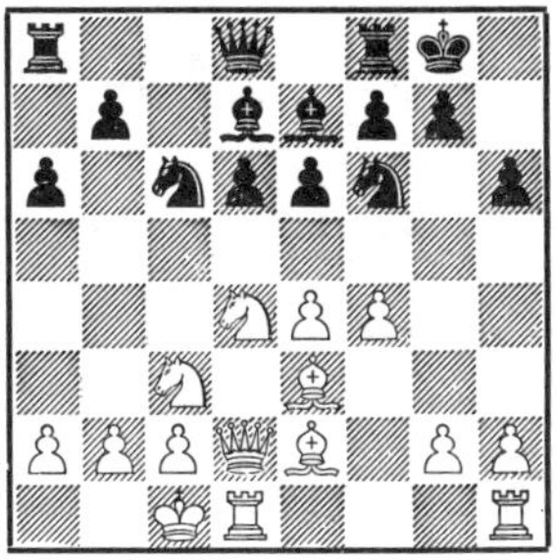

Die Richtlinien beiderseitiger Angriffe werden von der statischen Struktur der Stellung bestimmt.

Weiß wird versuchen, mit g2 — g4 — g5 die g-Linie zu öffnen — Schwarz seinerseits wird das Schwergewicht auf die Ausnützung der c-Linie legen.

12. g4! S:d4, 13. D:d4 Lc6, 14. h4 d5! Die effektvollste Reaktion auf jeden Flügelangriff ist der Gegenschlag im Zentrum.

15. g5 S:e4, 16. S:e4.

Auf das schablonenhafte 16. gh wäre sehr stark 16. ... Lf6 gefolgt.

16. ... de, 17. Dc3. Die Dame muß man zur Unterstützung des geplanten Angriffes behalten.

17. ... Ld5, 18. Ld4 Tc8, 19. Dg3 h5! Ein sehr lehrreicher Augenblick. Der Angreifer muß versuchen, die Angriffsschleusen zu öffnen, der Verteidiger dagegen, sie zu schließen. Auf Kosten eines Bauern gelingt es Schwarz, die verheerende Öffnung der g-Linie zu verhindern. Das erlaubt ihm, Atem zu holen und Gegenspiel zu erlangen.

20. L:h5 Da5, 21. a3 Da4, 22. Th2 Tc4, 26. Lf6! Tfc8.

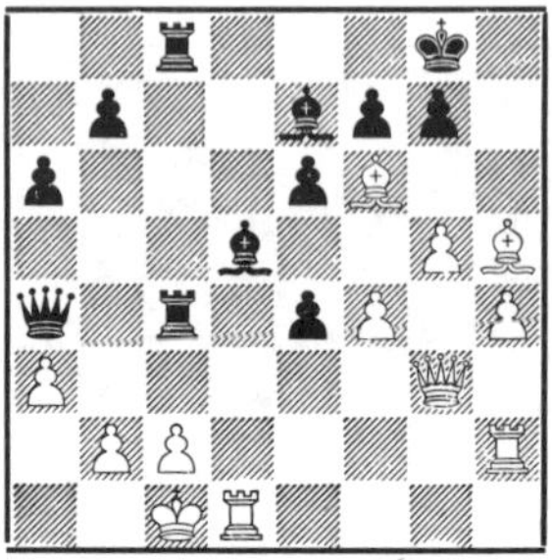

Der Kulminationspunkt des heißen Kampfes.

24. b3. Beinahe erzwungen. Es ging nicht 24. L:e7 wegen 24. ... T:c2†, 25. Kb1 T:h2, 26. D:h2 Db3, 27. T:d5 ed, und die schwarzen Freibauern sind sehr gefährlich. Auf 24. T1d2 könnte 24. ... e3! folgen.

24. ... L:a3†. Bisher hat Schwarz sich hervorragend geschlagen, aktiv und energisch verteidigt und den Dolchstoß g5—g6 zu verhindern verstanden. Aber dieser offensichtliche Zug führt zum Verlust. Es mußte 24. ... D:a3† geschehen. Nach 25. Lb2 Tc3!, 26. D:c3 T:c3, 27. L:a3 L:a3† hat Schwarz für die Qualität einen Bauern und zwei starke Läufer. Jetzt bricht die schwarze Stellung schnell zusammen.

25. Kb1 Db4. Dieser Rückzug gibt Weiß die Möglichkeit sofort loszuschlagen.

26. g6! Öffnet entscheidend die g-Linie. Der im 12. Zuge begonnene strategische Kampf hat seinen Abschluß gefunden.

26. ... fg. Noch immer ist der Läufer unantastbar: 26. ...gf, 27. gf† Kf8, 28. Dg8† Ke7, 29. De8†!

27. D:g6 T4c7, 28. Tg2 L:b3.

Sieht gefährlich aus; aber wiederum kommt Schwarz um ein Tempo zu kurz. Auf 28. ... Df8 wäre einfach 29. Tdg1 gefolgt.

29. D:g7†! T:g7, 30. T:g7† Kf8, 31. Tf7† Ke8, 32. Th7†. Schwarz gab auf. Großmeister S. Tartakower schrieb seinerzeit: „Das Schachspiel ist oft die Tragödie eines Tempos." Ja, bei derartigen Angriffen hängt oft alles an einem seidenen Faden. Wessen Angriff schneller durchdringt, gewinnt.

Zum Schluß möchten wir noch folgendes hinzufügen: es kommt vor, daß ein motivierter, logischer, strategischer Plan an einer unvorhergesehenen taktischen Wendung scheitert. Dann ist nichts zu machen, in dynamischen, scharfen Stellungen ist alles möglich . . .

Einen interessanten strategischen Kampf verfolgen wir im nächsten Beispiel.

Lipnizky—Sacharev

Der weiße Bauernsturm ist im vollen Gange. Aber die offene b-Linie ist ein nicht zu unterschätzender Gegentrumpf des Nachziehenden.

16. g6! Da5. Droht Da5—a3!. Auf 16. ... fg könnte folgen 17. hg hg, 18. ed cd, 19. S:d5 ed, 20. D:d5† Tf7, 21. Th8†!

Falls Schwarz nach 16. ... fg, 17. hg mit h7—h6 die h-Linie schließt, hat Weiß die Möglichkeit, diese Barrikade zu stürmen: 18. ed cd, 19. S:d5 ed, 20. D:d5† Kh8, 21. Ld4! Lf6 (21. ... Sf6, 22. Dg5! Sg8, 23. T:h6†!), 22. T:h6†! gh, 23. Th1 Kg7, 24. T:h6!

17. gh† Kh8.

Manchmal ist es günstig, den König hinter den Bauern des Gegners zu verstecken. Aber hier bringt dieses Manöver keine Rettung: der Punkt g7 auf der offenen g-Linie wird zum greifbaren Angriffsobjekt.

18. Tdg1 Db4, 19. b3 de, 20. Ld4 e5, 21. fe c5.

Auf diese taktische Möglichkeit hatte sich Schwarz verlassen.

22. Lc4!. Mit der schrecklichen Drohung Dg2. Schwarz hat nur 22. Le3 erwartet, worauf folgen könnte: 22. ... S:e5, 23. Lh6 hg, 24. D:h6 Sg4, 25. L:g4 D:c3! mit Gegenspiel.

22. ... Td8, 23. T:g7! Nun ist Taktik Trumpf! **23. ... cd.** Falls 23. ... K:g7, dann 24. Tg1† K:h7, 25. Dg2.

24. Thg1 Lf8, 25. Dh6. Schwarz gab auf. Im folgenden Beispiel dreht sich der Streit um die Öffnung von Diagonalen (siehe Diagr.).

15. h4!. Mit der Drohung h4—h5. Um diese zu beseitigen, schwächt Schwarz seine Bauernkette.

Keres—Petrov

Vor 15. h4.

15. ... h5. Nach der Partie wurde nachgewiesen, daß Schwarz den Vorstoß kaltblütig zulassen sollte: 15. ... S:e5, 16. fe Lg7, 17. h5 Dg4, 18. De3 Lf5, obgleich Weiß nach Th2 und Tdh1 die Initiative behält. Aber es war schwer vorauszusehen, daß Weiß mit drei Bauernopfern entscheidenden Angriff erhalten würde.

16. g4! L:e5, 17. fe D:g4, 18. De3 S:b4. Auf den Blockierungszug 18. ... Le6 könnte 19. Tdg1 und Dh6 folgen.

19. e6! Öffnet dem Läufer die Diagonale. Jetzt drohte schon 19. ... Le6.

19. ... Sd5. Auf 19. ... S:d3† beabsichtigte Keres 20. cd fe, 21. Tdf1 (es drohte Damentausch!) Tf5, 22. Thg1 Kg7, 23. T:g4! T:f1†, 24. Kc2 hg, 25. De5.

20. ef† T:f7, 21. Lc4!.

Das harmonische Zusammenspiel wirkt sehr ästhetisch! Unsere Wunderformel in Aktion! (Vergleiche erste Stunde.)

21. ... c6. Der Springer darf die Dame wegen Td8—h8‡ nicht schlagen. Ebensowenig die Dame den Läufer wegen 22. De8† Tf8, 23. D:g6‡.

22. T:d5 D:c4, 23. De8† und Weiß gewann.

Selbstverständlich darf man nicht annehmen, daß es sich bei Bauernstürmen nur darum dreht, in einem Falle die Linien für die Türme zu öffnen, im anderen Diagonalen für die Läufer. Nein, bei weitem nicht. Nur im harmonischen Zusammenspiel aller angreifenden Figuren sollte man die Besonderheit des Bauernsturmes sehen. Übrigens ist unser Thema eines der schwierigsten im Schach; es verlangt mehr denn je schöpferische, tiefe Spielanlage. Hier eine lehrreiche Illustration aus der Praxis des Exweltmeisters.

Tal-Tolusch

1. c4 Sf6, 2. Sc3 g6, 3. e4 d6, 4. d4 Lg7, 5. f3 e5, 6. Sge2 Sbd7, 7. Lg5 c6, 8. Dd2 0—0, 9. d5.

Es gibt Eröffnungen, in denen die Gegner frühzeitig ihre aggressiven Tendenzen offen bekunden. Zu ihnen gehört das berühmte Sämisch-System. Die Strategie des Anziehenden offenbart sich schon im 5. Zuge. Er verhindert nach Le3 und Dd2 den Gegenschlag Sg4 und, was wichtiger ist, bereitet den Sturm g2—g4, h2—h4 vor. **9. ... c5?.** Das ist ein schwerer strategischer Fehler. Wie wiederholt festgestellt, liegt die beste Reaktion auf einen Flügelangriff in einem Gegenschlag im Zentrum. Wenn das Zentrum geschlossen bleibt, kann man sich ungestört dem Flügelangriff widmen. Mit dem Textzuge gießt Tolusch Wasser auf die Mühle des Gegners. Er mußte 9. ... Sb6 spielen, und Weiß müßte immer mit c6×d5 und Gegenspiel des Nachziehenden rechnen.

10. g4. Das erste Signal zum Angriff! **10. ... a6, 11. Sg3 Te8, 12. h4 Da5.** Dieser „aktive" Zug erweist sich als reine Demonstration und führt nur zu Zeitverlust.

13. Lh6. Das bekannte Manöver gegen den Fianchettoaufbau. Obwohl bei geschlossenem Zentrum der Läufer auf g7 „schlecht" ist, dient er als vorzügliche Verteidigungskraft. Darum bietet Weiß den Läufertausch „freundlichst" an.

13. ... Sf8, 14. h5 Dc7, 15. Ld3 b5. Auch Schwarz greift die gegnerische Bauernkette an. **16. 0—0—0.**

Weiß lehnt das angebotene Bauernopfer ab, weil nach 16. cb ab, 17. S:b5 Db6 ein Gegendruck auf der offenen b-Linie zu befürchten wäre.

16. ... bc, 17. Lb1!. Nicht 17. L:c4, das zur Belebung der gegnerischen Kräfte nach 17. ... Ld7—Lb5 führen könnte.

17. ... Lh8. Schwarz hat beschlossen, den Läufer zu behalten, aber das erlaubt Weiß, seinen Druck auf dem Königsflügel zu verstärken.

18. Tdg1 Tb8, 19. Sf5! S6d7, 20. Lg5!. Es droht schon Sh6†. Fehlerhaft wäre 20. ... f6 wegen 21. hg hg, 22. Dh2. **20. ... Lg7, 21. S:g7 K:g7, 22. Lh6† Kg8.**

Weiß hat mit seinen unscheinbaren Manövern viel erreicht: die schwarze Königsstellung ist geschwächt, der

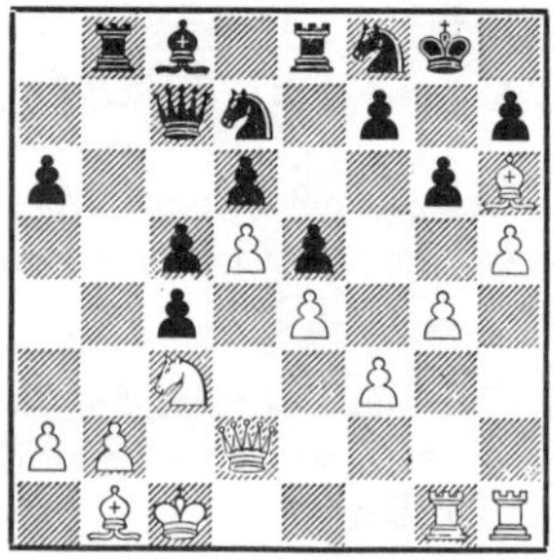

Läufer auf h6 ist ein sehr unangenehmer Nachbar des schwarzen Königs. Bereit zum Angriff stehen die weißen Türme. Und dennoch ist der Weg zum erfolgreichen Angriff weit — neue Kampfreserven müssen herangeführt werden, um den schwarzen König gefangenzunehmen.

Dieses Ziel verfolgen die nächsten Manöver von Weiß.

23. f4! Droht f4—f5 und erzwingt das Schlagen auf f4, das wiederum ermöglichen wird, Springer und Läufer am Angriff teilnehmen zu lassen. Es ist wichtig, daß es Schwarz nicht gelingt, mit Se5 das Feld e5 zu blockieren.

23. ... ef, 24. D:f4 Dd8. Es geht nicht 24. ... Se5 wegen 25. Df6.

25. hg S:g6.

Nach diesem Zuge ist die schwarze Königsstellung zersplittert. Aber auch auf andere Züge ist die Lage von Schwarz kritisch, wie Meister Panov nachgewiesen hat:

25. ... fg, 26. Lg5 Db6, 27. Sa4 Da5, 28. Tf1 Se5 (28. ... D:a4, 29. Df7† Kh8, 30. Lh6), 29. Le7! L:g4, 30. L:d6. Oder 25. ... hg, 26. Lg5 f6, 27. Dh2 fg, 28. Dh8† Kf7, 29. Tf1† Sf6, 30. e5! und L:g6†!.

26. Dh2 Sde5, 27. Lf4. Genauer war 27. Le3 und weiter wie in der Partie.

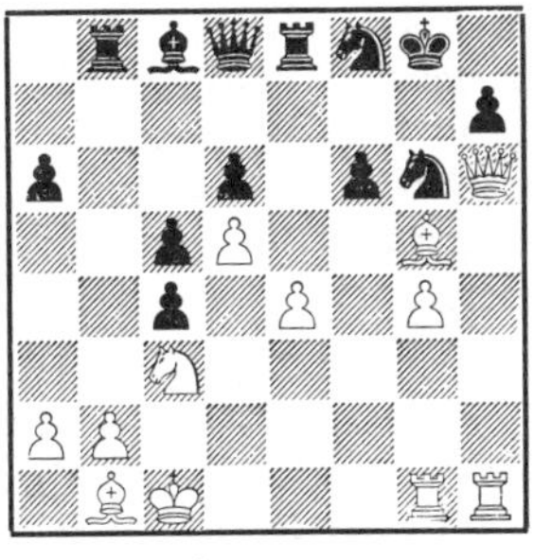

Vor dem 30. Zuge.

27. ... Sf8. Auch Schwarz, offenbar ermüdet vom schweren Kampf, trifft nicht das beste. Es mußte 27. ... S:f4 geschehen.

28. Dh6 Seg6, 29. Lg5 f6 (siehe Diagr.).

30. e5!. Ein wundervoller Kraftzug! Alle weißen Figuren prasseln aufs Haupt des schwarzen Königs.

30. ... T:e5. Es ging nicht 30. ... fg wegen 31. L:g6 hg, 32. Dh8† Kf7, 33. Th7†!.

31. L:g6 Tb7, 32. Se4! fg, 33. Tf1 T:e4. Gegen Sf6† gab es keine Rettung.

34. L:e4 Tg7, 35. Tf6 L:g4, 36. Thf1 Sd7, 37. T:d6 De7, 38. T:a6 Kh8, 39. L:h7! Sb8, 40. Lf5† Kg8, 41. Le6† L:e6, 42. T:e6. Schwarz gab auf.

In der Partie Boleslavsky—Ufimzev haben wir illustriert, daß in Stellungen, in denen der Angreifer schon offene Linien zur Verfügung hat (zum Beispiel infolge günstiger Tausche im Eröffnungsstadium), Figurenangriffe die Hauptrolle spielen.

Hier einige Beispiele, die die Gefahren der langen Rochade illustrieren.

Slonjim—Rjumin

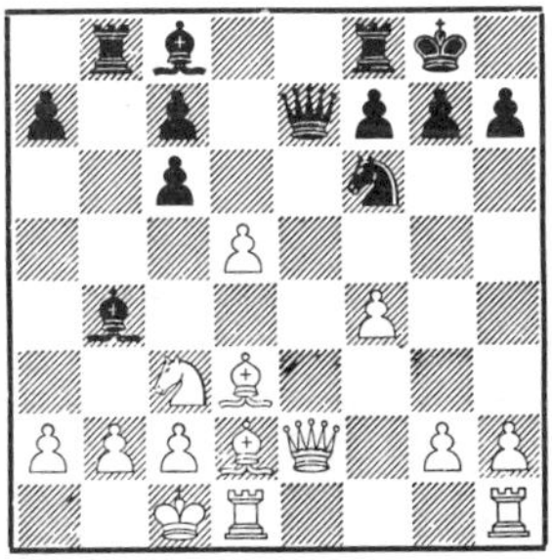

Bei der langen Rochade ist die Achillesferse der Punkt a2. Gewöhnlich spielt man vorbeugend Kc1—b1; aber nicht immer findet man die Zeit dazu. So hier in diesem Fall.

13. … La3, 14. Sa4 L:b2†, 15. Sb:2 Da3, 16. De5 Te8, 17. Dd4 c5, 18. Dc3 D:a2, 19. Le1.
Wird schön widerlegt: **19. … Te2!!, 20. L:e2 Se4.** Weiß gab auf — das Mattnetz ist unzerreißbar.

Pillsbury—Lasker

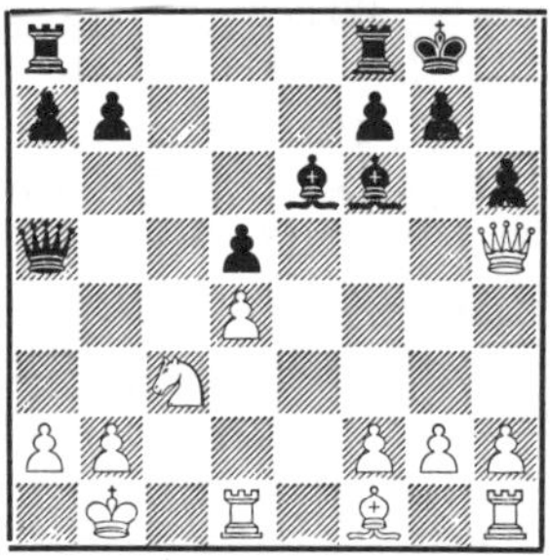

Weiß unterschätzte die aktive Stellung der schwarzen Dame und das Vorhandensein der offenen c-Linie.

16. f4. Weiß spielt auf „Angriff". **16. … Tac8, 17. f5 T:c3, 18. fe.**

Bessere Aussichten auf Verteidigung bot 18. bc D:c3, 19. Df3. Aber für den Angreifer ist es oft psychologisch schwer, vom Angriff auf die Verteidigung umzuschalten.

18. … Ta3!!, 19. ef† T:f7, 20. ba Db6†, 21. Lb5.

Falls 21. Ka1 L:d4†, 22. T:d4 D:d4†, 23. Kb1 De4† und Tf2.

21. … D:b5†, 22. Ka1 Tc7, 23. Td2 Tc4, 24. Thd1 Tc3, 25. Df5. Falls 25. De2, so 25. … Tc1†!.

25. … Dc4, 26. Kb2 T:a3!!, 27. De6† Kh7, 28. K:a3 Dc3†, 29. Ka4 b5†, 30. K:b5 Dc4†, 31. Ka5 Ld8†, 32. Db6 L:b6‡.

Bei offener c-Linie in der Sizilianischen Verteidigung ist es das Feld c2, das gleich einem Magnet die Aufmerksamkeit des Gegners auf sich zieht.

Sacharov—Wasjukov

1. e4 c5, 2. Sf3 Sc6, 3. d4 cd, 4. S:d4 g6, 5. Sc3 Lg7, 6. Le3 Sf6, 7. Lc4 d6, 8. f3 Db6, 9. Lb5 Dc7, 10. g4 Ld7, 11. Dd2 0—0, 12. Le2 Tfc8, 13. 0—0—0 b5, 14. Sc:b5. Öffnet freiwillig dem Gegner die b-Linie. Weiß sollte mit g4—g5 fortfahren.

14. … Db7, 15. S:c6 L:c6, 16. Sd4.

Während Weiß mit seinen „Raubzügen" beschäftigt war, hat er seinen Angriff am Königsflügel vernachlässigt, was aber noch schlimmer ist, dem Gegner stellte er noch die b-Linie zur Verfügung. Kein Wunder, daß sich für Schwarz eine schöne Angriffsmöglichkeit herausschält.

16. … S:e4!, 17. fe L:e4, 18. The1 T:c2†, 19. D:c2. Nicht 19. S:c2 wegen 19. … D:b2‡. **19. … L:c2, 20. K:c2 Tb8!, 21. b3.** Falls 21. Sb3, dann a5!. **21. … Tc8†, 22. Kb1 Tc3, 23. Lf3 Db4, 24. Sc2 T:c2!.** Weiß gab auf.

Unser Praktikum

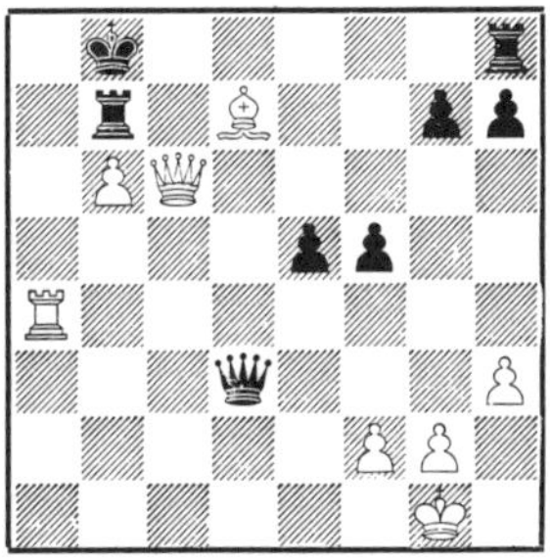

43

Weiß am Zuge

44

Weiß am Zuge

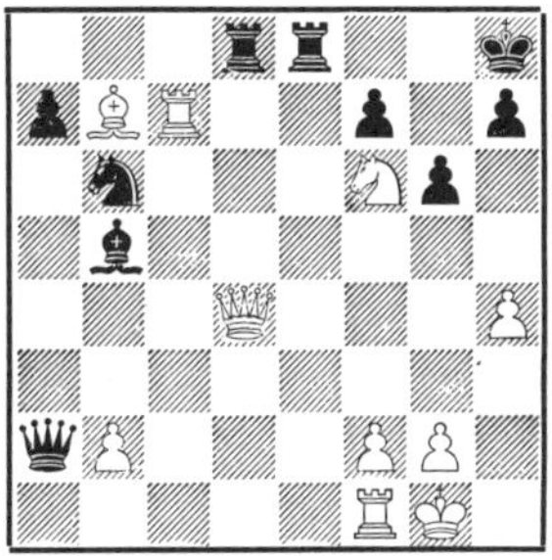

45

Weiß am Zuge

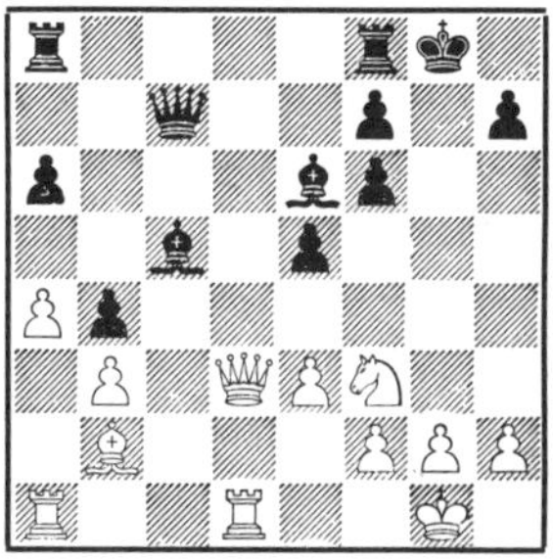

46

Weiß am Zuge

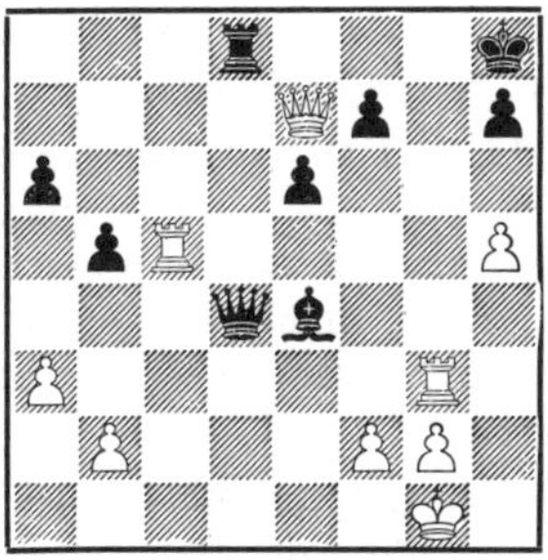

47

Weiß am Zuge

48

Weiß am Zuge

DIE 12. STUNDE

Die Könige haben kurz rochiert

Das Grundprinzip jedes Angriffs trifft auch hier zu:

1. Gesicherte Stellung im Zentrum.
2. Übergewicht an Material am Kampfort bei entscheidenden Kampfhandlungen.
3. Anhaltende Initiative.

Welche bestimmten Kampfmethoden sind bei derartigen Angriffen am meisten anzutreffen?

a) Vernichtung der Königsflügelbauern;

b) Schwächung der Bauernphalanx mit folgendem Einbruch der Figuren;

c) Öffnung von Linien und Diagonalen;

d) Angriffe ungleichfarbiger Läufer;

e) Angriffe der Schwerfiguren;

f) Bauernsturmangriffe.

Selbstverständlich sind das alles nur Grundrisse der Angriffsarten. Alle Arten mit feinen Nuancen im Rahmen einer Vorlesung systematisch darzulegen, ist leider nicht möglich. Es ist auch nicht unser Ziel. Es genügen die wichtigsten Methoden. Bei Abzweigungen, Abweichungen, unerwarteten taktischen Wendungen kann man sich bei fleißigem Studium und viel Praxis selbst zurechtfinden.

a) Vernichtung der Königsflügelbauern

Zur Zertrümmerung des gegnerischen Königsflügels genügt nicht der gute Wille. Man muß sich gewisse positionelle Vorteile gesichert haben, um zu einer derartigen scharfen Aktion übergehen zu können. Wollen wir aufmerksam verfolgen, wie sich derartige Vorteile anhäufen.

Goglidse — Flohr

1. d4 Sf6, 2. c4 g6, 3. Sf3 Lg7, 4. g3 0—0, 5. Lg2 d6, 6. 0—0 Sbd7, 7. Dc2. Besser wäre 7. Sc3. **7. ... e5, 8. de.**

Der Beginn eines unglücklichen Planes — Angriff am Damenflügel. Besser war das elastische 8. Td1.

8. ... de, 9. Td1 De7, 10. Sc3 c6, 11. Sa4?. Will Sc5 verhindern und plant c4—c5. Aber derartige Flügeloperationen kann man nur durchführen, wenn die Stellung im Zentrum gesichert ist.

11. ... Te8, 12. h3 Sh5, 13. c5. Führt zur Schwächung der Bauernformation des Königsflügels.

13. ... e4, 14. Sd4 e3!, 15. L:e3 S:g3, 16. Tac1 Sf6, 17. Sc3. Der reuige Rückzug! **17. ... Sfe4, 18. S:e4 S:e4, 19. Lf4.** Etwas zäher war 19. Sf3.

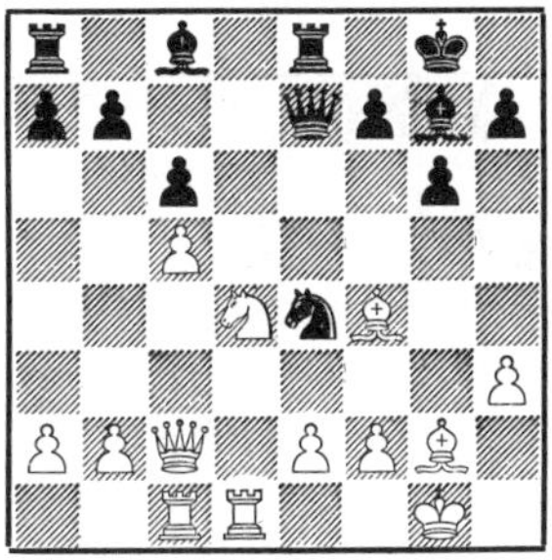

19. ... S:f2! Das Feld f2 (bzw. f7) ist oft das Ziel des Angreifers. **20. K:f2 Dh4†, 21. Kf3 L:h3.** Der Königsflügel wird entblößt! **22. L:h3 D:h3†, 23. Kf2 Dh4†, 24. Kf3 Le5!.** Liquidiert die Verteidigungsfigur. **25. e3.**

Falls 25. L:e5, dann 25. ... T:e5 mit der Drohung, den zweiten Turm zu zentralisieren: 26. ... Tae8!.

Schlecht wäre auch 25. De4 wegen 25. ... Dh5†, 26. Kf2 L:d4† und T:e2†. **25. ... L:f4, 26. ef Dh3†, 27. Kf2 Te3!, 28. Tg1 Tae8, 29. Tg2 Dh4†.** Weiß gab auf.

In dieser Partie trat klar der enge Zusammenhang zwischen dem Zentrum und der Aktion auf dem Flügel zutage. (Vergleichen Sie auch die Partie Keres—Böök.)

In der folgenden Partie grub Weiß dem Gegner „das Grab" auf dem Punkt g7!

Dubinin — Petrov

1. e4 e6, 2. d4 d5, 3. Sc3 de, 4. S:e4 Sd7, 5. Sf3 S8f6, 6. Sg3 c5, 7. dc L:c5, 8. Ld3 Db6, 9. 0—0 0—0, 10. De2 Te8, 11. c3 Sf8.

Der Ausflug der Dame nach b6 war unnötig. In solchen Fällen muß man den Mut haben, seinen Fehler einzugestehen und zu versuchen, die Unterlassung wieder gutzumachen. Besser war 11. ... Dc7 mit nachfolgendem b7—b6, Lb7.

12. Se5 Sg6, 13. L:g6. Der Beginn eines originellen Angriffes. **13. ... hg, 14. h4 Dc7, 15. h5 gh, 16. S:h5 Sh7.**

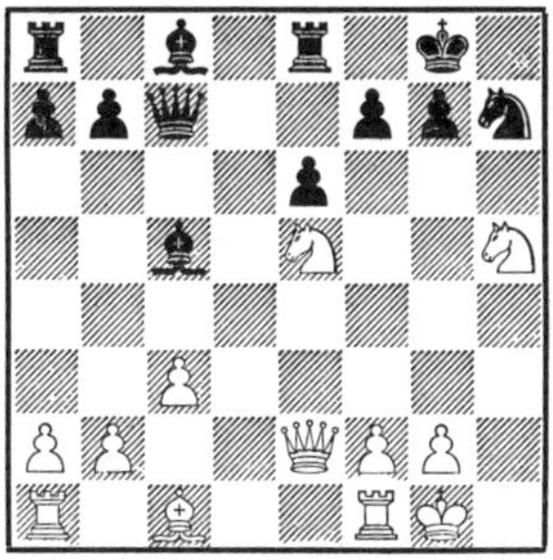

17. S:g7! K:g7, 18. Dh5 Lf8.

Falls 18. ... Kg8, dann 19. Te1 mit nachfolgendem Te4. Falls 19. ... Td8, 20. Lh6 Lf8, 21. Te3!.

19. Te1. Den Sieg sichert dem Weißen nicht nur der geschwächte gegnerische Königsflügel, sondern: 1. die aktive Stellung des zentralisierten Springers und bedrohende Position der Dame; 2. die Möglichkeit, immer wieder neue Reserven zur Verstärkung des Königsangriffes heranzuziehen.

19. ... Kg8, 20. Te3 Te7, 21. Tg3† Lg7, 22. T:g7†. Merken Sie sich bitte: wiederum wird der Verteidiger vernichtet! **22. ... K:g7, 23. Lh6† Kh8, 24. Td1!.** Es droht 25. Dg4, da 25. D:e5 wegen 26. Td8† unmöglich ist. **24. ... Sf6, 25. Lg7††!.** Zum dritten Male folgt ein Opfer auf g7!! Jetzt wird der König völlig entblößt.

25. … K:g7, 26. Dg5† Kh8, 26. D:f6† Kg8, 28. Td3. Das Eingreifen dieser Reserve entscheidet. Schwarz gab auf.

Weressov—Dsensiolovsky

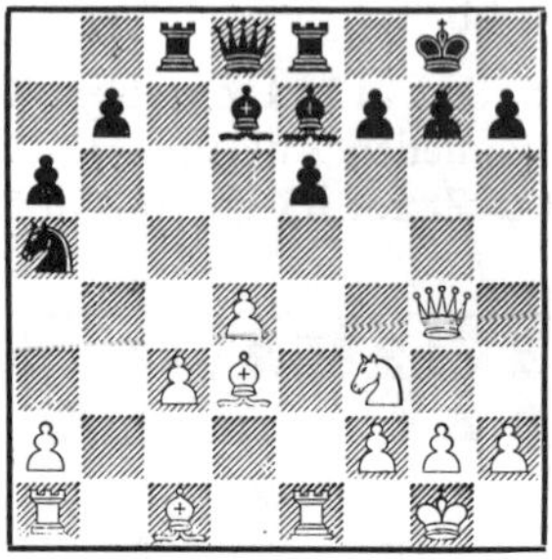

Ein flüchtiger Blick auf die Position genügt, um festzustellen, daß der schwarze König ohne Schutz dasteht — der schwarze Springer steht abseits, das Figurenknäuel auf der 8. und 7. Reihe wirkt etwas unbeholfen.

Aktiv ist die weiße Dame postiert, die Läufer und der Turm sprungbereit. In derartigen Stellungen ist das oberste Gesetz: schnell und energisch handeln, ehe es dem Gegner gelingt, neue Verteidigungsreserven heranzuziehen. So handelte auch der Anziehende.

16. L:h7†! K:h7, 17. Se5. Wiederum der zentralisierte Springer! Es droht 18. Dh5† Kg8, 19. D:f7† Kh8, 20. Te3—h3.

17. … Sc4. „Zu spät (verstehe zurück) — Du rettest den Freund (verstehe König) nicht mehr!" um Schiller abzuwandeln …

18. Dh5† Kg8, 19. D:f7† Kh7, 20. S:d7 D:d7, 21. T:e6! Dd8. Auch nach 21 .. Kh8, 22. Lh6! Tg8, 23. L:g7†! verliert Schwarz schnell.

22. Th6‡.

Ein ziemlich oft vorkommendes Strategem ist das Vernichtungsopfer auf h6.

Koblenz—Wood

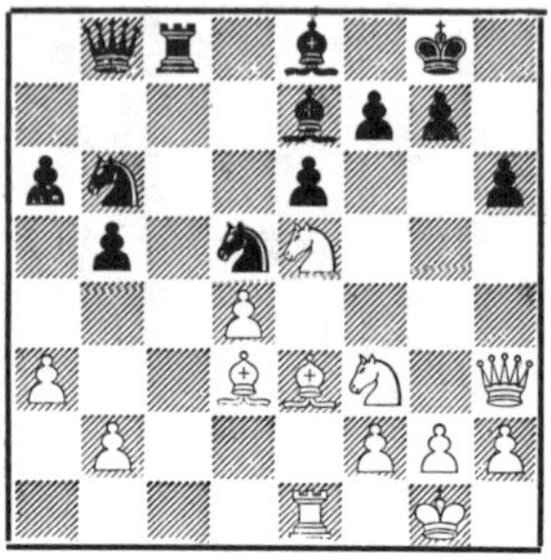

Auch hier dasselbe Bild — Weiß hat Materialübergewicht auf dem Königsflügel. Die Angriffsmarke h6 starrt einem direkt ins Auge. Die Stellung ist reif zum vernichtenden Losschlagen:

24. L:h6! gh, 25. D:h6 Lf6. Falls 25. … Sf6, 26. Sg5! Ld8, 27. Lh7† S:h7, 28. D:h7† Kf8, 29. Sg6†! fg, 30. S:e6‡.

26. Lh7† Kh8, 27. S:f7†! L:f7, 28. Lg6† Kg8, 29. Dh7†. Schwarz gab auf.

b) Schwächung der Bauernphalanx mit folgendem Einbruch der Figuren

Weiß hat folgende positionellen Vorteile, die günstige Vorbedingungen zum Königsangriff bilden:

1. Die Kontrolle über das Zentrum.
2. Die Läufer sind aktiv postiert.
3. Die Dame und die Türme stehen kampfbereit.

Aber ehe er zum entscheidenden Angriff vorgeht, schwächt und zerrüttet

Lasker—Capablanca

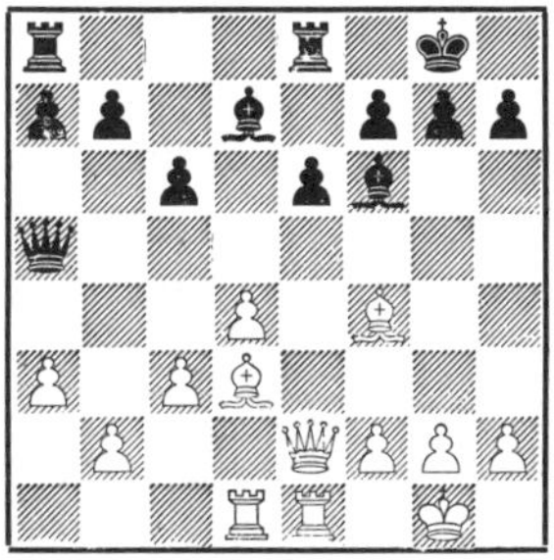

Lasker erst den schwarzen Königsflügel.

17. Dc2! g6. Auf 17. ... h6 spielt Weiß 18. De2 mit nachfolgendem De4.

18. Le5! Lg7, 19. h4! Dd8, 20. h5 Dg5, 21. L:g7 K:g7, 22. Te5 De7, 23. Tde1 Tg8, 24. Dc1!. Gegen 24. ... Kf8 gerichtet, worauf 25. Dh6† folgen würde.

24. ... Tad8, 25. T1e3 Lc8, 26. Th3 Kf8, 27. Dh6† Tg7, 28. hg hg, 29. L:g6! Df6. Es geht nicht 29. ... fg wegen 30. Dh8†. **30. Tg5! Ke7, 31. Tf3 D:f3, 32. gf.** Weiß errang den Sieg.

Bronstein—Najdorf

13. f6!. Treibt den Keil ins Herz der schwarzen Königsstellung hinein!

13. ... Kh8. Auf 13. ... S:f6 wäre sehr unangenehm 14. Lg5 mit nachfolgendem Se2—g3—h5.

14. d5 Sa5, 15. Sg3 gf.

Im Lager des Nachziehenden ist ein Gebiet von Schwächen entstanden — h5, f5, h6.

16. Sf5. Sofort besetzt der Springer die „dargebotene" Lücke.

16. ... Lc8, 17. Dh5 L:f5, 18. ef Tg8, 19. Tf3 Tg7, 20. Lh6 Tg8, 21. Th3!. Schwarz gab auf. Es droht Lh6—f8.

c) Öffnung von Linien und Diagonalen

Taimanov—Berg

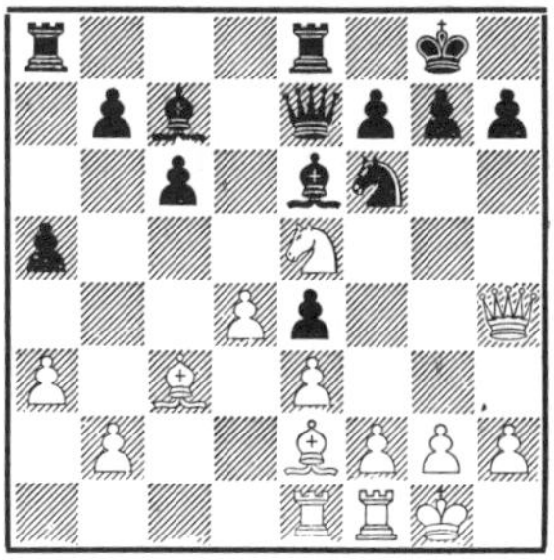

Weiß spielte **19. f3 ef, 20. Ld3!.** Schwarz erwartete 20. L:f3, worauf er beabsichtigte, mit 20. ... Sd5! die Stellung zu vereinfachen. Der Textzug erweist sich als besonders stark — die Beherrschung der Diagonalen b1—h7 ist sehr gefährlich.

20. ... fg, 21. Tf2. Verfrüht wäre 21. T:f6 D:f6, 22. D:h7† Kf8, und der König entkommt mit heiler Haut.

21. ... h6. Es drohte schon d4—d5.

22. T:g2. Jetzt hat Weiß auch die g-Linie zur Verfügung. Der Angriff des Anziehenden wird bald unparierbar.

22. … Kh8, 23. Tf1 Sh7. Auch 23. … L:e5, 24. de Sh7 half wegen 25. Tf6! nicht.

24. Dh5 Sf6, 25. T:f6 D:f6, 26. d5!!. Wiederum sehr stark — auch der schwarzfeldrige Läufer greift ein!

26. … L:d5. Auf 26. … L:e5 könnte folgen: 27. L:e5 Lg4, 28. L:f6 L:h5, 29. T:g7 mit der unabwendbaren Drohung Tg7—h7—h8.

In der Partie folgte noch: **27. Sd7 D:c3, 28. bc L:g2, 29. Df5** und Schwarz gab auf.

d) Angriffe ungleicher Läufer

Eigenartig verlaufen die Angriffe, wenn auf dem Brett Läufer von ungleicher Farbe geblieben sind. Das Fehlen „des Opponenten" erlaubt dem Läufer, einen sehr starken Druck auszuüben.

Rubinstein—Spielmann

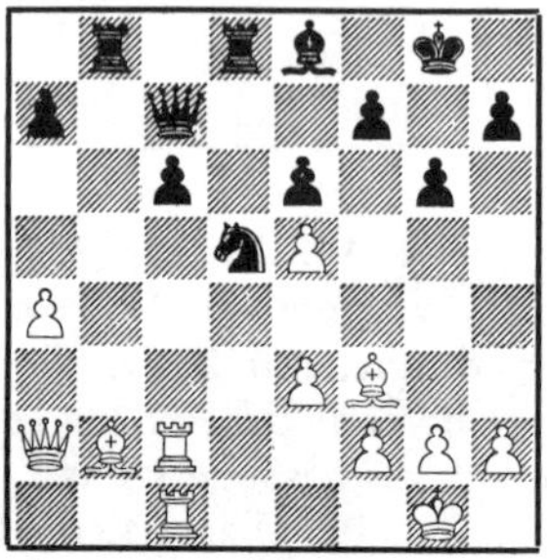

26. L:d5. Der Springer wird vernichtet, da er eventuell die schwarzen Felder schützen könnte.

26. … T:d5, 27. Ld4 Da5, 28. h3 Da6. Zäheren Widerstand versprach 18. … c5.

29. Tc4 h5, 30. Da3 Tb7, 31. e4 Td8, 32. Dc3 Tbd7. Schwarz will Ld6 nicht zulassen.

33. De3 Kh7, 34. Lc5. Eigenartig, daß Weiß sich nur auf schwarzen Feldern bewegt.

34. … Td1†, 35. Kh2 T:c1.

Weiß gewinnt auch nach 35. … Kg7! auf folgende lehrreiche Weise: 36. T:d1 T:d1, 37. Td4 Df1, 38. T:d1 D:d1, 39. Dg5 Dd7, 40 Df6† Kg8, 41. Le3! Kh7, 42 h4! und es gibt keine Rettung gegen Lh6!.

36. Lf8!. Schwarz gab auf.

Im folgenden Beispiel spielt der weiße Läufer nicht eine so kläglich passive Rolle wie der schwarze im vorherigen Beispiel, aber das Bauernbollwerk f6—g7 setzt seine Aktivität stark herab. Dagegen ist die weiße Königsstellung exponiert, weil der f-Bauer nach f4 vorgegangen ist und der Druck des schwarzen Läufers schwer abzuschütteln ist.

Kotov—Botwinnik

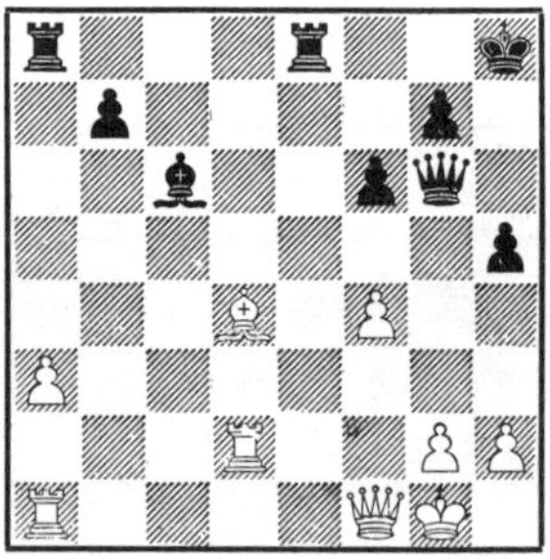

31. … Te4, 32. Te1!. Versucht mit Abtausch die Stellung zu vereinfachen. Andernfalls folgt 32. … Tae8, Dg4, Te2.

32. … T:e1, 33. D:e1 T:a3, 34. Kh1. Ein unnützer Zug in Zeitnot! 34. … Ta8. Schwarz, auch in Zeitnot geraten, revanchiert sich. Es mußte 34. … Tf3! geschehen.

35. Te2 Kh7, 36. h3 Te8!, 37. Df2. Fällt in die Falle hinein. Aber wie Botwinnik betont, müßte Schwarz auch nach 37. Dd2! Td8, 38. De3 Df5, 39. Kg1 b5 gewinnen.

37. … D:g2†!, 38. D:g2 T:e2. Weiß gab auf.

e) Angriffe der Schwerfiguren

Wenn auf dem Brett nur die Damen und die Türme geblieben sind, waltet die falsche Ansicht, daß der Kampf Endspielcharakter angenommen hat. Aber das ist ein Irrtum. Die richtige Abschätzung der Stellung hängt von der relativen Sicherheit des Königs ab. Wem es gelingt, die Initiative zu ergreifen und einen Königsangriff einzuleiten, erhält reale Gewinnchancen.

Romanovsky—Alatorzev

1. Ld4!. Durch diesen Figurentausch hoffte Weiß, im Kampf der Schwerfiguren Angriff erhalten zu können.

1. … De4†, 2. Kh2 L:d4. Solider war 2. … f6. 3. D:f7† Kh8, 4. T:d4! D:d4, 5. Dh5† Kg8, 6. Dg6† Kh8, 7. Tf7 T:e2†, 8. Kh8 D:h4†!, 9. K:h4! Th2†, 10. Kg5 Tg8, 11. T:e7! Th3, 12. g4. Schwarz gab auf. Es droht 13. Te8; auf T:g6†, 13. K:g6 entscheidet die Mattdrohung auf e8.

Capablanca—Aljechin

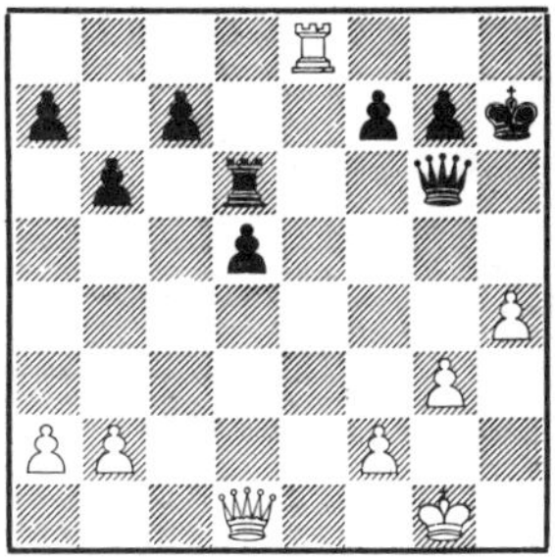

30. … Te6!. Schwarz ist bereit, sich von dem gewonnenen Bauern zu trennen, um seine Kräfte zu zentralisieren und dann zum Königsangriff überzugehen.

31. Ta8 Te5!, 32. T:a7 c5, 33. Td7 De6, 34. Dd3† g6, 35. Td8 d4, 36. a4 Te1†, 37. Kg2 Dc6†, 38. f3 Te3, 39. Dd1 De6. Die Königsstellung ist geschwächt, die Niederlage besiegelt. 40. g4 Te2†, 41. Kh3 De3, 42. Dh1 Df4, 43. h5 Tf2. Weiß gab auf.

f) Bauernsturmangriffe

Falls die Könige kurz rochiert haben, ist der Bauernsturm ein ziemlich zweischneidiges Unternehmen, denn das Vorschieben der Bauern schwächt zu einem gewissen Grade die Position des Königs.

Das beste Mittel gegen derartige Angriffe ist, wie wir wissen, der Gegenstoß im Zentrum.

Vajda—Kotov

1. e4 c5, 2. Sf3 d6, 3. d4 cd, 4. S:d4 Sf6, 5. Sc3 a6, 6. Le2 Dc7, 7. 0—0 e6, 8. f4 Sc6, 9. Kh1 Le7, 10. Lf3 Ld7, 11. Sb3 0—0, 12. Le3 Tfd8, 13. De1 b5, 14. g4.

Weiß mußte mit 14. a3 die Stellung des Springers im Zentrum festigen. Seine Flügeloperation wird energisch widerlegt.

14. ... b4, 15. Se2 e5!, 16. f5.

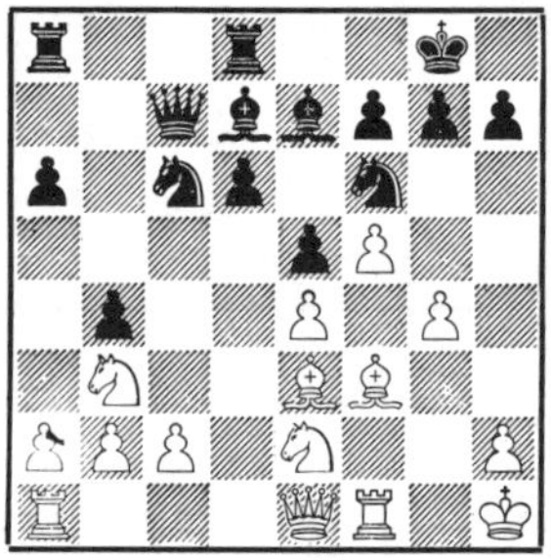

16. ... d5!, 17. g5. Vielleicht wäre besser 17. ed, obgleich nach 17. ... e4, 18. dc ef, 19. cd fe, 20. D:e2 T:d7 die weiße Stellung Schwächen aufweist.

17. ... S:e4, 18. L:e4 de, 19. f6 Lf8, 20. fg L:g7, 21. Dh4 Se7, 22. Sg3 Sg6, 23. Dh5 Dc8!, 24. De2 Lg4!, 25. Df2 Lf3†, 26. Kg1 Sf4!.

Die exponierte Stellung des Anziehenden ist augenscheinlich.

27. L:f4 ef, 28. S:e4 L:e4, 29. D:f4 Lg6. Weiß gab auf.

Bei verriegeltem Zentrum, hauptsächlich in geschlossenen Eröffnungen, sind derartige Bauernstürme öfter anzutreffen. Die Aufgabe des Angreifers besteht darin, in Berührung mit dem gegnerischen Bauernwall zu kommen, Linien zu öffnen und zu besetzen.

Einen solchen strategischen Plan verwirklichte der Nachziehende in der folgenden Partie.

Taimanov—Najdorf

1. d4 Sf6, 2. c4 g6, 3. Sc3 Lg7, 4. e4 d6, 5. Sf3 0—0, 6. Le2 e5, 7. 0—0 Sc6, 8. d5 Se7, 9. Se1 Sd7, 10. Le3 f5, 11. f3 f4, 12. Lf2 g5, 13. Sd3 Sf6, 14. c5.

Weiß strebt nach Gegenangriff am entgegengesetzten Flügel.

14. ... Sg6, 15. Tc1 Tf7, 16. Tc2 Lf8, 17. cd cd, 18. Dd2 g4, 19. Tfc1.

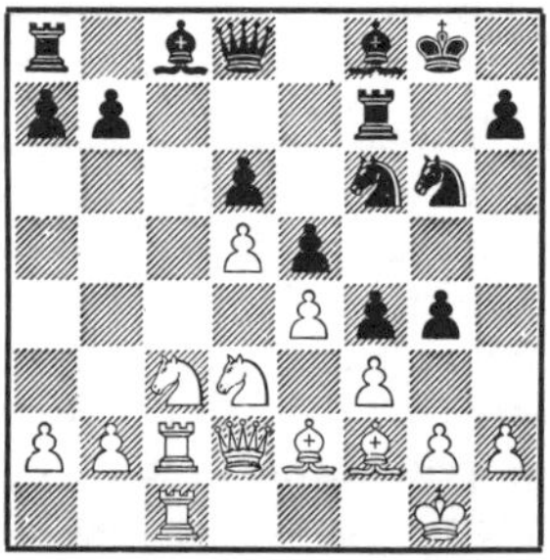

Wenn unsere Bauern in Kontakt mit den gegnerischen kommen, beschäftigt uns unentwegt der Gedanke, wann und wo zu tauschen. Es hängt viel von der Eigenart der Position ab, aber das wichtigste ist: wir müssen genau feststellen, inwieweit wir nach der Linienöffnung imstande sein werden, unsere Figuren kampfbereit zu machen.

19 .... g3!. Nach diesem Opfer steigert sich der schwarze Anprall ganz enorm.

20. hg fg, 21. L:g3 Sh5, 22. Lh2 Le7, 23. Sb1 Ld7, 24. De1 Lg5!

Der „schlechte" Läufer hat sich aus seiner „Bauernkruste" herausgearbeitet und zu einer starken Angriffsfigur verwandelt.

25. Sd2 Le3†, 26. Kh1 Dg5, 27. Lf1 Taf8, 28. Td1 b5!. Im Wirbel des Angriffs vergißt Schwarz nicht, auch das Spiel des Gegners zu hemmen. Der letzte Zug war gegen Sc4 gerichtet.

29. a4 a6, 30. ab ab, 31. Tc7.

Weiß will nicht passiv verharren, aber der Turm mußte auf der zweiten Linie verbleiben, um den Punkt g2 zu schützen.

31. ... Tg7, 32. Sb3 Sh4, 33. T7c2 Lh3!.

Der Angriff von Schwarz dringt schnell durch. **34. De2 S:g2, 35. L:g2 L:g2†, 36. D:g2 Dh4, 37. D:g7† K:g7, 38. Tg2† Kh8, 39. Se1 Sf4, 40. Tg3 Lf2, 41. Tg4 Dh3, 42. Sd2 h5, 43. Tg5** und Weiß gab auf.

Es ist klar, daß es bei derartigen Bauernstürmen besonders schwer fällt, „fertige Rezepte“ auszuhändigen.

Alexander Aljechin schrieb seinerzeit, daß das Angreifen im Schach, wörtlich gesprochen, nicht erlernbar sei. Die Praxis der modernen Schachmethodik hat gezeigt, daß fleißiges Studium lehrreicher Beispiele und langjährige Praxis die Meisterschaft im Angriffsspiel stark steigern können. Aber was beim Angreifen methodisch schwer beizubringen ist, das ist das Fingerspitzengefühl, die feine Intuition, die bevorstehenden Kampfhandlungen im voraus zu erkennen. Besonders nützlich ist diese Fähigkeit bei Entscheidungen, wann und wo ein immer mit gewissem Risiko verbundener Bauernsturm in Aktion zu setzen ist.

Der König im Zentrum

Eines der lebenswichtigen Prinzipien im Eröffnungsstadium besagt, die Sicherheit des Königs so schnell wie möglich herzustellen. Das fördert am besten die vollführte Rochade. Falls der König im Zentrum steckengeblieben ist, verhindert das nicht nur das Zusammenspiel der Türme, sondern kann für den König geradezu tödlich sein.

Die Grundmethode für den Angreifer liegt auf der Hand: den König im Zentrum festzuhalten, den schützenden Bauernwall zu beseitigen und dann mit seinen Figuren dem König direkt zu Leibe zu rücken. Da der Preis für den „Skalp“ des Königs nie zu hoch ist, sind größere Figurenopfer möglich.

Hier eine Illustration.

Tal—Klaman

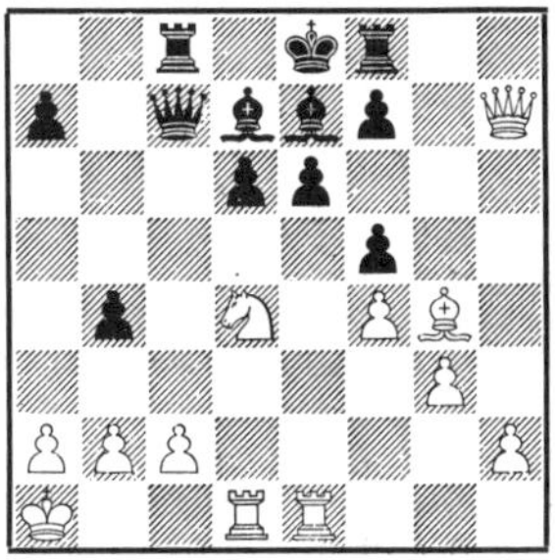

23. L:f5! ef, 24. T:e7†! K:e7, 25. Te1† Kd8, 26. Dh4† f6, 27. Dh6! Da5.

Eine Falle, in die aber Weiß nicht hineinfällt.

28. Sb3!. Aber nicht 28. D:f8†? Kc7, 29. D:f6 wegen 29. ... b3!.

28. ... Dd5, 29. D:f8† Kc7, 30. D:f6 Te8, 31. Tc1 La4, 32. Dd4 Db7, 33. Td1 Te6, 34. Dc4†. Schwarz gab auf.

Nicht immer wird die Bauernphalanx so „brutal“ mit Figurenopfern beseitigt. Oft gehen zuerst die Bauern ans

Werk, den verteidigenden Bauernwall zu lockern, um dann den König direkten Figurenangriffen auszusetzen.

Crezulescu—Soos

Der König befindet sich noch im Zentrum. Falls es dem Nachziehenden gelingt, die e-Linie zu öffnen, kann für Weiß die ungeschützte Stellung des Läufers auf e3 verhängnisvoll werden. In der Partie folgte: **8. … ed, 9. S:d4 d5!, 10. cd cd, 11. ed Te8, 12. Kf2.**

Schwarz hat seinen strategischen Plan durchgeführt, aber es ist nicht ersichtlich, wie er gradlinig, taktisch weiterspielen soll.

12. … Sc6!, 13. Sc2. Weiß darf das Figurenopfer nicht annehmen:

13. dc T:e3!, 14. K:e3 Sg4†!, 15. fg D:d4†, 16. Ke2 L:g4†, 17. Ke1 Te8†, 18. Se2 De4, 19. Dd1 L:b2 und Schwarz gewinnt.

In der Partie folgte: **13. … Se5, 14. Lb5 Ld7, 15. The1 Sfg4†, 16. fg S:g4†, 17. Kg1 Dh4, 18. h3 T:e3, 19. S:e3.** Besser war 19. hg. **19. … Te8, 20. L:d7 T:e3, 21. T:e3 Df2†, 22. Kh1 S:e3, 23. Tg1 Le5.**

Schwarz gewann. Es droht vernichtend Dg3.

Auch hier das übliche Bild — ein Königreich für ein Tempo, schnell, schnell alle Reserven dem Angriff anschließen, ehe der König rochiert hat. Oft ist die wichtigste Aufgabe des Angreifers, vor allem die Rochade des Königs zu erschweren.

Ein übliches taktisches Mittel ist der Figureneinschlag auf f7 (bzw. f2). In solchen Fällen wird der König gezwungen, im Zentrum zu verharren. Danach versuchen wir, ihn mit allen Mitteln zum Angriffsobjekt zu stempeln.

Petrosjan—Kortschnoj

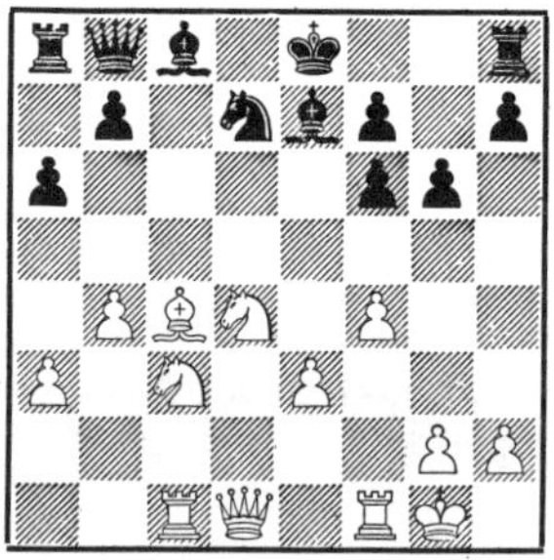

15. L:f7†! K:f7, 16. Db3† Ke8, 17. Sd5 Ld6, 18. Se6 b5, 19. Sdc7† Ke7, 20. Sd4!. Das ist noch viel stärker, als die Qualität sofort zu „verschlucken“. **20. … Kf8, 21. S:a8.** Schwarz gab auf, weil nach 21. … D:a8 22. De6 schwere Verluste unvermeidlich sind. Manchmal verhindern wir die Rochade, indem wir die Kontrolle über eine Diagonale oder die Vertikale, die der König überschreiten muß, ergreifen.

Zu solchen Zwecken kann man Opfer auf weite Sicht anbieten (siehe Diagr.). **12. a4! Lc6.** Falls 12. … 0—0?, dann 13. La3. **13. La3 Dg5, 14. f3 Sd5, 15.**

Spielmann—Duras

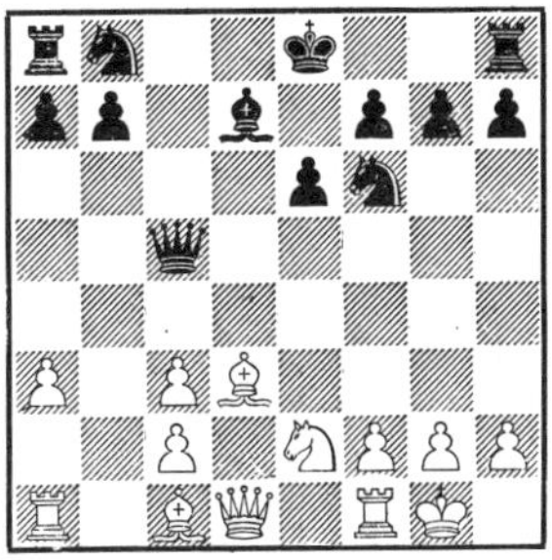

Vor 12. a4!

Sg3! De3†, 16. Tf2! S:c3, 17. Df1 Kd8.

Der Drohung Sf5! wegen ist dieser Zug erzwungen. Die nächste Aufgabe von Weiß ist, die unsichere Stellung des schwarzen Königs auszunutzen.

18. Lb2 Sd5, 19. Td1 Sd7, 20. Le4 Db6, 21. Ld4 Da5, 22. c4 S5b6, 23. Dd3!. Es droht schon L:b6 und L:c6. **23. ... Kc8, 24. Tb2! Se5, 25. De2! Se:c4, 26. Tc2 Db4, 27. Tdc1 Sa3, 28. T:c6† bc, 29. T:c6† Kd7, 30. Lc5 Dc4, 31. Dd2† Sd5, 32. Td6† Ke8, 33. L:a3.** Da steht er wieder vor dem Tor ... **33. ... Td8, 34. Sf5! Dc7, 35. S:g7† Kf8, 36. T:d8†† K:g7, 37. Dg5‡.** Eine wundervolle Leistung.

Im folgenden Beispiel scheute Schwarz kein Figurenopfer, um dem Turm die Linie zu öffnen und dabei den Gegner an der Entwicklung zu hindern.

Mieses—Spielmann

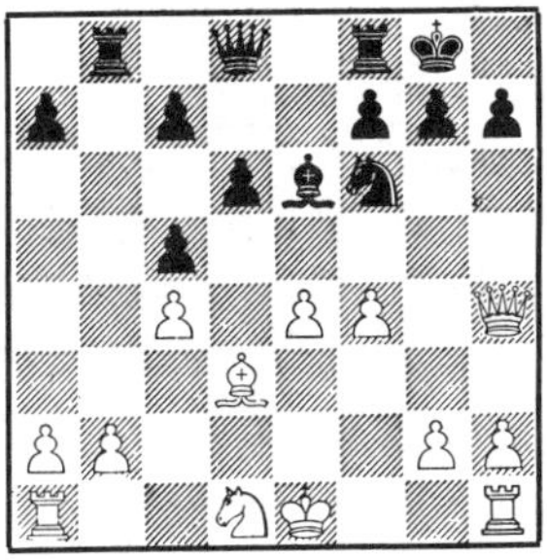

17. ... d5!, 18. ed L:d5, 19. cd D:d5, 20. Dg3 Tfe8†, 21. Le2 Tbd8, 22. Sc3. Es drohte außer 22. ... Dd2† auch 22. ... T:e2†!, 23. K:e2 Dc4†! und Te8†.

22. ... Dd2†, 23. Kf1 Sd5!, 24. Te1 S:f4, 25. Df2 Td4, 26. g3 Sh3, 27. Df5 D:b2, 28, D:h3.

Zäher wäre 28. Sd1, obwohl Schwarz nach 28. ... Dd2! die Initiative besäße. **28. ... D:c3, 29. Df5 Tde4!.** An dieser Fesselung geht der Anziehende zugrunde. **30. Df2 Dd2, 31. Tg1 T4e6!, 32. Tg2 Tf6, 33. Lf3 T:e1†.** Weiß gab auf.

★

Das Verbleiben des Königs im Zentrum erfolgt gewöhnlich nach folgenden positionellen Fehleinschätzungen:

1. Ergebnis eines Bauernraubes.
2. Das Hin- und Herziehen mit ein und derselben Figur.
3. Ungünstige Figurengruppierungen.

Die Folgen dieser Unterlassungen: Zeitverlust und mithin Rückstand in der Entwicklung.

Hierzu drei Illustrationen.

Keres — Winter

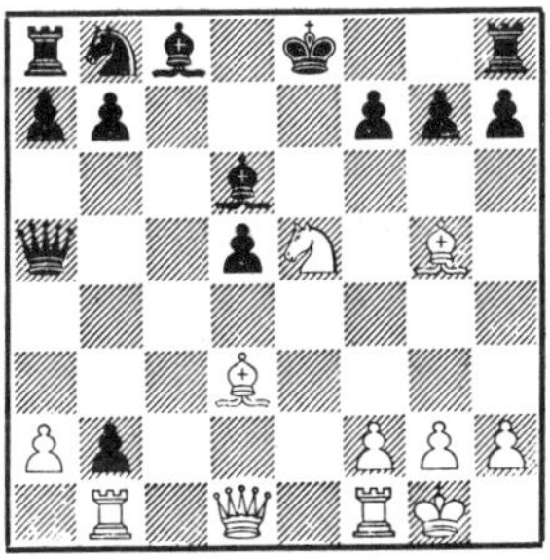

Vor dem 13. Zuge

1. e4 c5, 2. Sf3 Sf6, 3. e5 Sd5, 4. Sc3 e6, 5. S:d5 ed, 6. d4 d6, 7. Lg5 Da5†?, 8. c3 cd, 9. Ld3 dc, 10. 0—0 cb?, 11. Tb1 de, 12. S:e5 Ld6. Schwarz entsinnt sich, daß es höchste Zeit ist, auch an die Entwicklung des Königsflügels zu denken. Aber es ist schon zu spät (siehe Diagr.). **13. S:f7!.** Das „traditionelle" Opfer. **13. ... K:f7, 14. Dh5† g6, 15. L:g6† hg, 16. D:h8 Lf5, 17. Tfe1 Le4, 18. T:e4 de, 19. Df6†.** Schwarz gab auf.

L. Steiner — Koblenz

1. e4 Sf6, 2. e5 Sd5, 3. d4 d6, 4. Sf3 Lg4, 5. h3 L:f3, 6. D:f3 de, 7. de e6, 8. a3 c6! 9. Dg3 Sbd7, 10. Sbd2 Se7!, 11. Sf3 Sg6, 12. Ld2 Sc5, 13. Le3 Se4, 14. Dh2.

Vier Züge mit der Dame. Als „Kompensation" eine passive Position auf h2.

14. ... Da5†, 15. c3 0—0—0, 16. Tc1.

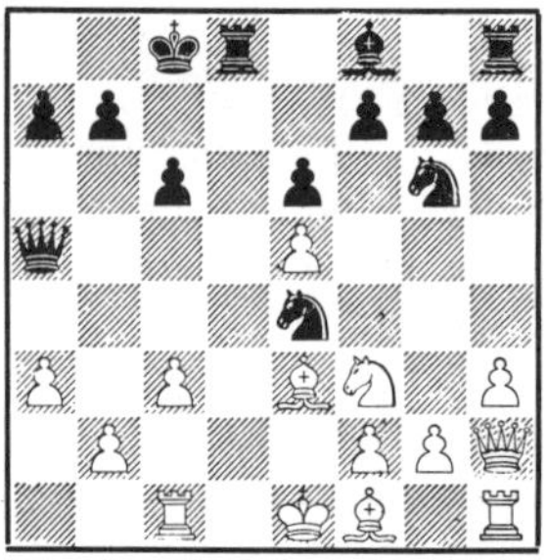

Es ist nicht schwer festzustellen, daß Weiß mit den Entwicklungszügen nicht besonders ökonomisch umgegangen ist. Er droht jedoch nun mit 17. Le2 und 0—0 zu entkommen. Also muß man den König um jeden Preis im Zentrum festhalten.

16. ... Lc5!, 17. b4. Nach 17. L:c5 D:c5, 18. Tc2 a5! nebst Td5 und Thd8 steht Schwarz überlegen.

17. ... D:a3, 18. bc S:c3!. Es droht 19. ... D:c1†!. **19. Le2 Db2, 20. Sg1 Sa2!.** Die Pointe! **21. Td1 T:d1†, 22. L:d1 Td8!.** Weiß kommt nicht zu 23. Sf3 wegen T:d1†!.

23. f4 Da1. Mit diesem Zuge endet die mit Lc5 eingeleitete Kombination. Technisch war sie nicht schwer zu berechnen, weil die Antworten von Weiß erzwungen und Varianten nicht zu berücksichtigen waren.

24. Ld2 Sc3, 25. L:c3 D:c3†, 26. Kf2 T:d1, 27. Sf3 D:c5†, 28. Kg3 T:h1, 29. D:h1 De3 und Weiß gab bald auf. Das dritte Beispiel zeigt den 67jährigen Lasker bei seinem letzten großen Turniererfolg (Moskau 1935) am Werk.

Lasker — Pirc

1. e4 c5, 2. Sf3 Sc6, 3. d4 cd, 4. S:d4 Sf6, 5. Sc3 d6, 6. Le2 e6, 7. 0—0 a6, 8. Le3 Dc7, 9. f4 Sa5. Der Beginn eines zeitraubenden Manövers. Es mußte 9. ... Le7 geschehen.

10. f5! Sc4, 11. L:c4 D:c4, 12. fe fe.

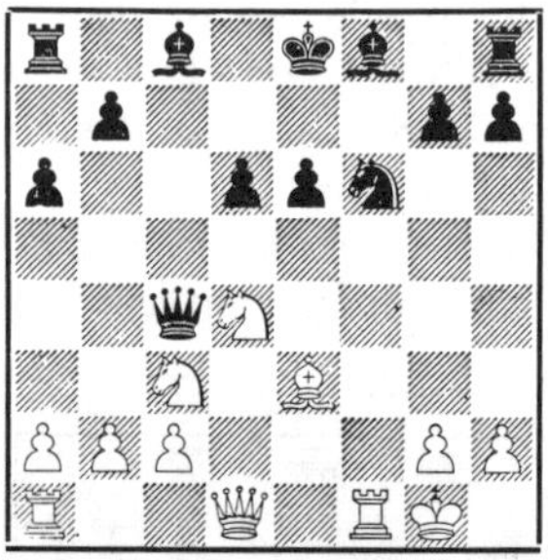

13. T:f6! gf, 14. Dh5† Kd8, 15. Df7 Ld7 (15. ... Le7, 16. Sf5! Te8, 17. S:d6! L:d6, 18. Lb6† bzw. 16. ... Dc7, 17. Lb6), **16. D:f6† Kc7, 17. D:h8 Lh6, 18. S:e6†! D:e6, 19. D:a8 L:e3†, 20. Kh1.** Aufgegeben. Klar zwingend, einleuchtend!

DIE **13.** STUNDE

Der Angriff auf dem Damenflügel

Anders als beim Königsangriff verläuft der Angriff auf dem Damenflügel ruhiger und ohne größere Opferwendungen. Andererseits ist auch hier das Gesetz des aufeinander abgestimmten Einsatzes der Kräfte von allergrößter Bedeutung.

Die günstigen Vorbedingungen zu einem erfolgreichen Angriff auf dem Damenflügel sind:

a) Bauernschwächen (man vergleiche auch die Partie Taimanov — Suetin).

b) Die Bauernmehrheit auf dem Damenflügel. Sie erlaubt es, Freibauern zu bilden, die ihrerseits die Aktivität des Gegners erheblich hemmen.

c) Die Kontrolle über offene Linien und Diagonalen.

d) Starke Punkte. Über sie können die Figuren ins feindliche Lager einbrechen.

Es muß betont werden, daß der Angriff auf dem Damenflügel in räumlicher Hinsicht nicht eng begrenzt vonstatten geht. Er steht im engen Zusammenhang mit dem Zentrum und kann auch (wohl seltener) auf den Königsflügel übergreifen.

Betrachten wir der Reihe nach die wichtigsten Arten der Angriffe auf dem Damenflügel.

a) Angriff gegen Bauernschwächen

Szabó — Taimanov

1. d4 Sf6, 2. c4 e6, 3. Sc3 Lb4, 4. a3 L:c3†, 5. bc 0—0, 6. f3 Se8, 7. e4 b6, 8. Sh3 Sc6, 9. e5 La6, 10. Da4 Sa5. Schwarz konzentriert den Angriff gegen den Damenflügel.

11. Le3 f6!, 12. Ld3 fe, 13. Lg5. Es ging nicht 13. de wegen 13. … L:c4, 14. L:c4 Dh4†.

13. … Dc8, 14. de h6, 15. Le3 d5, 16. Dc2 S:c4. Der Angriff hat Früchte getragen. Allerdings muß Schwarz auf dem Königsflügel auf der Hut sein.

17. L:c4. Der Springer stand auf c4 zu drohend. **17. … L:c4, 18. Dg6 Tf5!, 19. L:h6 T:e5†, 20. Kf2 Te2†, 21. Kg3 Dd7.**

Der Angriff ist vom Damenflügel aufs Zentrum und dann auf den Königsflügel „hinübergewandert". Zum Schluß entscheidet das Vordringen des Freibauern im Zentrum.

22. Sg5 Sf6, 23. The1 Te8, 24. T:e2 L:e2, 25. h4 e5, 26. Kf2 Lc4, 27. Td1 c5, 28. h5 d4, 29. Te1 d3!, 30. Kg1 Lb3, 31. Se4 S:e4, 32. T:e4 Te6, 33. Dg4 d2, 34. L:d2 D:d2. Aufgegeben.

★

Der strategische Plan von Weiß in der folgenden Partie ist sehr aufschlußreich: indem er die Türme auf der c-Linie verdoppelt, zwingt er den Gegner, sich eine Bauernschwäche auf c6 zu schaffen. Danach wird das Objekt umzingelt und vernichtet.

Petrosjan — Krogius

1. d4 Sf6, 2. Sf3 g6, 3. c4 Lg7, 4. Sc3 d5, 5. Lg5 Se4, 6. cd S:g5, 7. S:g5 e6, 8. Sf3 ed, 9. e3 0—0, 10. Ld3 Sc6.

Der Beginn eines unglückseligen passiven Planes. Die Chance von Schwarz bestand in c7—c6, f7—f5, Sd7—f6—e4, gefolgt von dem aggressiven g7—g5 (wie die moderne Meisterpraxis zeigt, erhält Schwarz Gegenspiel).

Passive Reaktion auf gegnerische Pläne ist schon der halbe Weg zum Verlust.

11. 0—0 Se7, 12. b4.

Der sogenannte Minderheitsangriff beginnt. Obwohl wir dort angreifen sollen, wo wir stärker sind, erlaubt es in diesem Falle die offene c-Linie und das Vorrücken des b-Bauern dennoch, mit schwächeren Bauernkräften einen strategischen Angriff einzuleiten.

12. … Lf5. Petrosjan meint, daß 12. … Lg4 besser war. **13. L:f5 S:f5, 14. b5 Dd6, 15. Db3 Se7, 16. Tfc1 Kh8?.** Ein unnützer Abwartezug. **17. Tc2 h6.** Um sich gegen Sg5 und e3—e4 zu wehren.

18. Tac1 c6, 19. Sa4 Tab8, 20. g3.

Zu diesem Zuge schreibt Petrosjan: „Es hat keine Eile. Der Zug schützt vor eventuellen Mattgefahren auf der ersten Reihe."

20. … Kh7, 21. Sc5 Tfd8.

Kostet zwangsläufig einen Bauern. Aber auch nach 21. … b6, 22. Sd3 cb, 23. D:b5 Tfc8, 24. T:c8 T:c8, 25. T:c8 S:c8, 26. Sf4 Se7, 27. De8 ist die Stellung von Schwarz kritisch.

22. bc bc, 23. Da4. Der Bauer c6 wird angegriffen. **23. … Df6, 24. Kg2 Ta8, 25. Sb7 Te8, 26. Sa5 g5.** Jetzt erst schreitet Schwarz zum Gegenangriff. Aber er kommt zu spät.

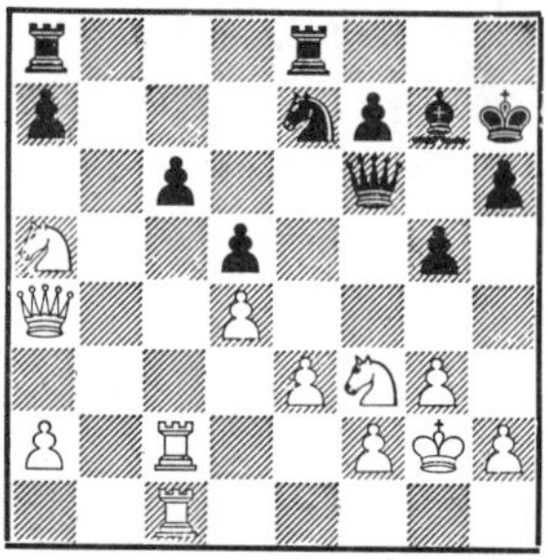

27. h3 Df5, 28. S:c6 De4, 29. Tc5 f5, 30. Dc2 S:c6, 31. T:c6 f4.

Der Gegenangriff ist ungefährlich, weil die weißen Figuren gut stehen.

32. ef gf, 33. g4 L:d4.

Der Läufer ist tätig geworden, aber auch das hilft nicht mehr.

34. Dd2 Lg7, 35. Te1 Da4, 36. D:d5 T:e1, 37. S:e1 Tf8, 38. Sf3.

„Die zentralisierten weißen Figuren triumphieren. Die schwarze Dame hat keinen vernünftigen Zug", schreibt zu dieser Stellung der Sieger. Es folgte noch:

38. ... Kh8, 39. Tc7 a6, 40. Db7 Tg8, 41. Sh4. Aufgegeben.

Schwarz spielte die ganze Partie viel zu passiv. Hier ein gutes Beispiel, wie man auf derartige Minderheitsangriffe reagieren muß.

Taimanov — Neschmetdinov

1. d4 d5, 2. c4 c6, 3. Sf3 e6, 4. cd ed, 5. Sc3 Sf6, 6. Lg5 Le7, 7. Dc2 Sbd7, 8. e3 0—0, 9. Ld3 Te8, 10. 0—0 Sf8, 11. Tab1 a5!, 12. a3 Se4!, 13. L:e7 D:e7, 14. b4 ab, 15. ab Sg6, 16. b5. „Logisch", aber ungünstig. Es mußte 16. Tfe1 geschehen. **16. ... Lg4!, 17. Sd2 S:d2, 18. D:d2 Sh4!.** Droht 19. ... Lf3. Falls 19. Le2, dann 19. ... Lh3!, 20. gh Dg5†, 21. Lg4 Sf3†.

Taimanov spielte verzweifelt 19. f3 und verlor ohne Kompensation einen Bauern.

Also derartigen Minderheitsangriffen einen kräftigen Gegenstoß auf dem Königsflügel entgegensetzen!

b) Die Bauernmehrheit

Romani — Tal

1. d4 Sf6, 2. c4 e6, 3. Sc3 c5, 4. d5 ed, 5. cd d6, 6. Sf3 g6, 7. g3 Lg7.

Viele moderne Eröffnungsprobleme stehen im Zeichen des Kompensations-Prinzipes. Schon nach dem fünften Zuge lassen sich die Konturen des bevorstehenden strategischen Kampfes durchschauen. Schwarz hat das Bauernübergewicht auf dem Damenflügel. Viel erhofft er sich von der Unterstützung des Läufers auf g7.

Der Nachziehende mußte dabei dem Gegner das Übergewicht im Zentrum einräumen und in seinem Lager die Bauernschwäche d6 in Kauf nehmen.

8. Lg2 0—0, 9. 0—0 a6, 10. a4 Sbd7, 11. Sd2 Te8, 12. Sc4 Sb6. Er hindert den Gegner, mit 13. Lf4 ruhig den Druck zu verstärken.

13. Se3 Sg4!, 14. Db3 Tb8, 15. h3 S:e3, 16. L:e3 Sd7, 17. Se4 De7, 18. Lf4 Se5, 19. Db6. Weiß will um jeden Preis den Zug b7—b5 verhindern, aber das erweist sich als Tempoverlust.

19. ... Sc4, 20. Db3 b5, 21. ab ab.

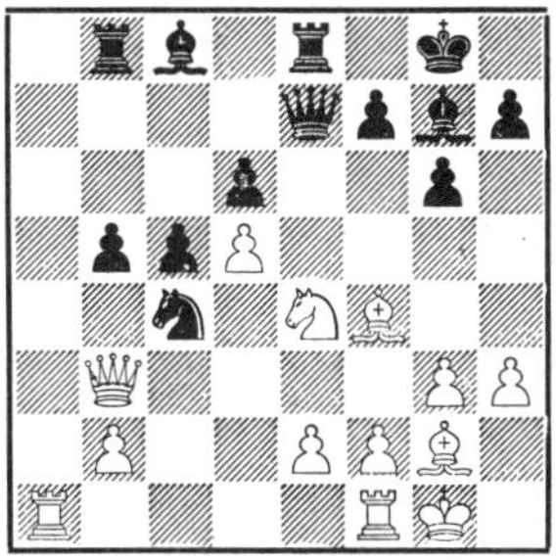

22. g4. In jeder Stellung muß man mit unerwarteten taktischen Drohungen und Fallen rechnen. So wäre 22. S:c5 ein Fehlschlag wegen 22. ... g5!.

22. ... L:b2, 23. S:d6.

Der Kulminationspunkt. Beide Gegner haben ihren strategischen Plan durchgesetzt. Es gilt nun, mit taktischen Mitteln das weitere Vordringen der Bauern zu fördern. Schwächer wäre 23. Tb1 Ld4, 24. e3 Lg7 usw.

23. ... L:a1, 24. S:c4. Falls 24. S:e8, so 24. ... Le5.

24. ... Ta8, 25. Sb6. Weiß umgeht die Falle 25. D:b5 D:e2, 26. Lf3 La6!!.

25. ... Ta5, 26. d6 Da7, 27. Lc6. Es mußte 27. S:c8 und Ld5 geschehen.

27. ... Le6, 28. Dc2 Tb8, 29. Sd5 L:d5, 30. L:d5 Ta4!, 31. e3 Lg7, 32. Lc6. Das Zentrum mußte mit 32. Td1 gestärkt werden. Jetzt gelingt es

Schwarz, den gefährlichen Bauern auf d6 zu vernichten und unbehelligt seine Bauern vorzurücken.

32. ... Db6, 33. Ld5 T:f4!, 34. ef D:d6, 35. De4 Td8, 36. Lb3 b4. Ab geht's! **37. La4, Dd4, 38. De7 Lf6, 39. Db7 D:f4, 40. Lb3 c4, 41. Lc2 Le5.** Zwei verbundene Freibauern sind eine Riesenkraft. **42. Dg2 b3, 43. Lb1 c3.** Weiß gab auf. Auch in der folgenden Partie „träumte" Weiß von Anfang an nur von der Schaffung eines Freibauern. Sie ist eine der hervorragendsten Leistungen Wassily Smyslovs.

Smyslov — Szabó

1. c4 Sf6, 2. Sf3 g6, 3. d4 Lg7, 4. g3 0—0, 5. Lg2 d5, 6. cd S:d5, 7. 0—0 c5, 8. e4 Sf6, 9. e5 Sd5, 10. dc Sb4, 11. Sc3 S8c6, 12. De2 Dd3, 13. Tfd1 D:e2, 14. S:e2 S:e5, 15. S:e5 L:e5, 16. Lh6 Te8, 17. Td2 Sc6, 18. Sf4 Lf5, 19. Tae1 Lg7, 20. L:g7 K:g7, 21. a3 g5, 22. Sd5 Ted8, 23. Ted1 Lg4, 24. f3 Le6, 25. b4 h6, 26. Kf2 Td7.

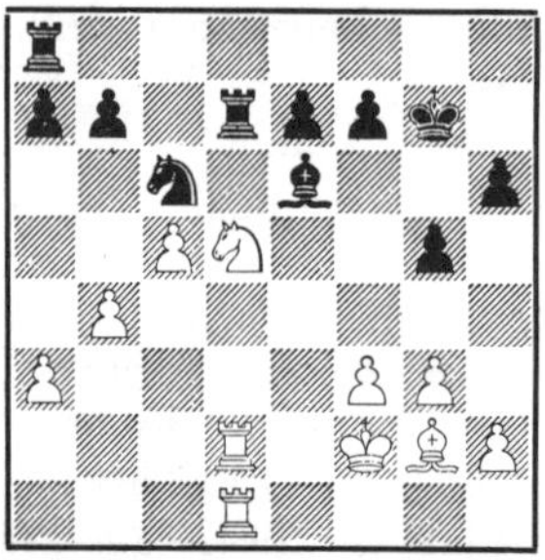

27. Sc3!. Je weniger Figuren, desto weniger Hindernisse für den künftigen Freibauern.

27. ... T:d2, 28. T:d2 Td8. Er will dem Gegner nicht die offene Linie einräumen.

29. T:d8 S:d8, 30. f4 gf, 31. gf Lb3, 32. Ke3 Kf6, 33. b5! e5.

Es stellt sich heraus, daß 33. ... Ke6 nicht geht wegen 34. c6! Kd6, 35. b6 S:c6, 36. L:c6. Falls aber 34. ... bc, dann 35. bc Kd6, 36. Sb5† und c6—c7. Diese Variante ist wieder ein Beispiel dafür, wie oft die ganze Strategie an einem taktischen Faden hängt!

34. Se4† Ke6, 35. c6! ef†, 36. K:f4 bc, 37. Sc5† Kd6, 38. S:b3 cb, 39. h4 Sc6, 40. L:c6 K:c6, 41. Kg4 b4, 42. ab Kb5, 43. Sd4†. Aufgegeben.

Und zum Schluß ein Beispiel eines oft wiederkehrenden Paradoxons: obwohl uns einerseits statische Positionsmerkmale als Richtschnur unserer strategischen Pläne dienen, müssen wir alle erkennbaren Einzelheiten berücksichtigen, und oft stellt sich heraus: „Der Teufel ist nicht so schrecklich wie man sich ihn ausmalt!"

Yates—Aljechin

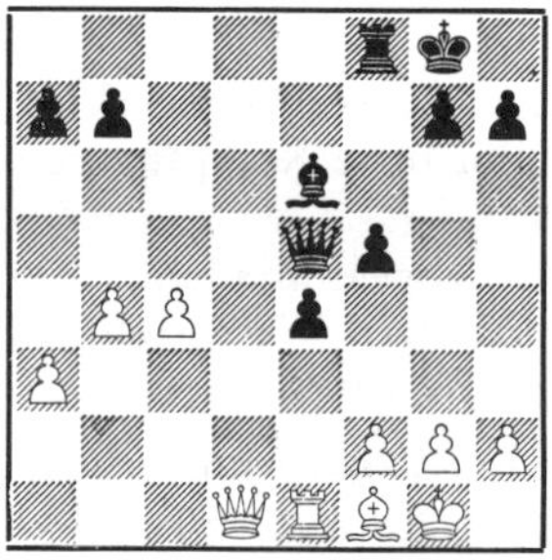

Der erste Eindruck ist, daß Weiß die besseren Chancen hat, die Bauernmehrheit am Damenflügel. Aber nach **23. ... Dc3!, 24. Dc1 D:c1, 25. T:c1 Td8!** ist dieser Vorteil vollkommen aufgehoben: 1. Schwarz kontrolliert die offene d-Linie. 2. Der schwarze König kann sich dem Kampfe tätig anschließen, während dem weißen König die eigenen Bauern den Weg versperren.

In der Partie folgte weiter: **26. g3 Kf7, 27. c5 Kf6, 28. Lc4 Lc8, 29. a4 g5,**

30. b5 f4, 31. Kf1 Td2!, 32. Ke1 Tb2, 33. gf gf, 34. Le2 Ke5, 35. c6 bc, 36. T:c6.

Auf 36. bc erhielte Schwarz Angriff mit 36. ... f3, 37. Ld1 e3!

36. ... Le6, 37. Ld1 Tb1, 38. Tc5† Kd4, 39. Tc2 e3, 40. fe† fe, 41. Tc6 Lg4, 42. Td6† Kc5, 43. h3 Lh5. Weiß gab auf.

c) Die Kontrolle über offene Linien und Diagonalen

Geller—Simagin

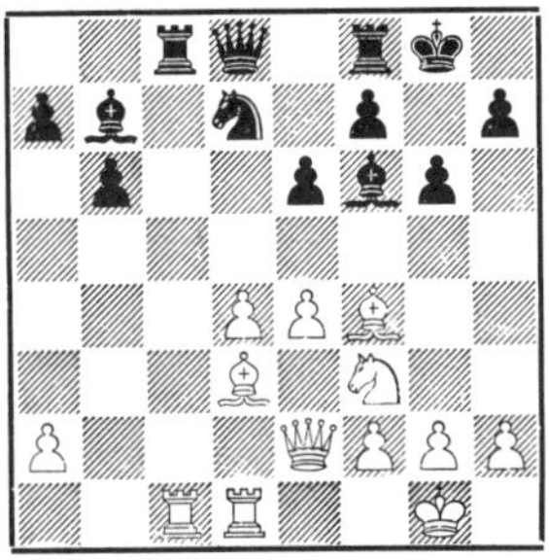

16. La6! L:a6, 17. D:a6 T:c1, 18. T:c1 Da8, 19. Ld6 Td8, 20. e5 Lg7, 21. Tc7. Der bekannte Einbruch ins feindliche Lager.

21. ... De4, 22. Sd2, De1†, 23. Sf1 Sf8. Falls 23. ... Sb8, dann 24. Dc8!
24. D:a7 Lh6, 25. T:f7 Db1, 26. De7 Tc8, 27. T:h7.

Diagonaldruck gegen den Damenflügel ist die strategische Hauptidee der Katalanischen Eröffnung und der Altindischen Verteidigungssysteme. Vergleichen Sie bitte die Beispiele Teschner—Tal und Romani-Tal.

d) Starke Punkte

(Siehe Diagramm)

15. b4!?. Vertreibt den gut postierten Springer, schwächt jedoch den Punkt c4, der für den Gegner „stark" wird.

Capablanca—Aljechin

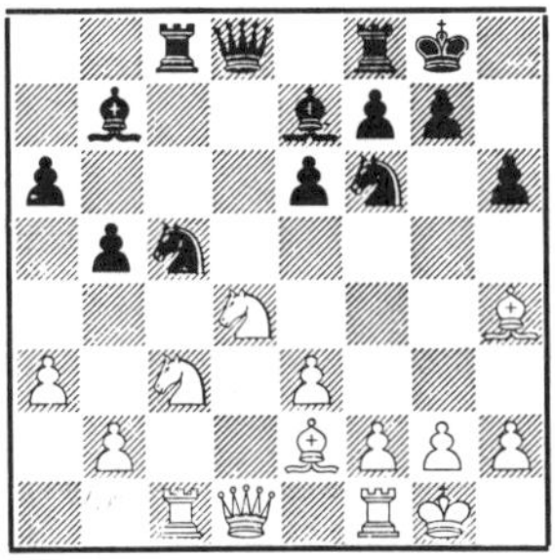

Allerdings sind auch die Felder c5 und a5 schwach, aber Weiß nutzt die Gelegenheit nicht aus, sich dort einzunisten.

15. ... Scd7!, 16. Lg3. Es mußte 16. Sb3! geschehen, um auf 16. ... Sb6, 17. Sa5 zu spielen.

16. ... Sb6, 17. Db3 Sfd5.

Um nach 18. ... S:c3, 19. T:c3 Ld5, 20. Db2 T:c3, 21. D:c3 mit Da8 und Tc8 die lebenswichtigen Diagonalen in Besitz zu nehmen.

18. Lf3 Tc4!, 19. Se4 Dc8, 20. T:c4. Besser war 20. Db1 mit nachfolgendem Sd2.

20. ... S:c4, 21. Tc1 Da8, 22. Sc3 Tc8, 23. S:d5 L:d5, 24. L:d5 D:d5, 25. Sf3 Lf6, 26. a4 Lb2!, 27. Tf1.

Auf 27. Td1 beabsichtigte Aljechin 27. ... ba! zu spielen: 28. D:a4 Sb6, 29. T:d5 S:a4, 30. Td1 Sc3, 31. Te1 Tc4, 32. Ld6 Se4, 33. Le7 f6. Falls 27. Tb1, so nutzt Schwarz sehr energisch die ungenügende Deckung der ersten Linie aus: 27. ... Sa3!, 28. D:b2 S:b1, 29. D:b1 Db3!, 30. Df1 ba, 31. h3 a3 und gewinnt.

27. ... Td8. Jetzt ist die d-Linie wichtiger. **28. ab ab, 29. h3 e5, 30. Tb1.** Zäheren Widerstand leistete 30. e4.

30. ... e4, 31. Sd4 L:d4, 32. Td1 S:e3! Weiß gab auf.

Unser Praktikum

49

Weiß am Zuge

50

Weiß am Zuge

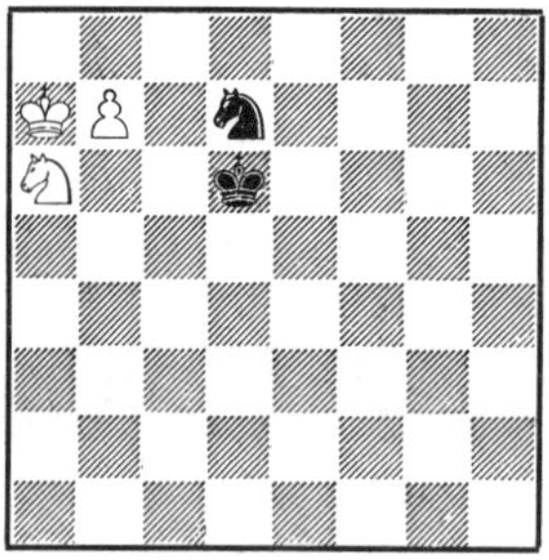

51

Weiß am Zuge

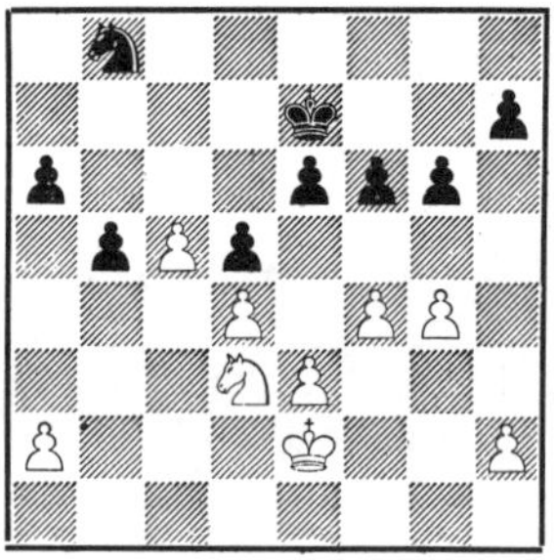

52

Weiß am Zuge

53

Weiß am Zuge

54

Weiß am Zuge

DIE 14. STUNDE

Die „Kunst der Verteidigung"

Schon in der Eröffnung sind wir oft gezwungen, viele Probleme der Verteidigung zu bewältigen. Zunächst sind sie vornehmlich vorbeugender Natur: die Stärkung des Zentrums, die Sicherstellung des Königs, die Blockade gegnerischer Bauernketten, das Entgegenstemmen auf offenen Linien und Diagonalen. Aber oft tauchen in derartigen Stellungen ganz unerwartet taktische Drohungen und Einschläge auf. Kurz — schon im Anfangsstadium sind wir mehr oder weniger gezwungen, Verteidigungsprobleme zu lösen. Aber mit dem Übergang ins Mittelspiel steigt die Bedeutung der Verteidigungskunst noch mehr. Nicht immer gelingt es uns, die Initiative zu ergreifen, manchmal leidet unser aggressiver Angriffsplan Schiffbruch, und wohl oder übel müssen wir auf Verteidigung umschalten.

Ja, sogar beim Angriffsspiel müssen wir die Verteidigungsmöglichkeiten des Gegners durchschauen, sie nicht unterschätzen, sie zu umgehen oder zu schwächen versuchen. Wie Sie sehen, ist das Problem des Angriffs und der Verteidigung eng miteinander verknüpft.

Selbstverständlich schlägt unser Herz höher, wenn wir zum Angriff schreiten. Keinem Menschen bereitet es besondere Freude, in die Defensive zurückgedrängt zu werden, dem Diktat des Gegners, sei es auch vorübergehend, folgen zu müssen. Aber Schach ist ein dynamischer Kampf, und nicht immer kann man alles voraussehen, nicht immer ist man auf Rosen gebettet. Darum muß jeder Schachspieler die Kunst der Verteidigung bewältigen, bereit sein, nötigenfalls zäh, kaltblütig und geduldig sich zur Wehr zu setzen.

Selbstverständlich verlangt die Verteidigung eine richtige psychologische Einstellung, eiserne Nerven, „das Muß" der Stellung zu ertragen. Nicht immer dürfen wir im Schach das tun, was uns gefällt, manchmal müssen wir das tun, was positionsgemäß ist.
Wie dem auch sei — ohne Verteidigungskunst ist das Erreichen der Meisterschaft undenkbar.

Ebenso wie beim Angriff, ist das methodische Aneignen der Verteidigungskunst sehr schwierig. Die beste Schule ist in dieser Hinsicht die schöpferische Praxis. Aber mit den wichtigsten Prinzipien der Verteidigung muß jeder Schachspieler vertraut sein.

Um erfolgreich einen gegnerischen Angriff abzuschlagen, muß man:

1. Beizeiten den Augenblick des Verlustes der Initiative feststellen, die nahende Gefahr wittern;
2. sofort den entsprechenden Verteidigungsplan ausarbeiten und zur Umgruppierung der Kräfte schreiten;
3. die vorhandenen taktischen Möglichkeiten des Gegners zu durchschauen versuchen;
4. dem Gegner die Verwirklichung seiner Pläne äußerst schwer machen und die Vorbedingungen zum Gegenangriff schaffen;
5. mit den Verteidigungskräften haushälterisch umgehen, damit mehr Kampfmaterial zur Einleitung des Gegenangriffs übrigbleibt.

Wie sich diese logischen Grundprinzipien in der Praxis auswirken, werden wir gleich sehen.

Sokolsky—Makogonov

Schwarz spielt in dieser Stellung: **9. ... Sa6!!.** Diesem Zuge geben wir zwei Rufzeichen. Er zeugt von einem sensiblen Positionsgefühl des Nachziehenden, der die positionelle Drohung des Gegners aus der Ferne gespürt hat. Derartige Drohungen sind versteckt. Eine „grobe" taktische Drohung ist leicht zu sehen, aber die positionelle ist äußerlich schwer erkennbar!

Weiß hat die zwei Läufer; aber vorläufig spielen sie keine besondere Rolle, weil die Stellung geschlossen ist. Schwarz war es wohl klar, daß Weiß alles daransetzen werde, die Position zu öffnen und zu diesem Zweck einen breitangelegten Bauernsturm auf dem Königsflügel einzuleiten, um dabei auch Raumvorteil zu erringen.

Um die Bauernphalanx zu stoppen, ist der Zug f7—f5 notwendig; aber danach wird der Bauer e6 ungeschützt sein. Zu diesem Zwecke muß der Springer auf c7 vorübergehend den „Schwächling" decken. Das waren sicherlich die Überlegungen, die den Nachziehenden auf den Gedanken brachten, den Springer nach a6 zu spielen.

Wie wir sehen werden, hatte Schwarz den strategischen Plan des Anziehenden aus der Ferne durchschaut, die Vorbedingung jeder erfolgreichen Verteidigung! Meist erkennt man leider die Drohungen viel später. Man soll dann nicht den Kopf verlieren, sondern sich trösten: „Besser spät als nie!"

In der Partie folgte weiter: **10. De2 Sc7, 11. f4 Sd7, 12. g4 Sb6, 13. e5 f5!.** Stoppt die Lawine. **14. ef L:f6, 15. Ld2 De7, 16. Kh1 Tae8!, 17. g5?.**

Kaltblütige Verteidigung hat oft unerwartet psychologischen Erfolg. Der Angreifer verliert die Geduld, wird „zornig", daß „er" sich entgegenstemmt.

Außerdem: der Angreifer führt den Angriff automatisch weiter, obwohl es höchste Zeit wäre, die Stellung zu sanieren oder sogar sich auf die Verteidigung einzustellen.

So auch in unserem Beispiel. Weiß denkt, daß er besser stehe und darum auf Gewinn zu spielen geradezu „verpflichtet“ sei. Dabei bemerkt er nicht, daß er dem Nachziehenden ein starkes Feld auf f5 eingeräumt hat.

Besser war 17. Tae1 mit nachfolgendem Sd1 und Lc3.

17. ... Ld4, 18. Sd1 g6, 19. c3 Lg7, 20. Se3 Sb5!. Der Springer strebt nach f5!. Jede „Bewegung“ von Schwarz ist genau und ökonomisch:

21. Sg4 Sd6, 22. Tae1 Sf5, 23. Df2 Sa4!.

Jetzt geht Schwarz zum entscheidenden Gegenangriff über.

24. Lc1 Sc5!, 25. Ted1 d4! 26. c4 e5! Von Schwächen muß man sich so schnell wie möglich befreien. Um den Punkt e3 aufs Korn nehmen zu können, muß Schwarz außerdem die e-Linie öffnen.

27. fe L:e5, 28. S:e5 D:e5, 29. Lf4 De7.

Die Stellung verdient ein Diagramm. Die Verteidigungsstrategie des Nachziehenden hat triumphiert. Der Schwächen e3 und d3 wegen ist die weiße Stellung in strategischer Hinsicht unhaltbar. Es folgte noch:

30. Tfe1 S:d3!, 31. T:d3 D:e1†, 32. D:e1 T:e1†, 33. Kh2 Te2, 34. Tb3 Sh4. Weiß gab auf.

Alle im Vorspruch angeführten Grundprinzipien haben sich in der Partie ausgewirkt.

★

Das Prinzip der Ökonomie wollen wir am folgenden Beispiel eingehender beleuchten.

Teichmann—Tschigorin

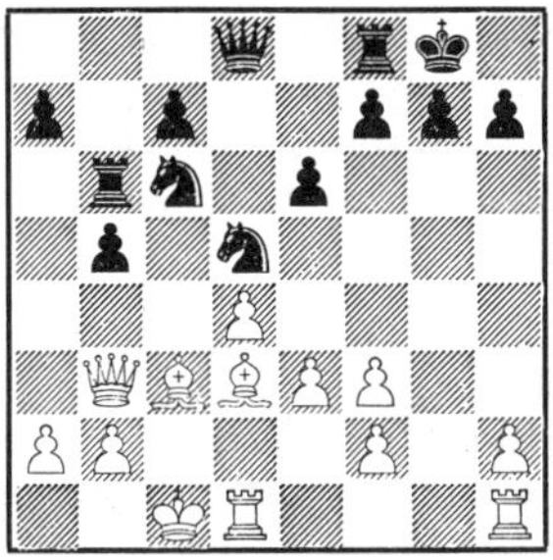

14. Tdg1. Leitet einen Angriff am Königsflügel ein.

14. ... a5, 15. f4 f5!. Stärkt die Position des Springers auf d5. Die Schwächung des Bauern e6 ist hier belanglos. **16. Tg3 a4, 17. Dd1 Scb4!, 18. L:b4 S:b4, 19. Thg1 Tf7.**

Mit sparsamen Mitteln ist es Schwarz gelungen, den Angriff von Weiß zu stoppen. Schwarz hat ein Übergewicht am Damenflügel.

20. Lb1 a3. Öffnet die Linie für den Gegenangriff. **21. ba Sd5, 22. Db3 b4, 23. ab T:b4, 24. Dd3 c5!, 25. dc Da5!, 26. Lc2.** Weiß versteht, daß im Hinblick auf die Drohung Tfb7 der Bauer sowieso fallen wird.

26. ... D:a2, 27. f3. Um die Türme zur Verteidigung heranzuziehen. **27. ... Tc4, 28. T1g2 Td7.**

Ein seltener Fall — der mit der Verteidigung beschäftigte Turm nimmt sogar selbst am Gegenangriff teil.

29. c6! T:c6, 30. Dd4.

Droht Matt! Aber wie wir z. B. in der Partie Woskanjan—Simowitsch gesehen haben, erscheint die Taktik auf der Oberfläche: **30. ... Da3†, 31. Kd2 T:c2†, 32. K:c2 S:e3†, 33. Kb1 T:d4, 34. T:g7† Kf8, 35. Tg8† Ke7.** Weiß gab auf.

★

Oft stehen wir vor einem Dilemma: Sollen wir uns passiv verhalten oder ungeachtet Materialverlusts zum scharfen Gegenangriff übergehen?

Auch hier erwarten Sie bitte keine fertigen „Rezepte“. Wir zeigen einen Fall, wo aktives Gegenspiel die Waage hält, und einen anderen, wo zähe, passive Verteidigung das Gleichgewicht bewahrt.

Koblenz—Tal

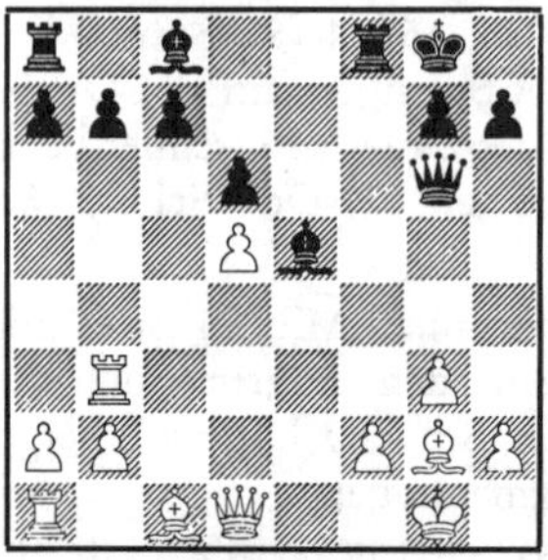

Der strategische Plan von Weiß ist klar. Nach eventuellem b7—b6 (den Läufer wird Schwarz früher oder später entwickeln müssen) beabsichtigt er 17. Le3 und Tc1 zu spielen mit starkem Druck auf der c-Linie. Aber Schwarz will sich nicht passiv verhalten!

16. ... Lf5!. Beachtung verdient auch 16. ... Lg4, 17. f3 Lf5.

17. T:b7 Lc2!. Um die Entwicklung des Läufers c1 zu erschweren. **18. Dd2 Tae8!, 19. T:c7 Ld3.**

Schwarz geht nicht in die Falle: 19. ... Ld4, 20. D:d4 Te1†, 21. Lf1 Ld3, 22. Lh6!, und Weiß gewinnt.

20. Db4. Es drohte 20. ... Ld4. **20. ... a5!, 21. Da4.** Nun beginnen sehr scharfe taktische Wendungen.

21. ... L:g3!. Auf 21. ... T:f2, 22. K:f2 Df6† darf nicht 23. Lf3 geschehen wegen 23. ... Ld4† und Lf1†! Aber nach 23. Kg1 Ld4†, 24. Le3 gelingt es Weiß, das materielle Übergewicht zu behalten.

22. hg Te1†, 23. Kh2 Le4!, 24. Le3!. Den Läufer darf Weiß nicht schlagen: 24. L:e4? Dh5†, 25. Kg2 Dh1‡.

24. ... Dh5†, 25. Lh3 T:e3!, 26. T:g7†!. Dieses Gegenopfer rettet die Situation. **26. ... K:g7.** Falls 26. ... Kh8, so 27. Dd4! T:f2†, 28. Kg1, und das Abzugsschach ist sehr gefährlich. **27. Dd4† Kg8, 28. D:e3 Lf5, 29. g4 L:g4, 30. Tg1 T:f2†!.** Das dritte Turmopfer in einer Partie! **31. Kh1!.** Dieser prosaische Zug ist der einzige Ausweg. **31. ... D:d5†, 32. Lg2 Dd2, 33. D:d2 T:d2, 34. Lh3 h5, 35. L:g4 hg, 36. T:g4† Kf7, 37. Tg2,** und die Partner einigten sich auf Remis.

★

Dem Gegner die größtmöglichen Schwierigkeiten bereiten, ist ein sehr wichtiges Prinzip der Verteidigung. Oft kommt es vor, daß der Spieler, der sich im Vorteil befindet, zu optimistisch gestimmt ist und etwas oberflächlich vorzugehen beginnt.

Es ist nicht schwer festzustellen, daß die weiße Stellung kritisch ist. Zuerst

Lasker—Steinitz

versucht Lasker, auf dem Königsflügel etwas Gegenangriff zu erhalten.

25. h4 gh, 26. S:h4 Sd3, 27. Tf1. Falls 27. Tee2, so 27. ... S3:b2!

27. ... Sa:b2, 28. Df3 Lb6, 29. Kh2 Tg8, 30. Lh6 De7, 31. Sh5 Le8, 32. Dh3 Sa4, 33. Lf3 Sac5, 34. Te2 Sd7!. Ein guter prophylaktischer Zug, der den Königsflügel sichert und dem Nachziehenden erlaubt, energisch am entgegengesetzten Flügel vorzugehen. **35. g3!.** Um auf kürzestem Weg den Springer auf den Damenflügel herüberzuspielen.

35. ... a5, 36. Sg2 b4, 37. Se3 Tc8, 38. Sd1 bc, 39. S:c3 Ld4, 40. Ld2 S7c5, 41. Dh4 L:h5, 42. L:h5 Tb8, 43. Sd1 Sa4, 44. L:a5!.

Verhältnismäßig das beste. Weiß versucht mit allen Kräften, seinem Gegner das Leben „sauer“ zu machen.

Das beabsichtigte Qualitätsopfer beseitigt den gefährlichen Freibauern.

44. ... Ta8, 45. Ld2 c3, 46. L:c3! S:c3, 47. S:c3 L:c3, 48. Tf3 Sc1, 49. Tc2 S:a2, 50. Tf:c3 S:c3, 51. T:c3 Tgc8.

Ungeachtet des zähen Widerstandes Laskers steht der Nachziehende noch immer auf Gewinn. **52. Tb3 Ta2†, 53. Kh3 Tac2.** Besser war 53. ... Ta1.

54. Tb6! T2c3, 55. Lg6 Td8, 56. Tb7 D:b7, 57. D:f6† Dg7, 58. D:d8†, Dg8, 59. Df6†.

Das „ewige Schach“ — der ziemlich oft anzutreffende Rettungsring des Verteidigers!

★

Zentrumsstrategie und Vereinfachung ist das Hauptmotiv des Verteidigers in der folgenden Partie.

Georgadse—Koblenz

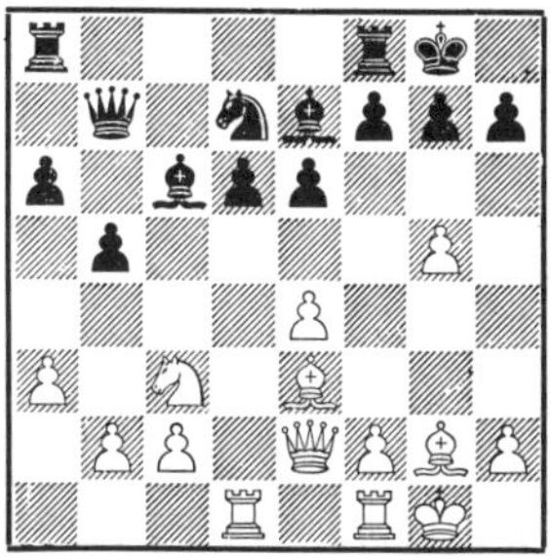

16. ... Sc5. Schwarz muß aktiv auftreten, denn Weiß droht mit f2—f4, Tf3—h3, Dh5 einen gefährlichen Angriff zu erhalten.

17. Lc1 a5, 18. b4! ab, 19. ab Sa4, 20. Td3! g6!.

Derartige stille, unscheinbare Züge können in der Verteidigung von größter Bedeutung sein. Nach 21. Dg4, 22. h4 wird Schwarz noch Gelegenheit haben, Zeit mit h7—h5 zu gewinnen, ehe Weiß das Bauernbollwerk stürmen wird.

21. Sd1. Der Angreifer will die Figuren behalten, um den Angriff zu verstärken. Die Absicht des Anziehenden war, f2—f4 und Sf2—g4 zu spielen. **21. ... Tfd8, 22. Dg4 d5!.**

Der Gegenstoß im Zentrum, die effektvolle Waffe gegen die meisten Flügelangriffe.

23. e5 d4!. Schwarz will um jeden Preis vor allem einen Turm abtauschen.

24. L:c6 D:c6, 25. T:d4 T:d4, 26. D:d4 Td8, 27. Df4 Sc3!.

Schaltet auch den aggressiven Springer, der nach g4 über e3 strebte, aus.

28. S:c3. Erzwungen. **28. … D:c3, 29. Le3 Td5, 30. Tb1 D:c2.**

Weiß schlägt nicht den Bauern e5, da das die Diagonale für den weißen Läufer öffnen könnte.

31. Tc1 Td1†, 32. T:d1 D:d1†. Der Triumph der schwarzen Vereinfachungsstrategie. Weiß hat den „schlechten" Läufer übrigbehalten. Die Bauern auf schwarzen Feldern werden zu dankbaren Angriffsobjekten.

33. Kg2 Db3, 34. Ld2 Dd3, 35. h4 Kf8.

Wenn dem König Angriff droht, versucht er manchmal selbst aus der gefährdeten Zone einfach — davonzulaufen.

36. Le3 Ke8, 37. Kh2 Dc4, 38. Df3 Kf8. Zurück ins Versteck. **39. Kg3 D:b4, 40. h5 gh, 41. D:h5 De4!.** Mit einer zentralisierten Dame hat man nichts zu fürchten!

42. Lf4 Dd3†, 43. Le3 b4. Weiß gab auf — der Freibauer macht das Rennen.

★

Wie stark der Angriff auch sein mag — für den Verteidiger gilt es nicht nur, die direkten Drohungen zu beseitigen, sondern auch die Achillesferse des Angreifers finden und gegen diese die eigenen Maßnahmen zu richten.

Der weiße Angriff scheint sehr gefährlich zu sein. Auf 14. … gf beabsichtigte

Spielmann—Keres

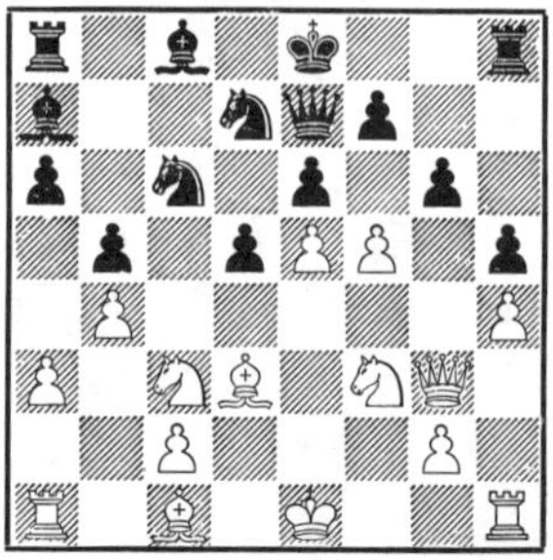

Weiß 15. L:f5 ef, 16. S:d5 Dd8, 17. e6! zu spielen. Aber Schwarz nahm den gegnerischen Zentrumsbauern aufs Korn.

14. … Lb8!, 15. fg Sd:e5, 16. gf† D:f7, 17. Sg5 Df6, 18. Tf1 Sg4!, 19. Df3 D:c3†, 20. Kd1 Dg7, 21. De2 Tf8. Den aggressiven Turm muß man zum Abtausch zwingen, sogar auf Kosten eines Bauern.

22. T:f8† K:f8, 23. S:e6† L:e6, 24. D:e6 Sf2†, 25. Ke1 S:d3†. Weiß gab auf.

★

Wertvolle Tips für die Verteidigung gibt das folgende Beispiel.

Bondarevsky—Smyslov

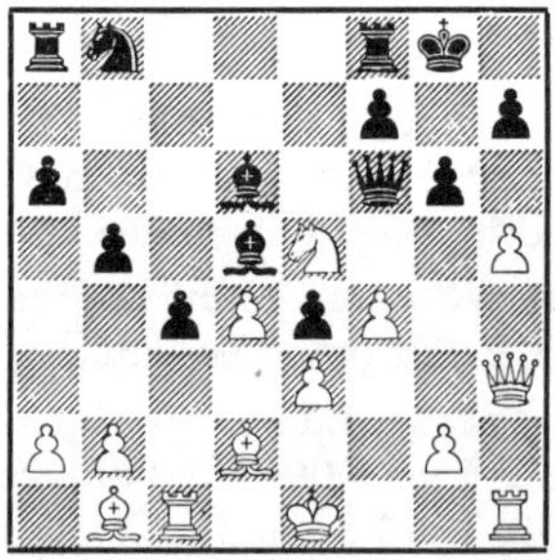

19. … Ta7!. Diese horizontale Verteidigung der 7. Reihe ist eine oft anzutreffende Methode. Der Textzug pariert die gefährliche Drohung h5:g6.

20. 0—0. Nichts ergab der Bauernsturm: 20. g4 De6!, 21. f5 Df6!, und der Angriff ist schwer zu verstärken. **20. ... Dd8!!.** Ganz hervorragend gespielt. Die Idee ist, nach 21. f5 f6, 22. Sg4 g5! die Stellung zu verriegeln. Wie schon gesagt — eine wichtige Methode in derartigen Stellungen.

21. hg fg, 22. f5 Dc8!, 23. fg.

Weiß hat keine Möglichkeit, den Angriff zu verstärken und läßt den Damentausch zu. Dem Verteidiger ist selbstverständlich ein solcher Tausch willkommen.

23. ... D:h3, 24. T:f8† K:f8, 25. gh3.

Wie Awerbach nachgewiesen hat, konnte Schwarz hier 25. ... Tg7! spielen. 26. Kh1 L:e5, 27. de T:g6, 28. Lb4† Kf7, 29. Td1 Sc6. Oder 28. Tf1† Ke7, 29. Tf4 Ke6, 30. L:e4 L:e4, 31. T:e4 Sc6, 32. Lc3 Tg5. In beiden Fällen mit gleichem Spiel. In der Partie geschah schwächer **25. ... L:e5,** aber auch nach diesem Zuge konnte Schwarz das Unentschieden erreichen.

★

Abwicklung und Übergang ins Endspiel (besonders „ungleiche Läufer"- und Turmendspiele) ist ein oft wiederkehrendes Strategem, weil es in diesen Endspielen oft technisch schwer fällt, den Vorteil festzuhalten. Auf diese Art gelingt es dem Verteidiger, die größten Schwierigkeiten zu schaffen ungeachtet dessen, daß das Endspiel objektiv gesehen auch verloren sein kann.

Reshevsky—Aljechin

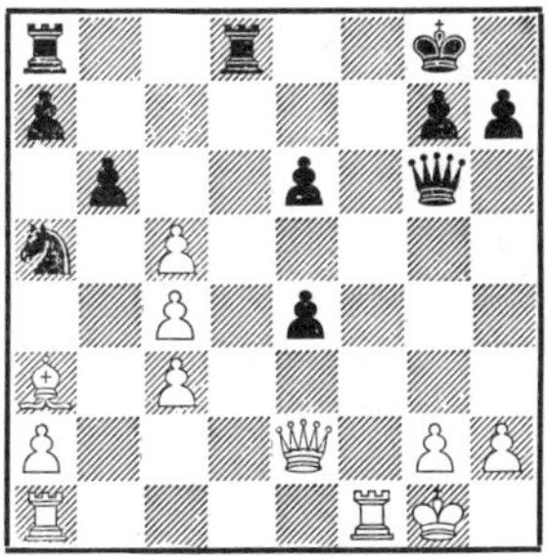

24. Tf4 bc, 25. L:c5 Sc6, 26. T:e4 Td2!.

Falls Schwarz den Bauern mit e6—e5 geschützt hätte, erhielte Weiß einen gefährlichen Druck auf der f-Linie mit Tf1.

27. D:d2 D:e4, 28. Te1 D:c4, 29. Dd6 Tc8, 30. D:e6† D:e6, 31. T:e6 Kf7, 32. Td6 a5, 33. Kf2 Se7, 34. Ld4 Sf5, 35. Td7† Ke6, 36. Ta7 S:d4, 37. cd Tc2†, 38. Kf3 T:a2.

Auf dieses Turmendspiel mußte Aljechin sich einlassen. Wie wir sehen werden, ist der Weg zum Siege technisch nicht so einfach. **39. T:g7 Ta3†, 40. Ke4 h5, 41. Tg6† Kf7, 42. Th6.**

Diesen Zug gab Weiß ins Kuvert. Genauer war 42. Tg5 mit nachfolgendem h4 und g3.

42. ... Ta2, 43. Kf3 Ta3†, 44. Kf2 Td3, 45. T:h5 a4!.

Stellt dem Gegner eine psychologische Falle: Reshevsky wird habgierig und will plötzlich alle drei Bauern behalten. Wenn er sich mit deren zwei begnügt hätte, wäre der Gewinn leicht gewesen: 46. Ta5 T:d4, 47. Kg3 Ke6, 48. h4, und die Bauern „laufen" in die Dame.

46. d5?. Er hat angebissen. **46. ... a3, 47. Th7† Kf6, 48. Ta7 Ke5!, 49. Ta5.** Auf 49. h4 gelingt es Schwarz, sich mit 49. ... Kf5 zwischen die Bauern zu stellen.

49. ... Td2†, 50. Kf3 Td3†, 51. Ke2 Tb3, 52. Kf2 Tb2†, 53. Kg3 Tb3†, 54. Kh4 Tb2, 55. Kh3 a2, 56. d6† K:d6, 57. g4 Kc6!, 58. Kg3 Kb6, 59. Ta8 Kb5, 60. h3.

Auf 60. h4 wären frontale Schachgebote gefolgt.

60. … Kb4, 61. Kf4 Tc2, 62. Tb8† Ka3, 63. Ta8† Kb3. Unentschieden.

★

Wenn man die Gewißheit hat, daß der Angriff des Gegners abgeschlagen werden kann, versucht man, dem Gegner diesen Angriff nahezulegen.

Koblenz—Alexandrov

17. … f4. Weiß sah sofort, daß der positionelle Zug 18. La6 dem schwarzen Angriff die Spitze abgebrochen hätte; aber nach 45minütigem Nachdenken ließ sich Weiß auf den dargebotenen „Feuertanz" ein.

18. Lb5 fe, 19. L:d7 ef†, 20. Kf1 T:f3, 21. D:f3 La6†, 22. Tc4 D:h2!, 23. Le6†.

Auf dieses Zwischenschach hatte sich Weiß verlassen. **23. … Kh8, 24. L:c8.** Es schien dem Anziehenden, daß das Spiel aus sei, aber es folgte unerwartet: **24. … Sd2†!, 25. K:f2 S:f3, 26. dc L:c4, 27. bc! Sh4!, 28. Lh3 Df4†, 29. Kg1 D:c4.**

Beide Gegner befanden sich schon in Zeitnot. Es mußte 29. … bc geschehen. **30. c6! Dc2, 31. T:d5?.** Jetzt greift Weiß fehl. Es mußte 31. Tc1 D:b2, 32. Te1! geschehen, und die Doppeldrohung c7 und Te8‡ ist verheerend.

31. … h6, 32. Td7 D:b2, 33. c7 Dc1†, 34. Kh2 Kh7!, und Schwarz errang den Sieg.

★

Eine eigenartige Verteidigungsidee führte der Nachziehende im folgenden Beispiel vor. Er lockte die gegnerischen Figuren in einen Hinterhalt und nutzte den Abseitsstand der Figuren zur Einleitung eines Gegenangriffs aus. Das Aufregendste an dieser Partie ist, daß der Nachziehende als „Lockspeise" seinen eigenen König verwendete!

Geller—Euwe

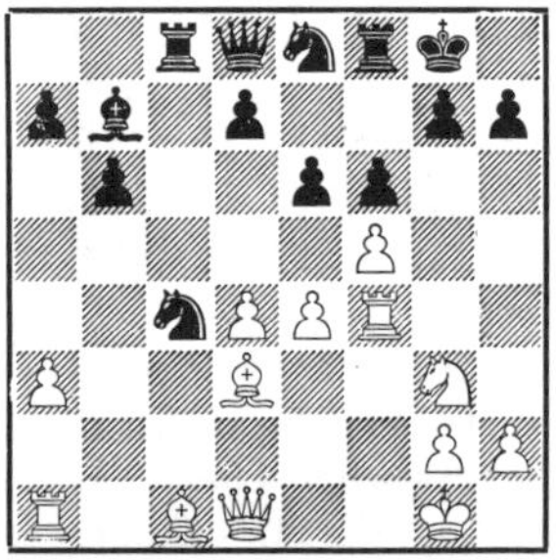

16. … b5!, 17. Th4 Db6, 18. e5 S:e5, 19. fe S:d3, 20. D:d3 D:e6, 21. D:h7† Kf7, 22. Lh6 Th8!.

Der 16. Zug war der Anfang des strategischen Verteidigungsplanes des Nachziehenden — der letzte ein taktischer Schlag, um die Dame noch weiter in den Hinterhalt zu locken und vom Punkt c2 abzulenken.

23. D:h8 Tc2!, 24. Tc1 T:g2†, 25. Kf1 Db3, 26. Ke1 Df3. Weiß gab auf.

★

(Siehe Diagramm)

Der Turm ist schon in die zweite Linie eingedrungen, die schwarze Dame beherrscht die Diagonale, aber besonders stark steht der Springer auf f4.

Weiß hat Gegendruck auf der g-Linie, doch der Läufer auf a6 steht abseits,

Keres—Stalda

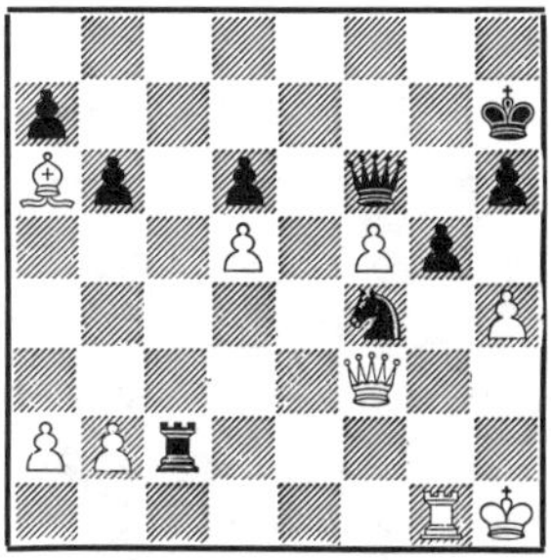

und es ist schwer zu sehen, wie die Dame einen Zusammenhalt mit den anderen Kräften herstellt. (Im Endspiel Dame und König gegen König kann die Dame ohne Mithilfe des Königs nicht mattsetzen!!.) Außerdem ist seine Königsstellung unsicher.

Es ist lehrreich zu beobachten, wie Keres Schritt für Schritt die Stellung seiner Figuren verbessert und Gegenspiel erhält.

1. De4!. Die Drohung 1. ... D:b2 ist indirekt abgewehrt, weil darauf 2. De7† Dg7, 3. f6 folgen würde.

1. ... Td2, 2. Tc1!. Hier steht der Turm viel wirkungsvoller. **2. ... h5.** Um mehr Raum für den König zu schaffen.

3. Lf1. Der passive Läufer wird gute Verteidigungsfunktionen übernehmen können.

3. ... Td4!, 4. De8 g4!. Es ist immer wichtig, die Schwäche im gegnerischen Lager zu erspähen! Hier ist der „wunde“ Punkt h4.

5. Kg1!. Fehlerhaft wäre das „aktive“ 5. Tc7† Kh6, 6. Dg8 wegen 6. ... D:h4†, 7. Kg1 Se2†!, 8. L:e2 Dg3†!, 9. Kf1 Tf4†.

5. ... Kh6. In der Absicht, den d-Bauern zu schlagen. **6. Tc7! Td1, 7. Tc4!.** Verteidigt sich nicht nur gegen Dd4†, sondern greift auch den gefährlichen Springer an.

7. ... Sh3†, 8. Kg2 D:b2†, 9. Le2 Tg1†, 10. Kh2 Th1†, 11. Kg2 Tg1†. Unentschieden.

★

Oft ist die Verteidigungsidee tief versteckt. Nur wenn wir die Pointe herausfinden, das Pünktchen auf dem i, können wir konsequent und zielbewußt die Verteidigung führen.

Botwinnik—Euwe

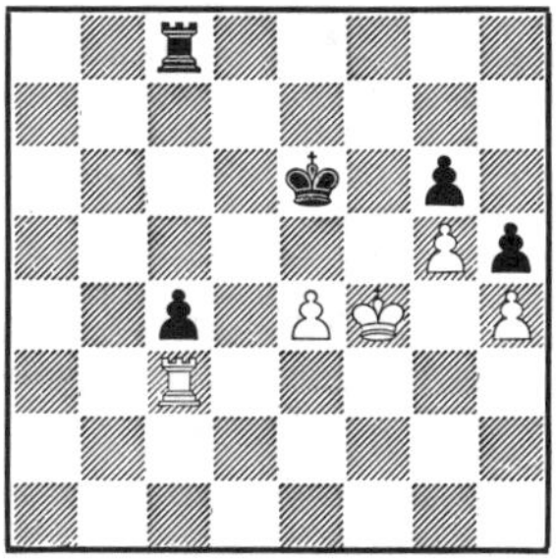

Die Stellung scheint verloren zu sein. Zieht der weiße Turm, dringt der Freibauer vor, der ideal vom Turm c8 unterstützt wird (die Türme gehören im Turmendspiel hinter die Freibauern!), geht der König, folgt 1. ... Ke5. Aber Botwinnik rettete sich auf phänomenale Weise.

1. Ke3 Ke5, 2. Tc2!! c3, 3. Kd3 Td8†. Auf Zugzwang kann Schwarz nicht mehr spielen, da Weiß den Bauern schlagen kann: 4. T:c3! T:c3†, 5. K:c3 K:e4, 6. Kc4 Kf4, 7. Kd4 Kg4, 8. Ke5 K:h4, 9. Kf6 Kg4, 10. K:g6 h4, 11. Kf6 h3, 12. g6 h2, 13. g7 h1D, 14. g8D†.

4. Ke3! Td4, 5. T:c3 T:e4†, 6. Kf3 T:h4, 7. Tc6!. Die Pointe der Verteidigung-Gegenangriff gegen Punkt g6.

7. … Tf4†, 8. Ke3 Te4†, 9. Kf3 Kf5, 10. Tf6† K:g5, 11. T:g6†!. Remis.

★

Wir beschließen unser Thema mit einigen Beispielen, in denen taktische Einzelhandlungen Verteidigungsprobleme lösen.

Makogonov—Tschechower

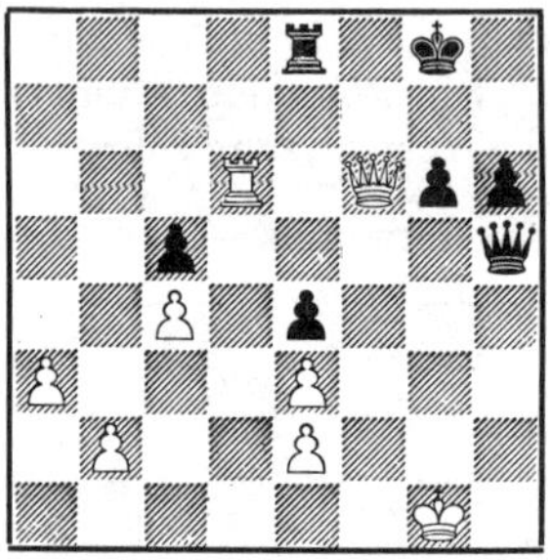

Schwarz ist verloren. Aber wie wäre es vor dem Aufgeben, dem Gegner eine Falle zu stellen? Und Schwarz spielte: **1. … Dg4†, 2. Kf2?.** In Zeitnot bemerkt Weiß nicht, daß 2. Kf1 den Sieg sicherstellte.

2. … Tf8, 3. Td8 Dh4†! Weiß gab auf.

Bei reduziertem Material rettet oft das Patt.

Sagoriansky—Tolusch

Weiß spielte **1. Dc4.** Tolusch wollte „sofort" gewinnen und zog **1. … Kh3.** Der Zug ist in gewissem Sinne eine Falle, in die Weiß gezwungen wird hineinzufallen, aber dabei hat der Nachziehende die Pattmöglichkeit übersehen.

2. D:f4! g2†, 3. Kf2 Tf6, 4. Kg1!! Es stellt sich heraus, daß nach 4. … T:f4 oder 4. … Sf3†, 5. D:f3 T:f3 der König patt ist.

Unser Praktikum

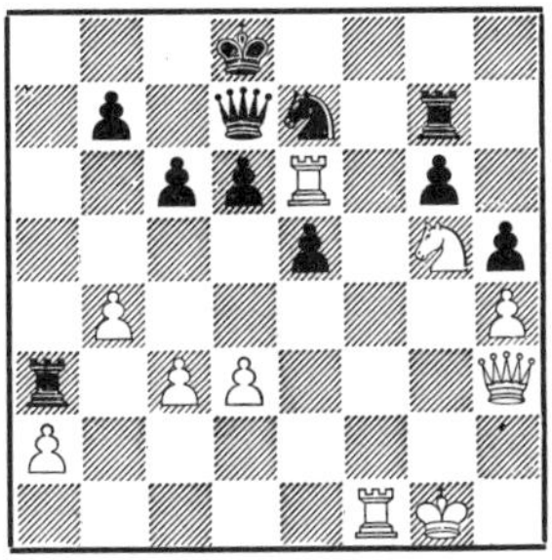

55

Weiß am Zuge

56

Weiß am Zuge

57

Weiß am Zuge

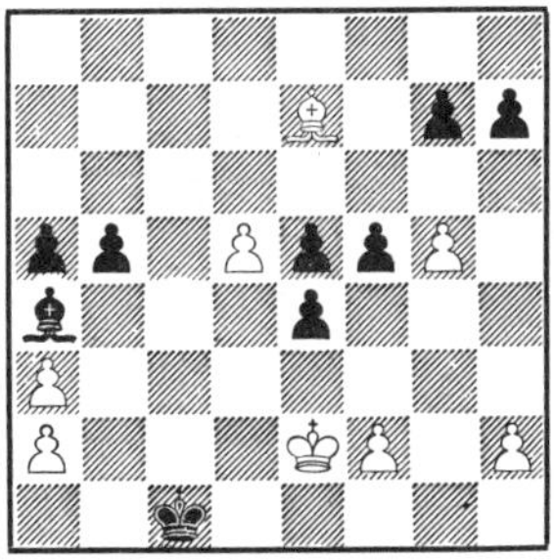

58

Weiß am Zuge

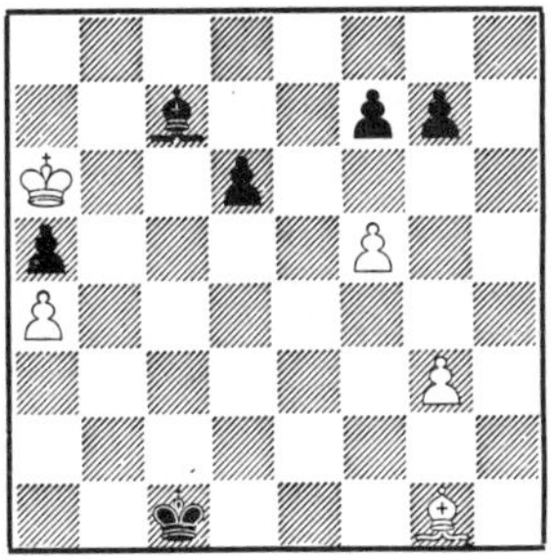

59

Weiß am Zuge

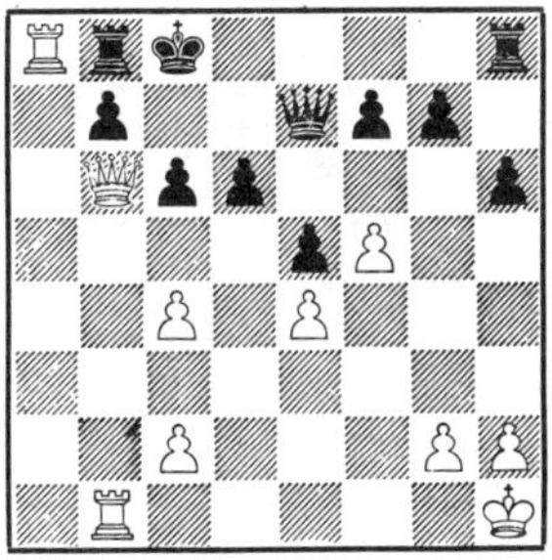

60

Weiß am Zuge

DIE 15. STUNDE

Das Spiel in gleichen Stellungen

Wenn beide Teile die Eröffnung korrekt behandelt haben oder keiner der Partner Stellungsvorteil erlangen kann, sind die Aussichten im Mittelspiel als gleichwertig zu betrachten.

Hat einer der Spieler irgendwelchen Vorteil, ist es nicht schwer, die Richtschnur für unsere entsprechenden Handlungen herauszufinden, den Plan zurechtzulegen. Aber wie muß man handeln, wenn auf dem Brett ausgesprochene Schwächen fehlen, die Stellung ein verhältnismäßiges Gleichgewicht aufweist?

Versuchen wir, an den folgenden Beispielen darzulegen, wie der Kampf verlaufen kann.

Reshevsky—Smyslov

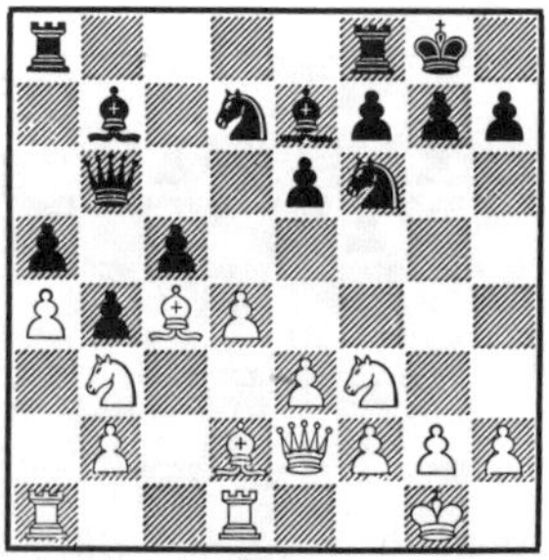

Beide Partner haben die Entwicklung ihrer Kräfte beendet. Die Spiele stehen gleich. Im Zentrum beherrscht Weiß das Feld e5, aber das hat ebensowenig praktische Bedeutung wie die Kontrolle des Punktes e4 seitens des Nachziehenden. Auch der schwache Punkt b5 ist nicht ausschlaggebend.

In solchen Stellungen sucht man keine weitgreifenden Pläne; man begnügt sich mit ruhigem Manövrieren, um die eigene Figurenstellung zu verbessern. Aber dabei muß man acht geben, daß es dem Gegner nicht gelingt, plötzlich aktiv zu werden.

15. Le1. Der Läufer verstellte dem Turm den Weg. **15. ... Tfd8.** Der Turm stand auf f8 passiv.

16. Lb5. Weiß möchte seine Figurenstellung verbessern und zu diesem Zweck den Springer von b3 nach e5 hinüberspielen. Im Prinzip ein richtiges Vorhaben, aber vorher sollte er 16. Tac1 spielen.

16. ... Ld5!, 17. Sd2 Db7!. Ein neuer Erfolg. Schwarz hat den Springer f3 gefesselt, und Dame und Läufer hemmen das gegnerische Zentrum.

18. Sc4 Sb6, 19. Sce5?.

Schwarz wollte den nach e5 strebenden Springer tauschen. Aber der Zug von Weiß ist ein (vorläufig) kleiner

Fehler. Er mußte auf den Springertausch eingehen, weil jetzt der Springer b6 auf a4 zielt.

19. … Se4, 20. dc S:c5, 21. Sd4!.

Er will den Druck auf den Punkt g2 abschütteln, denn 21. … L:g2 ist wegen 22. f3 Lh3, 23. Lc6 nicht zu fürchten.

21. … Tdc8!, 22. f3 Sb3!, 23. S:b3 L:b3.

Schwarz hat schon einen gewissen Erfolg erzielt. Während der Springer auf e5 ins Leere „schießt", gelingt es Schwarz, den Turm a1 an die Verteidigung des a-Bauern zu fesseln und mithin den Zug Tac1, der zum Ausgleich führen würde, zu verhindern.

24. Td3 Lc2, 25. Td2 b3!.

Plötzlich steht Schwarz besser — er schafft sich mit diesem Zuge eine Angriffsmarke auf b2. Es ist lehrreich zu verfolgen, wie Smyslov seinen Vorteil schnell vergrößert.

26. Lf2 Lb4, 27. Td4 Sd5, 28. Sd3 e5!. Eine unerwartete Kombination! **29. S:e5 Lc3!, 30. Sc4.** Opfert die Qualität, weil nach 30. bc S:c3, 31. Dd2 S:b5, 32. ab b2 Weiß den Turm für den Freibauern hergeben muß.

30. … L:d4, 31. ed Dc7.

Technisch ist der Kampf noch nicht leicht, denn die weißen Läufer sind sehr stark.

32. Lg3 Da7, 33. De5 Sb4, 34. Sd6 Tf8, 35. De3 Tad8, 36. Dc3 De7, 37. Te1 Dg5, 38. De3 Dg6, 39. Se4.

Führt zum Verlust des Bd4. Besser war 39. Sb7; aber wie Smyslov nachgewiesen hat, wird Schwarz auch in diesem Falle gewinnen: 39. … Tc8, 40. S:a5 Ld3, 41. Td1 L:b5, 42. ab Db6, 43. S:b3 D:b5 usw.

39. … L:e4, 40. D:e4 Sc2, 41. D:g6 hg, 42. Tc1 S:d4 und errang den Sieg im 71. Zuge.

Auch in der folgenden Partie strebt Weiß anfänglich nicht nach ehrgeizigen Zielen, sondern versucht, Schritt für Schritt seine Figurenstellung zu verbessern und mikroskopische Schwächen im gegnerischen Lager zu provozieren.

Smyslov—Djurasević

1. c4 Sf6, 2. g3 c6, 3. Sf3 d5, 4. b3 Lf5, 5. Lg2 e6, 6. 0—0 Sbd7, 7. Lb2 Le7, 8. d3 0—0, 9. Sbd2 a5, 10. a3 h6, 11. Dc2 Db6.

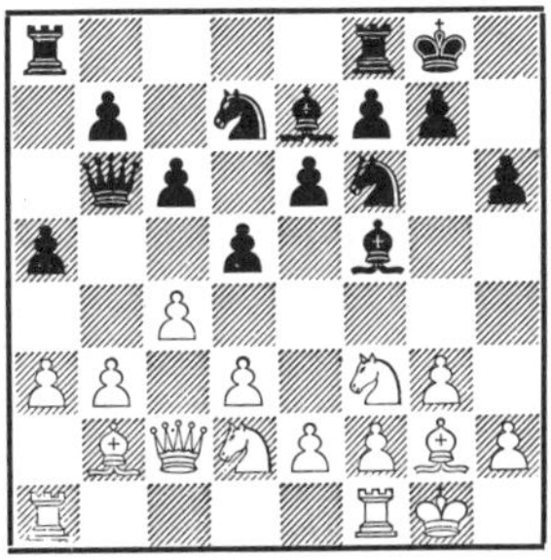

12. Lc3!. Die Stellung ist ausgeglichen. Weiß versucht seine Figurenstellung zu verbessern, obwohl die Stärkung vorläufig ziemlich abstrakt zu sein scheint; die Konturen des bevorstehenden Kampfes sind schwer vorauszusehen. Aber mit einer derartigen Tendenz schafft man wenigstens die günstigen Vorbedingungen für den zu erwartenden positionellen Kampf.

12. … Tfd8, 13. Db2. Druck auf der Diagonalen.

13. … Sc5, 14. Ld4 dc.

Mit der Absicht, seinem Läufer die Diagonale zu öffnen.

15. dc Dc7, 16. b4 ab, 17. ab Scd7.

Etwas besser war 17. ... Sce4.

18. T:a8 T:a8, 19. c5! Db8, 20. Sc4 Le4, 21. Lh3!.

Um nach 22. Sd2 Lf5, 23. Lg2! die Mitte zu beherrschen. In derartigen Stellungen versucht man, unentwegt den Gegner vor neue Probleme zu stellen. Man läßt den Kopf nicht hängen, wenn er sie löst — immer wieder versucht man es von neuem.

21. ... Lf5?!, 22. L:f5 ef, 23. Td1 Df8, 24. Se3!. Zwingt Schwarz, die Diagonale a1—h8 zu schwächen. **24. ... g6, 25. Se5 Td8, 26. S5c4 Ta8, 27. Lc3 Dc8, 28. Db3! Se8, 29. Lb2 Ta6, 30. Dd3.**

Endlich wird der Positionsvorteil greifbar. Weiß bekommt die d-Linie in seine Macht.

30. ... S7f6, 31. Sd6 De6.

Falls 31. ... Dc7, so 32. S:e8 und Dd7!.

32. S:b7 Ta2, 33. Dc3 Lf8, 34. Sd8 Dc8, 35. Sc4 Ta7, 36. Sb6 Dc7, 37. Dc4. Ein kleiner „Schönheitsfehler" — stärker war 37. Td7!.

37. ... Lg7, 38. f4 Kh7, 39. Le5.

Schwarz gab auf.

In den vorangegangenen Beispielen gelang es dem Sieger, nach langem Lavieren die Oberhand zu behalten. Aber es gibt gleichwertige Stellungen, in denen eine der Parteien plötzlich zum Angriff übergeht. Natürlich muß die aktive Partei in derartigen Fällen sehr genau rechnen.

Schwarz hat die Eröffnungsschwierigkeiten überwunden. Die Stellung ist ausgeglichen: den Zug Sd5 fängt der Läufer g7 ab, der den Bauern b2 bedroht. Falls Weiß den Springerzug mit

Rauser—Botwinnik

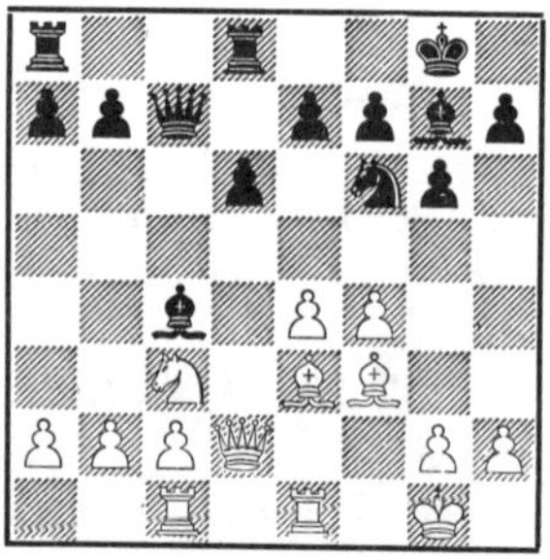

Tb1 vorbereitet, folgt Tac8. Darum kann Weiß die verhältnismäßige Stärke des Punktes d5 nicht ausnutzen. Die Position der anderen Figuren ist auch gleichwertig. Aber Botwinnik unternimmt den Versuch, dem Gegner ein Problem zu stellen.

15. ... e5, 16. b3. Nun beginnt der Sturm. Botwinnik bemerkt zu dieser Stellung, daß Weiß, wenn er seine Chancen nicht überschätzt hätte, mit 16. fe und Df2 ein gleiches Spiel behalten hätte.

16. ... d5!!. Der Beginn einer sehr verwickelten Kombination.

17. ed e4!, 18. bc ef, 19. c5 Da5, 20. Ted1.

Weiß ist wieder nicht auf der Höhe. Seine Chancen wären noch gleichwertig nach 20. Dd3, und falls 20. ... Sg4, so 21. Se4 f5, 22. Sg5.

20. ... Sg4!, 21. Ld4. Vorteilhafter wäre 21. Se4. Aber die Fehler von Weiß sind psychologisch begründet: eine so schroffe Wendung des Kampfgeschehens kann den erfahrensten Kämpen aus dem Sattel werfen.

21. ... f2†, 22. Kf1. Auf 22. Kh1 beabsichtigte Botwinnik 22. ... T:d5!, 23. S:d5 f1D† zu spielen.

22. ... Da6†!, 23. De2 L:d4, 24. T:d4 Df6!, 25. Tcd1 Dh4. Der zurückgelegte Weg von c7 nach h4 ist sehr effektvoll. **26. Dd3 Te8, 27. Te4 f5!.** Jeder Zug des Nachziehenden gleicht einem Keulenschlag!

28. Te6 S:h2†, 29. Ke2 D:f4. Weiß gab auf, weil er nach 30. Tf1 S:f1, 31. K:f1 T:e6, 32. de De5 keine Kompensation für den Verlust der Qualität hat.

★

Es gibt gleiche Stellungen, in denen sich die gegenseitigen Schwächen die Waage halten. Ein solches Gleichgewichtsstadium kann jedoch trügerisch sein.

Schwach ist der Bd6, das gleiche kann man von Bc3 sagen. Die Stellung der

Smyslov—Panov

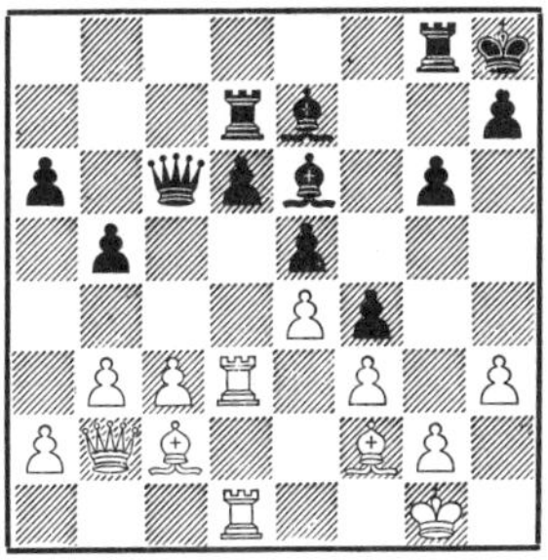

übrigen Figuren scheint auch gleichwertig zu sein. Hier erweist sich wieder einmal, daß es nicht dasselbe ist, wenn zwei das gleiche tun.

Es folgte **32. c4!.** Mit diesem wundervollen Bauernopfer gelingt es Weiß, seine Figuren zu aktivieren.

32. ... bc, 33. bc L:c4, 34. Tc3 Db5, 35. Lb3 Tb7, 36. Tdc1 Lf7, 37. Dc2 De8.

Auch nach 37. ... L:b3, 38. T:b3, Dd7, 39. T:b7 D:b7, 40. Tb1 Dd7, 41. Dc4 ist die weiße Stellung viel freier.

38. L:f7 D:f7, 39. Tc7. Das Bauernopfer trägt seine ersten Früchte — der Turm ist in die siebente Reihe eingedrungen.

39. ... T:c7, 40. D:c7 Tf8, 41. Tc6! De6, 42. T:a6 g5, 43. Ta7 Tf7, 44. Dd7! Df6.

Jetzt wird der entfernte Freibauer auf der a-Linie sehr gefährlich.

45. a4 h5, 46. a5 g4, 47. hg hg, 48. D:g4 d5, 49. Lh4! Dc6, 50. T:e7 Dc5†, 51. Kh2 T:e7, 52. Lf6† Kh7, 53. Dh5† Kg8, 54. Dh8† Kf7, 55. Dg7† Ke8, 56. D:e7† D:e7, 57. L:e7.

Schwarz gab auf.

Unser Praktikum

61

Weiß am Zuge

62

Schwarz am Zuge

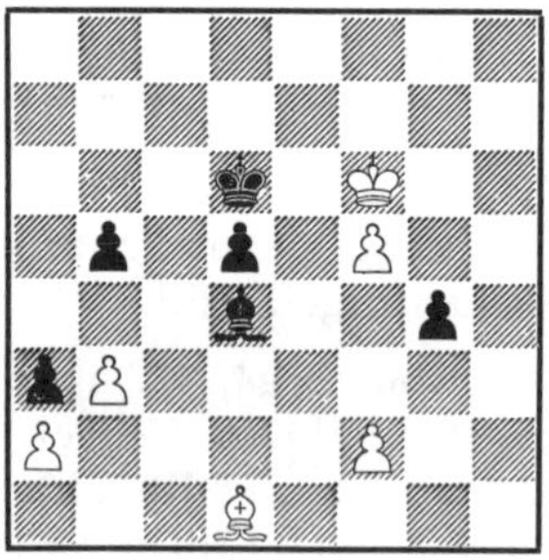

63

Darf Weiß 1. Kg6 spielen?

64

Schwarz am Zuge

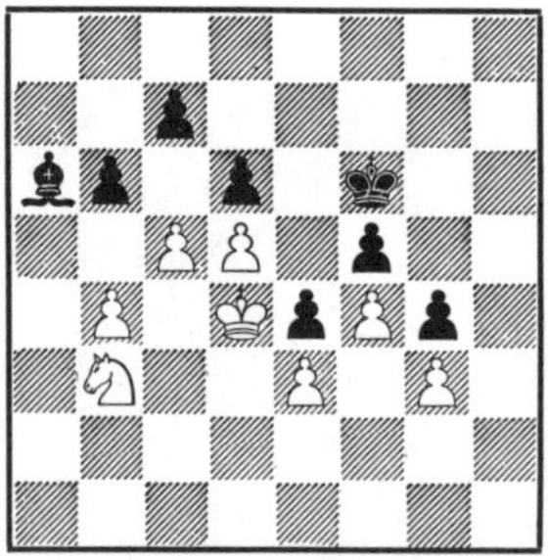

65

Weiß am Zuge

66

Weiß am Zuge

DIE 16. STUNDE

Triumph der mathematischen Logik

Über das Endspiel sind schon viele Bücher geschrieben worden. Des reduzierten Materials wegen ist es möglich, viele Endspielpositionen analytisch genau zu untersuchen. Jeder Schachspieler, der es zur Meisterschaft bringen will, muß diesem Stadium der Partie große Aufmerksamkeit schenken.

„Die Kunst, das Endspiel zu handhaben, ist der Probierstein für die technische Vollkommenheit jedes Schachspielers", schrieb seinerzeit Großmeister A. Kotov.

Es ist keine zufällige Erscheinung — alle Weltmeister der Schachgeschichte, alle hervorragenden Großmeister waren und sind hervorragende Endspielkünstler.

Bei Besprechung der Partie Kotov—Eliskases haben wir schon betont, daß mit der Möglichkeit des forcierten Überganges ins Endspiel schon im Anfangsstadium zu rechnen ist.

Bei jungen Schachspielern herrscht die Neigung, sich aufs Endspiel nicht einzulassen. Dem einen scheint das Spiel im Endspiel verödet und fade, der andere fürchtet, daß der Gegner es um so leichter hat, das Richtige zu finden, je weniger Figuren auf dem Brett stehen. Der Hauptgrund ist allemal schwache theoretische Kenntnis der Endspieltheorie und daher Unsicherheit in dieser Spielphase.

Selbstverständlich hemmen derartige Überlegungen den Weg zur Meisterschaft.

Die Aufgabe folgender Darlegungen besteht darin, die wichtigsten Kampfmethoden des Endspiels zu illustrieren und dabei den Beweis zu liefern, daß auch hier das Prinzip des aktiven, harmonischen Zusammenspiels der Figuren die erste Geige spielt.

Löwenfisch—Rabinowitsch

1. e4 c5, 2. Sf3 d6, 3. d4 Sf6, 4. Sc3 cd, 5. S:d4 g6, 6. f4 Lg7, 7. e5! Sg4, 8. Lb5† Kf8, 9. h3 Sh6, 10. Le3 Sc6, 11. ed! S:d4, 12. L:d4 D:d6, 13. L:g7† K:g7, 14. D:d6 ed, 15. 0—0—0.

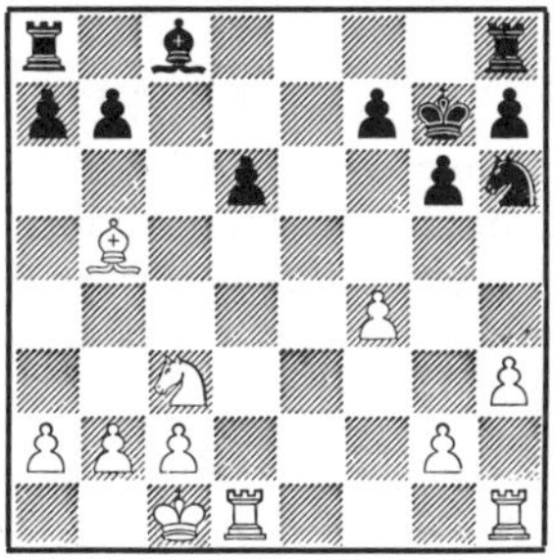

Schon bei seinem 11. Zuge hatte Weiß diese Stellung im Auge. Unter Umgehung des Mittelspiels ist der Kampf in ein Endspiel eingemündet.

Der schwarze Bd6 ist vereinzelt und schwach, und weil man den Angriff gegen die Schwächen richten muß, beginnt Weiß, den Bauern d6 zu belagern.

15. ... Td8, 16. Td2 Le6, 17. Thd1 Sf5, 18. g4 Se3, 19. Te1 a6.

Auch nach 19. ... Sc4, 20. L:c4 L:c4, 21. Ted1 wäre der Bauer nicht zu retten.

20. T:e3 ab, 21. S:b5 T:a2, 22. T:d6 T:d6, 23. S:d6.

Die sogenannte technische Phase hat begonnen — die Verwertung des materiellen Übergewichts. Aber bekanntlich sagte schon Emanuel Lasker: „Am schwersten ist es, eine gewonnene Partie zu gewinnen."

Diese Formulierung hat auch seine psychologische Begründung. In gewonnener Stellung wird man etwas übermütig, man denkt sich, das Werk sei getan, die Konzentration läßt nach, und man beginnt oberflächlich zu spielen. Nicht so der Gegner — in materiellen Nachteil geraten, kämpft er verzweifelt um „sein Leben", erschwert uns, so sehr es geht, den Gewinn und wird in der Not ungewöhnlich erfinderisch.

Auch in unserem Beispiel versucht Schwarz den weißen Königsflügel anzugreifen, aber hier hilft es ihm nichts — die weißen Freibauern auf dem Damenflügel erweisen sich als zu gefährlich.

23. ... Ta1†, 24. Kd2 Tf1, 25. S:b7 T:f4, 26. Sc5 Ld5, 27. Sd3 Tf1, 28. b3 Kh6, 29. c4 Lg2, 30. Ke2 Tb1, 31. g5†.

Auch bei reduziertem Material tauchen plötzlich taktische Möglichkeiten auf.

31. ... Kg7. Er muß die passive Stellung einnehmen, weil 31. ... K:g5 wegen 32. Tg2† nicht geht.

32. Kf2. Der Läufer steht auf g2 zu gefährlich, darum vertreibt ihn der König.

32. ... Lb7, 33. b4 Lc8, 34. c5 Lf5, 35. c6!.

Der Bauer beginnt das Finish. Seine Nähe zum Verwandlungsfeld fördert unerwartete kombinatorische Möglichkeiten zutage.

35. ... h6. Ungünstig wäre folgende Variante: 35. ... L:d3, 36. T:d3 T:b4, 37. c7 Tc4, 38. Td7.

In dieser Stellung kann man sich überzeugen, wieviel von der Aktivität des Königs im Endspiel abhängt. Während der weiße König sich frei bewegen kann, muß sein Widersacher die Rolle eines Statisten spielen, denn auf 38. ... Kf8? folgt augenblicklich 39. Td8† und c8D.

36. gh† K:h6, 37. c7 Tb3, 38. h4 Tc3, 39. Sc5!. Der Turm wird vom Bauern abgeschnitten. Die nächste Aufgabe des Weißen ist, mit dem Läufer fertigzuwerden.

39. ... Tc4, 40. Te5. Er droht 41. T:f5!. **40. ... Lg4, 41. Te4 Tc2†, 42. Ke3 Lf5, 43. Tf4 Lc8, 44. T:f7 Tc4, 45. Tf4.**

Schwarz gab auf.

Diese Partie gibt folgende Aufschlüsse:

1. Mit dem schroffen Übergang von der Eröffnung ins Endspiel muß

man unbedingt rechnen (es ist ein wertvolles Kampfmittel im Arsenal jedes Großmeisters!).

2. Ebenso wie in Eröffnung und Mittelspiel muß man danach streben, den Figuren zu höchster Wirkung zu verhelfen.
3. Der König wird im Endspiel zu einer aktiven und aggressiven Figur. Am günstigsten ist es, ihn in der Mitte zu postieren.
4. Eine große Rolle spielen die Bauern. Besonders gefährlich werden die Freibauern, denn bei reduziertem Material ist der Weg zur Dame von Hindernissen frei.
5. Im Endspiel kann die Schwäche des Bauern von entscheidender Bedeutung sein.

In der folgenden Partie wählt Schwarz eine scharfe Variante. Aber Weiß hat in der gegnerischen Stellung schwache Punkte entdeckt, die sich besonders im Endspiel auswirken werden. Darum bereitet er ihm eine „kalte Dusche“: anstatt „schön“ anzugreifen, muß Schwarz sich mühselig im Endspiel „quälen“.

Suetin—Wasjukov

1. e4 c5, 2. Sf3 d6, 3. d4 cd, 4. S:d4 Sf6, 5. Sc3 g6, 6. Le3 Lg7, 7. f3 0—0, 8. Dd2 Sc6, 9. 0—0—0 d5, 10. ed S:d5, 11. S:c6 bc, 12. Ld4!.

Schwarz erwartete 12. S:d5 cd, 13. D:d5 Dc7 mit zweischneidigem Spiel. **12. ... L:d4.** Der Zug von Weiß hatte psychologische Wirkung. Daß der Gegner so „fade“ spielt, verstimmt den Schwarzen und er findet nicht den Zug 12. ... e5, der ein inhaltsreicheres Spiel versprach.

13. D:d4 Db6, 14. Sa4! Da5, 15. b3 Tb8, 16. Dc5! D:c5, 17. S:c5.

Man soll sich nicht einbilden, daß nach Abtausch der Damen der Kampf sofort die Eigenart des Endspiels annimmt. Auch nach Damentausch sind Angriffe möglich, denen Mittelspielcharakter anhaftet. In unserem Beispiel haben wir jedoch nach dem Verschwinden der Damen und eines Turmpaares ein Endspiel reinsten Wassers. **17. ... Te8.** Macht dem König Platz, aber seine Zentralisierung hat wenig Erfolg, weil der Sc5 eine zu starke Stellung einnimmt (vor dem isolierten Bauern und daher schwer vertreibbar).

18. Td2 Kf8, 19. Ld3 Sb4, 20. a3 S:d3†, 21. T:d3 Lf5, 22. Tc3.

Wiederum das alte Strategem, das vorschreibt, Angriffe gegen schwache Punkte zu richten!

22. ... h5, 23. Td1 Ted8.

Ein ungünstiger Tausch, der dem weißen König die Teilnahme am Kampf erleichtert. Aber andererseits drohte Weiß mit Td4—a4 den Angriff zu verstärken.

24. T:d8† T:d8, 25. Sa6 Lc8, 26. Sb4 Lb7, 27. Tc4! Tc8, 29. Kd2 f6, 30. a4 e5, 31. a5! a6.

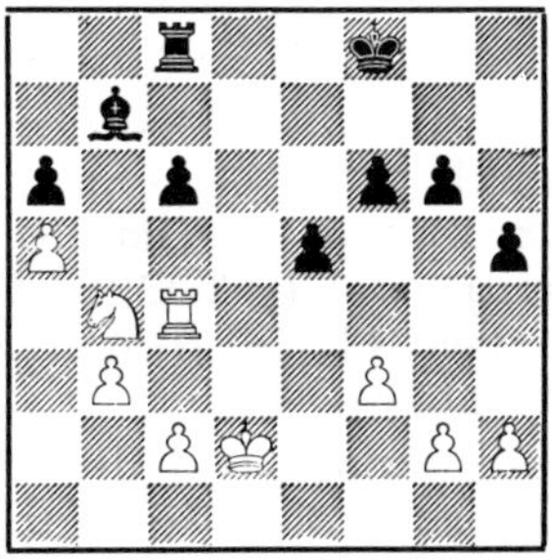

Vor einigen Zügen schien es, als sei der weiße Angriff zum Stehen gekommen. In solchen Fällen muß man neue Angriffsobjekte schaffen. Jetzt wendet sich der Aufmarsch von Weiß gegen den Bauern auf a6.

Noch schlimmer wäre übrigens, 32. a6 zuzulassen.

32. Sd3! Ke7, 33. Tb4 Tc7, 34. Sc5 Lc8, 35. Tb8. Weiß hat sich optimal aufgestellt.

35. ... Kd6, 36. b4 Kd5, 37. Kd3 g5. Verzweiflung, aber gegen die Drohung Ta8 gab es keine Rettung.

38. c4† Kd6, 39. Ta8 g4, 40. S:a6 Lf5†, 41. Ke3 Tb7, 42. Tf8 Le6, 43. T:f6.

Schwarz gab auf.

★

Zum Schluß bringen wir ein Beispiel fein ziselierter Endspielarbeit des einstigen Weltmeisters.

Tschechower — Lasker

1. c4 Sf6, 2. Sc3 e6, 3. Sf3 d5, 4. d4 dc, 5. e4 Lb4, 6. Lg5.

Weiß beginnt von hier an, auf „Vereinfachungen" zu spielen. Entweder war es die Autorität des Großmeisters oder er konnte sich nicht entschließen, mit 6. e5 Sd5, 7. Ld2 L:c3, 8. bc b5 einen Bauern zu opfern, obwohl das der stellungsgemäße Plan wäre.

6. ... c5, 7. L:f6. Besser war 7. e5, doch Weiß spielt auf „Abholzung". **7. ... D:f6, 8. L:c4 cd, 9. D:d4 Sc6, 10. D:f6 gf, 11. Tc1 Ld7, 12. 0—0 Tc8, 13. a3 Ld6, 14. Se2 Se5!, 15. S:e5 L:e5, 16. Lb5.**

Der Kulminationspunkt der Vereinfachungstendenz des Weißen.

16. ... T:c1, 17. L:d7† K:d7, 18. T:c1. Weiß hat die Partie in eine Wüste verwandelt, aber auch in der Wüste waltet Leben.

18. ... Tc8!, 19. T:c8.

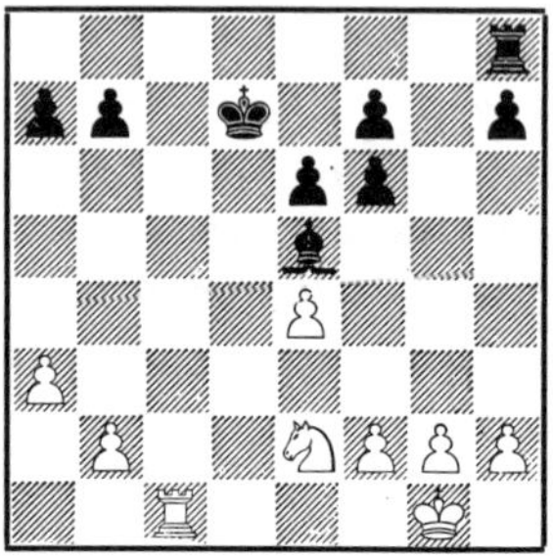

Weiß kann den Turmtausch nicht vermeiden, weil nach 19. Td1† Ke7, 20. Td2 Td8 der Zug 21. Tc2? unmöglich ist.

19. ... K:c8, 20. b3 Kc7.

Im Endspiel hängt oft alles von kleinen Stellungsnuancen ab. Schwarz gewinnt, weil es seinem König gelingt, auf dem Damenflügel einzudringen. Stünde aber der Bauer auf a4, hätte Weiß gute Chancen, das Unentschieden zu erreichen — er könnte mit Sc1—d3 eine unzerreißbare „Verteidigungszone" bilden.

Jetzt wäre auf 21. Sc1 21. ... Lb2 gekommen, auf 21. a4 aber folgt 21. ... Kc6, 22. Sc1 Kc5, 23. Sd3† Kd4 mit Gewinn.

21. Kf1 b5!, 22. Ke1 Lb2, 23. a4 ba, 24. ba Kc6!.

Endspielführung verlangt mathematische Präzision. Wie Lasker bemerkte, könnte auf 24. ... Kb6 folgen: 25. Kd2 Ka5, 26. Kc2 Le5, 27. Kb3! L:h2, 28. g3 mit zähem Widerstand. **25. Kd2 Kc5, 26. Sc3.**

Auf 26. Kc2 wäre sehr stark 26. ... Ld4!, 27. f3 Kc4!. Bei 28. S:d4 K:d4, 29. Kb3 a5! ist das Bauernendspiel glatt gewonnen.

Der Schlußteil der Partie ist leicht verständlich: **26. ... Kb4, 27. Sb5 a5, 28. Sd6 K:a4, 29. Kc2 Le5, 30. S:f7 L:h2, 31. Sd8 e5, 32. Sc6 Lg1, 33. f3 Lc5, 34. Sb8 Kb5, 35. g4 Le7, 36. g5 fg, 37. Sd7 Ld6, 38. Sf6 Kc4.** Weiß gab auf (39. S:h7 Le7!). Auch diese Partie zeigt, welche unerschöpflichen Möglichkeiten dem Endspielkünstler zur Verfügung stehen.

Je tieferen Einblick wir in die Eigenarten des Endspiels gewonnen haben, um so schönere Horizonte winken uns in diesem unerschöpflichen Reich der mathematisch exakten Logik!

Unser Praktikum

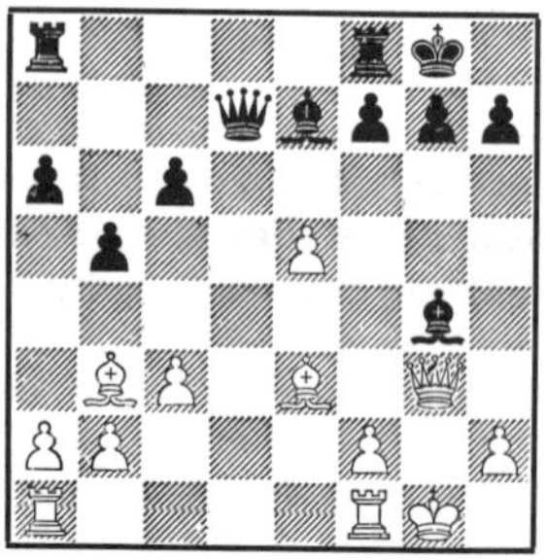
67

Weiß am Zuge

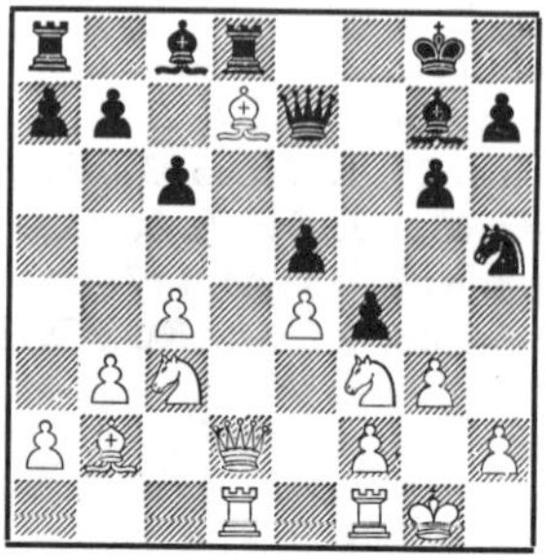
68

Weiß am Zuge

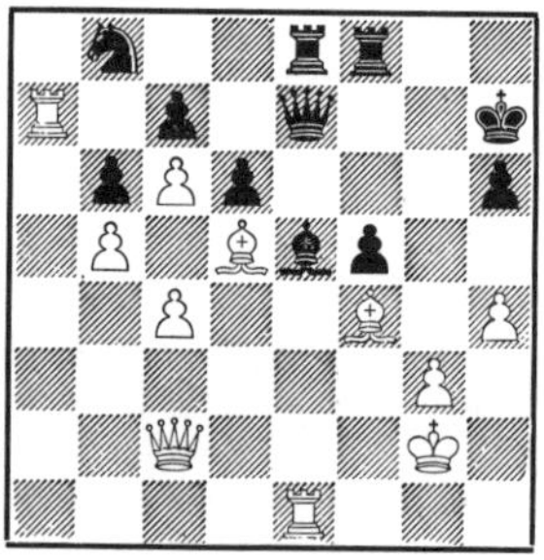
69

Weiß am Zuge

70

Weiß am Zuge

31.7, Patt

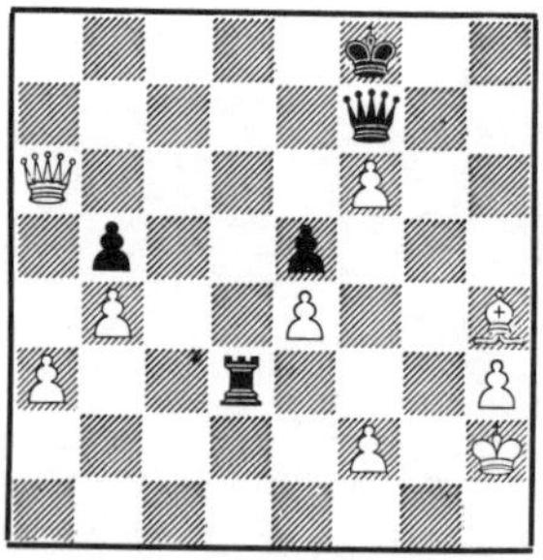
71

Schwarz am Zuge

72

Weiß am Zuge

Hinweis: (die wundersame Rettung)

Vergleichen Sie Ihre Lösungen!

Diagramm 1 – 6, Seite 8

1 Fehlerhaft **1.… Ke6** wegen **2. Ke4! Kf6, 3. Kd5 Ke7** (falls 3. … Kf5, so 4. e4† Kf6, 5. Kd6 Kf7, 6. e5 Ke8, 7. Ke6! Kf8, 8. Kd7 und gewinnt).

4. Ke5 Kf7, 5. Kd6 Ke8, 6. Ke6 Kf8, 7. e4 Ke8, 8. e5. Gewinnt das entscheidende Tempo. Schwarz muß zur Seite treten, ausweichen. In diesem Falle sprechen wir von dem Verlust der Opposition.

8. … Kf8, Kd7 und Weiß gewinnt. Falls 1. … Kf6?, 2. Kf4. Mit **1. … Ke7!** macht Schwarz Remis. Jetzt gewinnt Schwarz mit seinem Zuge nach **2. Ke4 Ke6!** oder **2. Kf4 Kf6!** die Opposition.

2 **1. e5!! de, 2. Kc1!.** Die Fernopposition. **2. … Kd5** (2. … Kc4, 3. Kc2!, 2. … Kd4, 3. Kd2!), **3. Kd1** (3. Kd2? Kd4, 4. Ke2 Ke4, 5. Kd2 Kf3 und Schwarz gewinnt) **3. … Kc5** (3. … Ke4 oder d4, c4, dann 4. Ke2, d2 oder c2), **4. Kc1!.** Unentschieden.

3 A. Gorgijev. **1. g4†! K:g4, 2. Kg6 c5, 3. h4!.** Unentschieden. Falls **1. … Kg5, 2. Kg7** (aber nicht 2. h4† K:h4, 3. Kg6 K:g4, 4. Kf6 Kf4) **2. … c5, 3. h4† K:h4, 4. Kf6 c4, 5. g5.** Falls 3. … K:g4, so 4. Kg6 K:h4, 5. Kf5.

4 Brinckmann—Rubinstein. **1. … Ke4, 2. Ke2 g5, 3. Kf2** (3. Kd2 Kf4, 4. Ke2 Kg3, 5. Kf1 Kh2, 6. Kf2 g4, 7. Kf1 g3) **3. … d4!, 4. cd K:d4, 5. Ke2 b4!, 6. Kd2** (pariert den Durchbruch 6. … c3!), **6. … b3** (Festlegung), **7. c3† Ke4** (Umgehungsmanöver), **8. Ke2 Kf4, 9. Kf2 Kg4, 10. Kf1 Kg3, 11. Kg1 g4, 12. Kf1 Kh2, 13. Kf2 Kh1** (13. … g3†?, 14. Kf3 und Schwarz verliert!), **14. Kg3 Kg1, 15. K:g4 K:g2** und Schwarz gewinnt.

5 Keres—Eliskases. **1. … Tb6†, 2. Kc1 Th6!, 3. Kd1 Kd3!, 4. Ke1 Ke3, 5. Kf1 Kf3, 6. Kg1 Tg6†!, 7. Kh2 Th6†, 8. Kg1 Tg6†, 9. Kf1 Th6.** Remis. Ausnahmestellung — gewöhnlich gewinnen weit vorgeschobene Freibauern gegen den Turm.

6 **1. Kb6! Tb1†, 2. Ka7 Kf7, 3. Tb8 Ta1, 4. Kb7 Tb1†, 5. Ka8 Te1, 6. a7! Te7, 7. Tb7** und gewinnt. Ein grober Fehler wäre 1. a7? und Weiß hätte nicht den gewinnbringenden Schlupfwinkel.

Diagramm 7–12, Seite 15

7 Kotov—Bondarevsky. **1. … f4†, 2. S:f4 Df2†!, 3. Kd3 D:d4†!, 4. K:d4 Lc5†, 5. Kd3 S:e5‡.** Ein König im Zentrum — bei vollem Brett! Nachahmung nicht empfohlen.

8 Spielmann—Hönlinger. **1. Se7†!.** Legt den Weg der mattgebenden Figur frei. **1. … D:e7, 2. D:h7†!.** Entblößung „Seiner Majestät"! **2. … K:h7, 3. Th5† Kg8, 4. Th8‡.**

9 Aljechin—Mindeno. Um das Mattnetz zu schließen, muß der Ausweg nach f7 versperrt werden. Aber wie? Falls einfach 1. g6 D:g6, 2. Dc4†, so d5. Weiß siegte mit **1. Se5! de, 2. g6! D:g6, 3. Dc4† Df7, 4. Th8‡.**

10 Pollock — Konsultierende. Einen solchen Entwicklungsvorsprung darf man dem Gegner nicht geben! Kein Wunder, daß die Strafe auf dem Fuße folgt: **1. Dd7†!! L:d7, 2. Sd6†† Kd8, 3. Sf7† Kc8, 4. Te8† L:e8, 5. Td8‡.** Nicht schwer — aber Mattbilder muß man sehen!

11 Ed. Lasker—Thomas. **1. D:h7†! K:h7, 2. S:f6††.** Hütet Euch vor dem Doppelschach. **2. … Kh6** (2. … Kh8, 3. Sg6‡), **3. Seg4† Kg5, 4. h4† Kf4, 5. g3† Kf3, 6. Le2† Kg2, 7. Th2† Kg1, 8. Kd2‡.**

12 Torre—Adams. **1. Dg4!.** Wegen der Mattdrohung auf e8 ist die Dame tabu! **1. … Db5, 2. Dc4! Dd7, 3. Dc7! Db5, 4. a4 D:a4, 5. Te4!.** Wiederum ein Ablenkungsopfer. **5. … Db5, 6. D:b7!!.** Aufgegeben. Das passiert, wenn man kein Luftloch hat!

Diagramm 13–18, Seite 22

13 Glücksberg—Najdorf. Die Richtschnur unserer Kampfhandlung liegt klar zutage — die unsichere Königsstellung sofort ausnutzen! **1. … Lg1, 2. S:g1 Dh2†, 3. Kf3 e5!!.** Es müssen frische Streitkräfte herangezogen werden. **4. de Sd:e5†, 5. fe S:e5†, 6. Kf4 Sg6†, 7. Kf3 f4!, 8. ef Lg4†!, 9. K:g4 Se5†!!, 10. fe h5‡.** Ja, dazu gehört eine gute Portion Phantasie!

14 Kotov—Judowitsch. **1. Tf5!!** Nutzt sofort die unsichere Stellung des Königs aus. **1. … ef** (1. … Dd6, 2. T:f7†! L:f7, 3. Sf5†), **2. S:f5† Kf6, 3. Td6†! K:f5, 4. Df3† Tf4, 5. Dh5† Ke4, 6. Lc2† Ke3, 7. Td3†.** Aufgegeben.

15 Steinitz — Bardeleben. **1. Sg5†! Ke8, 2. T:e7†! Kf8!** (2. … D:e7, 3. T:c8†. Falls 2. … K:e7, dann 3. Te1† Kd6, 4. Db4† Kc7, 5. Se6† Kb8, 6. Df4†), **3. Tf7† Kg8, 4. Tg7†! Kh8** (4. … Kf8, 5. S:h7†), **5. T:h7† Kg8, 6. Tg7†! Kh8, 7. Dh4† K:g7, 8. Dh7† Kf8, 9. Dh8† Ke7, 10. Dg7† Ke8, 11. Dg8† Ke7, 12. Df7† Kd8, 13. Df8† De8, 14. Sf7† Kd7, 15. Dd6‡.**

Vielleicht oft gesehen, aber dieses Glanzstück des ersten Weltmeisters darf nirgends fehlen.

16 Kortschmar—Pollak. **1. Sb4!.** Öffnet mit Tempo der Dame den Weg! **1. … ab, 2. D:d6! Dd7, 3. Dd5!!**

Kf8, 4. T:g7! D:d5, 5. Tg8†! K:g8, 6. Te8† Tf8, 7. T:f8‡.

Eine der prachtvollsten Kombinationen der Schachgeschichte.

17 Apscheneek–Hartmann. Es scheint, als ob es schwer wäre, den Angriff zu verstärken. Aber es folgte ein Feuerwerk: **1. L:e6!! T:c5, 2. Th8†! L:h8, 3. D:g6†.** Schwarz gab auf. Schwarz konnte **1. ... Ld3** spielen. Darauf käme ein „stiller" Zug: **2. Dc3!! T:c5, 3. T:g7† K:g7** (3. ... Kf8, 4. T:f7†, Kg8, 5. Th8†!!), **4. dc†.** Falls 2. ... fe, dann 3. T:g7† K:g7, 4. d5† usw.

18 Capablanca—Steiner. **1. T:f6!.** Entblößungsopfer. **1. ... K:f6, 2. Tf1† Sf5, 3. S:f5 ef, 4. T:f5† Ke7, 5. Df7† Kd6, 6. Tf6† Kc5, 7. D:b7 Db6, 8. T:c6†! D:c6, 9. Db4‡.** Nicht schwer, doch immerhin zwei Turmopfer!

Diagramm 19 – 24, Seite 30

19 Awerbach—Panno. **14. Lg4!.** Nach Abtausch der Läufer werden die weißen Felder im gegnerischen Lager schwach. **14. ... Dd8, 15. L:c8 D:c8, 16. Sf3 Lf8, 17. Ke2.** Um das Zusammenspiel der Türme herzustellen. **17. ... Tg7, 18. Th4 Sd7, 19. hg hg, 20. Dh1 Le7, 21. Th8† Kf7, 22. Dh6 Sf8, 23. Th1 Tb8, 24. L:f4! Dc7** (24. ... ef, 25. Dh4), **25. Dh2 Sd7, 26. Dh3!.** Er nutzt die Schwäche der weißen Felder mit „Vergnügen" aus. **26. ... Sf8, 27. T:f8†! K:f8, 28. De6 Tg8, 29. Sh4! Ld8, 30. S:g6† Kg7, 31. S:e5.** Schwarz gab auf.

20 Steinitz—Mongredien. **10. h4!.** Bei 10. 0—0—0 Sd7 11. h4 Sf6 stellt sich heraus, daß h5 erschwert ist. Auch beim richtigen strategischen Plan ist eine genaue taktische Durchführung notwendig. Nach dem Textzug ist alles in bester Ordnung.

10. ... Sd7, 11. h5 Sf6, 12. hg S:g6, 13. 0—0—0 c5, 14. Sg5 a6, 15. S:h7! S:h7, 16. T:h7! K:h7, 17. Dh5† Kg8, 18. Th1 Te8, 19. D:g6 Df6, 20. L:f7†! D:f7, 21. Th8†! K:h8, 22. D:f7. Schwarz gab auf.

21 Mileika—Klowan. **18. Te4! dc, 19. f5.** Die Bauernlawine. **19. ... Dg5, 20. e6! fe, 21. f6! Dc5†, 22. Kh1 gf, 23. Tg4† Kh8, 24. T:f6 e5, 25. Tf7! L:g4, 26. T:h7†!.** Aufgegeben. Falls 26. ... Kg8, 27. Lc4†!.

22 Denker—Botwinnik. **19. ... d3!,** Aktiviert den Läufer mit entscheidender Kraft. **20. Dc1.** Auch nach 20. Le3 Lc5, 21. Dc1 d2!, 22. D:d2 Se5 gewinnt Schwarz. Falls 20. Se4 Dc7.

20. ... Lc5†, 21. Kh1 Dd6!, 22. Df4 (22. Lf4 T:h2†!) **22. ... T:h2†!.** Die offene h-Linie! **23. K:h2 Th8†, 24. Dh4 T:h4†, 25. L:h4 Df4.** Aufgegeben.

23 Gligorić — Furman. **20. d5!!.** Sichert den Punkt d4! **20. ... L:d5, 21. a5! Lc5.** Es war wichtig, den Läufer von c7 abzulenken. **22. Lh6 f6, 23. Dc7! Lf7, 24. L:f8 T:f8, 25. Th3! Dc8, 26. Df4 Le6, 27. Te1! Tf7, 28. Lf1 g5, 29. De4 Ld5, 30. De8† D:e8, 31. T:e8† Kg7, 32. L:c4!** und Weiß gewann im 58. Zuge (L:c4, 33. Tc3).

24 Dubinin—Suetin. **22. Sf5!.** Das charakteristische positionelle Opfer! **22. … Lf8.** Bei 22. … gf, 23. gf ist die offene g-Linie sehr gefährlich. **23. L:g7† L:g7, 24. g5! Tf8, 25. h4 gf.** Ein solcher Springer „geht auf die Nerven". **26. gf L:f6, 27. ef Dc8, 28. Sg5! L:g5, 29. T:g5 Sf7, 30. Th5 Tg8, 31. T:h7† K:h7, 32. Dh5† Sh6, 33. Tg6 Df8, 34. T:h6† D:h6, 35. f6† e4, 36. L:e4!.** Schwarz gab auf.

Diagramm 25 – 30, Seite 50

25 Turmendspiele sind sehr schwierig, weil der Turm als Verteidiger sehr stark ist. Sogar in gewonnener Position muß man sehr präzise spielen. Hier ein technischer Kniff — die sogenannte Brücke.

1. Td1† Ke7, 2. Td4!! Ta1, 3. Kc7 Tc1†, 4. Kb6 Tb1†, 5. Kc6 Tc1†, 6. Kb5! Tb1†, 7. Tb4. Diese Überbrückung sichert den Sieg.

26 „Von einem Schach ist noch niemand gestorben", „Wenn der Patzer ein Schach sieht, gibt er es". Wer kennt nicht diese oder ähnliche ironische Bemerkungen beim Blitzturnier? Aber im Turmendspiel ist das Schachbieten eine wichtige Ressource des Verteidigers. Unentschieden! **1. … Tg6, 2. e6 Tg1!, 3. Kd6 Td1†,** und der „dummen" Schachs wegen kann Weiß nicht gewinnen. Man kann allerdings auch sofort 1. … Th1, 2. Kd6 Te1! (aber nicht Td1†?, 3. Ke6) spielen.

27 Hier rettet sich Schwarz, weil der Turm auf der langen Seite weit vom Freibauern entfernt ist. Auch hier dieselbe Verteidigungsmethode — die Schachansage bis zum „Überdruß". **1. … Ta8†!, 2. Kd7 Ta7†, 3. Kd6 Ta6†, 4. Kd5 Ta5†, 5. Kc4 Tb4†, 6. Kb5 Te4.** Remis. Befände sich aber in der Anfangsstellung der schwarze König auf g8, hätte alles nichts genützt wegen des Schachs auf f8 mit nachfolgendem e8D.

28 Hier ist die Entfernung vom Bauern kürzer und die Schachmethode rettet nicht. **1. … Tb8†, 2. Kd7 Tb7†, 3. Kd8 Tb8†, 4. Kc7 Ta8, 5. Ta1!.** Sehr schön — gewinnt das wichtige Tempo. **5. … Te8, Kd7.** Aufgegeben.

29 Lasker—Rubinstein. Der Turm hinter dem vorgeschobenen Freibauern unterstützt nicht nur das Vorrücken, sondern hat auch im Verhältnis zum gegnerischen Turm mehr Möglichkeiten zum Manövrieren. **1. f5 gf, 2. gf Tf6, 3. Tf4!.** (Droht 3. b4†) **3. … b4** (3. … d4, 4. Tf1 Kd5, 5. b4 Ke5, 6: Tc1), **4. b3 Tf7** (4. … Kc6, 5. Kd4 Kd6, 6. Tf1 Zugzwang des Turmes!), **5. f6 Kd6, 6. Kd4 Ke6, 7. Tf2!.** Abwartezug und Vorbereitung zur entscheidenden Schwenkung. **7. … Kd6, 8. Ta2! Tc7, 9. Ta6† Kd7, 10. Tb6.** Aufgegeben.

30 Capablanca — Eliskases. **1. f5!.** Schafft den starken gedeckten Freibauern. **1. … ef, 2. Kf4 Te6, 3. K:f5 Tg6, 4. e6! Tg4, 5. Ke5 Te4†, 6. Kd6.** Die Zusammenarbeit des Königs mit dem Bauern ist hergestellt! **6. … T:d4, 7. Te3.** Schwarz gibt auf.

Diagramm **31 – 36**, Seite 59

31 Stahlberg—Najdorf. Jede ungeschützte Figur kann plötzlich ein Opfer des doppelten Angriffs werden. **1. Lf7! K:f7, 2. T:d8 D:d8, 3. Db7†** und gewinnt.

32 Belawenetz—Makogonov. Das Ablenkungsopfer. **1. ... Lf3!, 2. Df2 Lh4!, 3. D:f3 D:c2†, 4. Tg2 D:c4.** Der Läufer fällt der Doppeldrohung zum Opfer. Schwarz gewann schnell.

33 Dunkelblum—Euwe. Der Doppelangriff ist hier schlau versteckt. **1. ... S:f2!, 2. L:f2 L:f2†, 3. K:f2 Da7†!** und gewinnt.

34 Petrosjan—Simagin. **1. Da8† Kg7, 2. L:e5†! D:e5, 3. Dh8†! K:h8, 4. S:f7†.** Die gefürchtete Springergabel.

35 Stahlberg—Sämisch. 1. Dg6† Kh8 ergibt nichts, aber nach **1. Dh5†! Dh6, 2. Dg6†! D:g6** gewinnt die Bauerngabel **3. fg†** und **gf.**

36 Schwarz gab in der Partie Marco —Popiel auf. Nach **1. ... Lg1!** wäre die Doppeldrohung unabwendbar gewesen.

Diagramm **37 – 42**, Seite 64

37 Keres—Löwenfisch. Es ist wichtig, den gegnerischen König vom Freibauern abzuschneiden. **1. Te4! Ta8.** Auch Schwarz mußte dasselbe tun: 1. ... Tb2, 2. b4 Td2!, 3. Ke3 Td1!, 4. Ke2 Td6, 5. b5 Tb6, 6. Tb4 Ke5, 7. Ke3 Kd5, 8. Tb1 Kc5, 9. Ke4 Te6†. Weiß kann nicht gewinnen. Interessant, daß der Doppelbauer die Rettung bringt.

2. b4 Tb8?. Es war noch nicht zu spät, 2. ... Td8, 3. Ke3 Td1 zu spielen.

3. Ke3 Td8, 4. b5 Tb8, 5. Tb4 Ke5, 6. b6 Kd5, 7. b7 Kc5, 8. Tb1 Te8†, 9. Kd3 Td8†, 10. Kc3 Tb8, 11. Tb2! Kd5, 12. Tb4!. Auf Zugzwang gespielt. **12. ... Kc5, 13. Kb3 Kd5, 14. Tb5† Ke4, 15. Ka4! Kf3, 16. Tb4 T:b7, 17. T:b7 K:g4, 18. Kb3.** Rechtzeitig! **18. ... Kf3, 19. Kc3 g4, 20. Kd2 g3, 21. Ke1 Kg2, 22. Tg7.** Aufgegeben.

38 Gipslis—Tal. Schwarz hat Positionsvorteil: der abgeschnittene König, der Turm auf der zweiten Reihe, der Freibauer auf der h-Linie. Aber der Sieg gelingt ihm nur dank eines taktischen Witzes. **1. ... h3!, 2. Kg1 e4, 3. a6!.** Die Schaffung des Freibauern ist die einzige Chance. Schwächer wäre 3. fe† Kg4!. Alle schwarzen Figuren haben ein Höchstmaß an Wirkung! 4. a6 f3, 5. ab f2†, 6. Kf1 h2, 7. Tg3† Kh4!.

3. ... e3, 4. ab (Zäher war 4. Tc1 T:b3, 5. ab T:b7, 6. c6 Te7) **4. ... Tb1†, 5. Kh2 e2, 6. Te3 fe, 7. b8D Th1†!.** Die Pointe! Der Bauer muß mit Schach in die Dame gehen. **8. K:h1 e1D†, 9. Kh2 Df2†, 10. K:h3 D:f3†, 11. Kh2 e2, 12. Df8†.** Das Schachbieten mit der Dame hilft hier nicht. **12. ... Ke4, 13. De8† Kd3, 14. Db5† Ke3,** Weiß gab auf.

39 Kling und Horwitz. **1. Tf2.** Die Doppeldrohung Läuferfang und Matt kann Schwarz nicht abwehren. **1. ... Lg1, 2. Tg2! Le3, 3. Te2 Lc5, 4. Te8† Lf8, 5. Td8.** Übrigens beachten: Kf6, Th1, Kh8, Lh7 ist Remis. Der König befindet sich in der Ecke der entgegengesetzten Felderfarbe des Läufers.

40 Elementar, aber man muß es wissen: **1. Df7† Kg2, 2. De6 Kf2, 3. Df5† Kg2, 4. De4† Kf2, 5. Df4† Kg2, 6. De3 Kf1, 7. Df3† Ke1, 8. Kc6.** Schwarz nutzt die Atempause zum Heranholen des Königs aus. **8. ... Kd2, 9. Dd4† Kc2, 10. De3 Kd1, 11. Dd3† Ke1, 12. Kd5** usw. Der Bauer auf der Läuferlinie (Ka6, Dg3, Kg1, Bf2) ist Remis. Auf 1. Dg3†ist er nicht gezwungen 1. ... Kf1 zu spielen, sondern 1. ... Kh1, und nach 2. D:f2 wäre es Patt!

41 Eine Ausnahmestellung — deren es übrigens im Schach viele gibt. Weiß gewinnt mit: **1. Kb6! Kb2, 2. Ka5† Kc1, 3. Dh1† Kb2, 4. Dg2† Kb1** (4. ... Kb3, 5. Dg7 und Da1), **5. Ka4! a1D†, 6. Kb3!** mit unabwendbarem Matt!

42 Van Vliet. Weiß gewinnt auf herrliche Weise: **1. Db4! Dd5, 2. Da4† Kb6, 3. Db3†!! D:b3, 4. b8D†** und **D:b3.** Falls **1. ... Dh1,** so **2. Da3† Kb6, 3. Db2† Kc7!, 4. Dh2†!! D:h2, 5. b8D†** und **D:h2.**

Diagramm **43 – 48,** Seite 87

43 Niedermann—Zuk. **1. Lc8!.** Hineinziehung! **1. ... T:c8, 2. Ta8†!** (Ablenkung!) **K:a8, 3. D:c8† Tb8, 4. Dc6†!!** Die Pointe! **Tb7, 5. Da4† Kb8, 6. De8†** und gewinnt. Falls 1. ... Db1†, 2. Kh2 D:b6, 3. L:b7 D:b7, 4. Dd6† Dc7, 5. Ta8†!.

44 Behting—Romaschkević. **1. Lh5!.** Ablenkung! **1.... D:h5, 2. T3:e4!.** Beide Bauern sind in eine Fesselung geraten! **2. ... Dg6, 3. Te8† Kf7, 4. D:d5†!.** Glänzend und vernichtend. Aufgegeben.

45 Urseanu—Anastaziad. **1. Ld5!!.** Die Deckung im kritischen Schnittpunkt! **1. ... T:d5, 2. T:f7!.** Es war wichtig, mit Tempo den Punkt f7 zu erobern.

46 Flohr—Horowitz. Nach **1. L:e5!** stellt sich heraus, daß der Bauer f6 überlastet war — er konnte die zwei Verteidigungsfunktionen — Schützung der Felder e5 und g5 — nicht erfüllen.

1. ... fe, 2. Sg5 Kg7 (oder 2. ... Tfe8, 3. D:h7† Kf8, 4, S:e6†), **3. D:h7† Kf6, 4. Se4† Ke7, 5. Dh4† f6, 6. Tdc1!** und gewinnt.

47 Eliskases—Hölzl. **1. Td5!.** Ein Riesenschlag! Aufgegeben.

48 Weiß—Makogonov spielte: **1. T:e5! de, 2. f7†.** Das bekannte Opfer, um Zugstraßen für Diagonalangriffe zu öffnen. (Vergleiche auch die Partien Lasker—Capablanca und Tal—Tolusch.) **2. ... T:f7, 3. D:e5 Kf8, 4. Dg7†! Ke7, 5. Lb4†!.** Das hat noch gefehlt! Aufgegeben.

Diagramm **49 – 54,** Seite 104

49 **1. Sd2†! Ke1** (1. ... Ke2, 2. Se4!), **2. Sf3† Ke2, 3. Sh2!.** Das rettende Manöver. Remis. Fehlerhaft wäre 1. Se3† Ke2, 2. Sf5 Kf3, 3. Sd4† Kg4!, 4. Sc2 Kf4!.

50 Der Springer mit seinen „kurzen“ Sprüngen hat es schwer, gegen den entfernten Freibauern zu kämpfen. Weiß gewinnt. **1. a4 Sg5, 2. Kd6** (nicht 2. a5 Sf3, 3. a6 Sd4, 4. Kd6 Sb5†, 5. Kc6 Sa7† und auf der 6. Reihe hält der Springer den Randbauern auf) **2. ... Sf3** (2. ... Sf7†, 3. Kc7, 2. ... Se4†, 3. Kc6! und der König „erlaubt“ dem Springer einfach nicht, sich dem a-Bauern zu nähern), **3. Kd5! Se1, 4. a5 Sd3** (4. ... Sc2, 5. Kc5!), **5. Kc4 Se5†, 6. Kb5 Sd7, 7. a6 Sf6, 8. a7 Sd5, 9. Kc6! Sb4†, 10. Kb7** und gewinnt.

51 Weiß gewinnt nach präzisem Spiel. **1. Sb4 Ke5** (1. ... Kc7, 2. Sd5† Kd6, 3. Sb6 Se5, 4. Sc4†!), **2. Sd3† Kd5** (2. ... Ke4, 3. Sc5†, 2. ... Kf5, 3. Sc5 Se5, 4. Kb6), **3. Sf4† Kc6, 4. Sg6 Kd5** (4. ... Kc5, 5. Sf8! Se5, 6. Ka8 Sc6, 7. Se6† und Sd8!), **5. Sf8 Se5, 6. Kb6 Sc6, 7. Sd7 Kd6, 8. Se5! Sb8, 9. Ka7 Kc7, 10. Sc4 Sc6†** (10. ... Sd7, 11. Sb6 Sb8, 12. Sd5†), **11. Ka8 Sb8, 12. Sb6 Sa6, 13. Sd5†** und **Sb4** oder Ka7. Sehr lehrreich!

52 Pillsbury—Gunsberg. Der Freibauer auf c5 ist nicht so gefährlich, da ihn der schwarze Springer blokkiert. Weiß verschafft sich eine neue Angriffsmarke, die den Gegner umwirft. **1. f5! g5** (1. ... gf, 2. gf ef, 3. Sf4), **2. Sb4 a5, 3. c6! Kd6, 4. fe!! S:c6, 5. S:c6 K:c6, 6. e4!** und Weiß gewann.

53 **1. a5 Lf8, 2. Kd5 Lh6.** Nach 3. a6 Le3 aber ist es Remis, **3. g5†!! L:g5, 4. Ke4 Lh4, 5. Kf3.** Der König hat dem Läufer die Diagonale verstellt. Selbstverständlich eine Ausnahme. Falls 3. Ke4? (anstatt 3. g5†!) Lf8, 4. Kd5 Lh6, ein perpetuum mobile.

54 Weiß gewinnt, weil es ihm gelingt, den Gegner zu zwingen, den b-Bauern vorzurücken. Nichts ergibt 1. K:b5 und K:a4. Es ist unmöglich, den König aus dem Winkel herauszutreiben. Aber ... **1. Kc6 Ka6** (1. ... Ka8, 2. Kb6), **2. Le3 Ka5, 3. Lc5 Ka6, 4. Lb6! b4, 5. ab a3, 6. b5‡.**

Diagramm **55 – 60,** Seite 115

55 Sutschakob—Jachnin. **1. T:d6†! D:d6, 2. Tf8† Kc7, 3. Se6† Kb6, 4. De3† Kb5, 5. c4† K:b4, 6. Dd2† Tc3, 7. Db2† Ka4, 8. Ta8‡.**

56 Capablanca—Marshall. **1. Te3!!.** Deckt mit Tempo den Punkt f3 und gewinnt Zeit, den Königsangriff zu schüren! **1. ... D:c2** (1. ... L:e3, 2. hg hg, 3. D:g6† Kf8, 4. Sd6 Tdd7, 5. Lg7†), **2. Ted3 De2, 3. Sd6 T:d6, 4. L:d6 Le1,**

5. De8† Kg7, 6. h6† (K:h6, 7. D:f7 und alles ist gedeckt).

57 Stoltz—N. N. **1. Sd5! cd, 2. Se5† fe, 3. D:h5† Ke6, 4. Dg4† Kf7, 5. Df5† Ke8, 6. De6 Dc5, 7. d4 ed, 8. Te1.** Aufgegeben.

58 A. Herbstman. Mit der Blockade gelingt es manchmal, den Gegner von lebenswichtigen Zugstraßen abzuschneiden.**1. g6! hg.** Jetzt ist die Diagonale h5—e8 geschlossen. Die nächste Aufgabe ist, b5—b4 zu verhindern. **2. Lb4!! Ld1†, 3. Ke1 Lg4, 4. Ld2† Kc2, 5. Lf4!!** (es drohte f5—f4) **5. ... ef** und der d-Bauer geht in die Dame.

59 A. Troitzky. **1. f6! gf, 2. Kb7 Ld8, 3. Kc8 Le7, 4. Kd7 Lf8, 5. Le3† Kc2, 6. Ke8 Lg7.** Jetzt zeigen sich die Folgen der Blockade im ersten Zuge. Der Läufer wird gefangen genommen. **7. K:f7 Lh8, 8. Kg8.**

60 Spielmann — Trassel. **1. D:c6†! Dc7** (1. ... bc, 2. Ta:b8† Kd7, 3. T1b7‡), **2. T:b7!.** Kurzschluß!

Diagramm 61—66, Seite 120

61 Centurini. Eine der Hauptaufgaben im Endspiel — den Bauern in die Dame zu führen. Aber sogar kurz vor dem Endziel erweist es sich oft als nicht so einfach: **1. Lh4 Kb5, 2. Lf2 Ka6, 3. Lc5! Lg3.** Es war wichtig, den Läufer von dem Punkt h2 herauszulocken. **4. Le7 Kb5** (es drohte Ld8—c7), **5. Ld8 Kc6, 6. Lh4!!.** Gewinnt das entscheidende Tempo! **6. ... Lf4, 7. Lf2 Le5, 8. La7 Ld6, 9. Lb8 Lc5, 10. Lh2 La7, 11. Lg1!.** Dieses zweite Ablenkungsopfer ist entscheidend! Eine der genialsten Miniaturen.

62 Analyse von Awerbach. **1. ... Kf4!.** Die geschwächten schwarzen Felder „laden" direkt zu diesem Einbruch ein. **2. Kd4** (2. Kd5 Kg3, 3. Ke6 f5, 4. Kf6 Kf2, 5. Lc4 K:g2, 6. K:g5 K:h3, 7. f4 Kg3 und gewinnt) **2. ... f5!.** Zugzwang! **3. Kd5 Ke3, 4. Ke6 Kf2, 5. Lc4 K:g2, 6. Kf6 K:h3, 7. K:g5 Kg3** und gewinnt.

63 Renter — Keres. **1. Kg6? L:f2, 2. L:g4 b4!, 3. f6 Ke5!.** Zentralisierung! **4. f7 Lc5.** Weiß gab auf, weil der König bis b2 vordringt. Richtig, wie Keres angibt, war: 1. Kg5 Ke5, 2. b4! L:f2, 3. K:g4 Le1, 4. Le2 und Schwarz kann nicht gewinnen.

64 Réti—Rubinstein. Es ist eine offene Stellung entstanden — dem Läufer stehen Diagonalen zur Verfügung. Der kurzbeinige Springer kommt dabei ins Hintertreffen, besonders wenn es Schwarz gelingt, einen entfernten Freibauern zu bilden. **1. ... Lc6, 2. Ke2** (2. c3? dc†, 3. K:c3 Lg2!) **2. ... Ld5!, 3. a3 b5, 4. Sf1 a5, 5. Sd2 a4!, 6. Se4†** (es gab keine Rettung gegen b4) **6. ... L:e4, 7. de b4!, 8. Kd2 ba, 9. Kc1 g5.** Weiß gab auf.

65 Analyse von Botwinnik. Weiß steht besser: die Stellung ist blokkiert, ein geeignetes Arbeitsfeld für den alle Hindernisse überhüpfenden Springer. **1. Kc3.** Reserviert das Feld d4 dem Springer. **1. … Lb7** (1. … Ld3, 2. Sd4 bc, 3. bc dc, 4. Sb3),**2. c6! Lc8!** (das Feld e6 zu schützen), **3. Sd4 Ke7, 4. Kb3!.** Nicht 4. Sb5 wegen Kd8, 5. Sa7 La6, 6. b5 Lc8, 7. Kd4 Ke7!, 8. S:c8† Kd8 und Weiß kann nicht gewinnen.

4. … Kd8, 5. Ka4 Ke7, 6. Kb5 mit folgendem Gewinnmanöver: Sd4—c2—a3—c4:b6.

66 A. Troitzky. **1. Kf3! Kh1, 2. Kf2 Kh2, 3. Sc3! Kh1, 4. Se4 Kh2, 5. Sd2 Kh1, 6. Sf1 h2, 7. Sg3‡.** Logisch und zwingend.

Diagramm 67—72, Seite 126

67 H. Dahl machte die Kombination **1. e6! L:e6, 2. Ld4 f6, 3. Dg4!!.** Die Kreuzfesselung. Aufgegeben.

68 Meschgailis—Stoner. Weiß befreit sich aus der Fesselung auf geistreiche Art: **1. Sd5! D:d7, 2. Da5 b6, 3. S:b6 Dc7, 4. L:e5 L:e5, 6. D:e5 D:b6, 6. c5! Da5, 7. b4!.** Aufgegeben. (1. … cd, 2. D:d5† Kh8, 3. S:e5.)

69 Bauernumwandlungsmotive tauchen auch bei vollem Brett auf. Aljechin spielte: **1. c5! bc, 2. b6 Tc8, 3. Dc3 Tfe8, 4. L:e5 de, 5. D:e5! D:e5, 6. T:e5 T:e5, 7. T:c7† T:c7, 8. bc Te8, 9. cbD T:b8, 10. Le6!.** Aus einer Blindvorstellung des einstigen Weltmeisters.

70 Teichmann spielte: **1. T:h6!! S:h6, 2. Dg5 Sf7, 3. Dd8†!!.** Phantastisch!! **3. … S:d8, 4. h6!** mit nachfolgendem h7†.

71 Walter—Nagy. **1. … T:h3†!!, 2. K:h3 De6†!, 3. D:e6.** Patt 31.7.

72 H. Mattison. **1. Kd2 Sc1, 2. Tb5† Ka2, 3. Ta5† Kb3, 4. Tf5! Ld6, 5. Tf3† Kb2, 6. Tf2! Lb4†, 7. Ke3 Lc5†, 8. Kd2 L:f2.** Patt. Falls **5. … Ka4,** so **6. Te3! Lf4, 7. Ke1 L:e3.** Patt. Glänzend!

Die wundersame Rettung

Namenregister

A. Partien

B. Stellungen